文史哲學集成

張少康著

中國古代文學創作論

文史哲出版社印行

國家圖書館出版品預行編目資料

中國古代文學創作論 / 張少康著. -- 初版. --
臺北市：文史哲，民 93 印刷
3，383 面：21 公分.（文史哲學集成；223）
ISBN 957-547-011-7 (平裝)

1. 中國文學 － 哲學，原理

820.1　　80002171

文史哲學集成 223

中國古代文學創作論

著　者：張　少　康
出版者：文　史　哲　出　版　社
http://www.lapen.com.tw
登記證字號：行政院新聞局版臺業字五三三七號
發行人：彭　正　雄
發行所：文　史　哲　出　版　社
印刷者：文　史　哲　出　版　社
臺北市羅斯福路一段七十二巷四號
郵政劃撥帳號：一六一一八〇一七五
電話 886-2-23511028・傳真 886-2-23965656

實價新臺幣 四六〇元

1 中華民國八十年（1991）六月初版
中華民國九十三年（2004）十月初版二刷

ISBN 957-547-011-7

中國古代文學創作論　目次

前言

我國古代有極其豐富而精深的文藝理論遺產。它涉及的範圍相當廣泛，差不多對文藝學的各個方面都有許多深入的研究和獨到的見解。它不僅比較全面地闡述了文藝外部規律方面的諸問題，而且對文藝內部規律方面的諸問題，也有十分具體而生動的探討和分析。尤其是對文藝創作中的一系列基本問題，從總結實際創作經驗出發，作出了重要的理論概括。這是我國古代文藝理論遺產中的精華部份，對我們今天的文藝創作實踐有著很現實的借鑒意義。

對於我國古代文藝理論遺產的整理和研究工作，「五四」以來，許多老一輩的專家和學者曾經作出了巨大的貢獻，收集和整理了許多重要的資料，爲一些專著作了注釋，寫出了很多種文學批評史，並且對一些重要的文藝理論家及其著作，作了比較深入的專題研究，產生了大批有價值的學術專著和論文。特別是近十年來，這方面的研究有了突飛猛進的發展，取得了豐碩的成果。這是值得我們每一個從事古代文藝理論研究的人高興的。但是，在這個領域中，仍然存在著一些爲大家研究不夠的方面。其中很重要的一點，是歷來在縱的研究，亦即歷史發展的研究方面，花的力氣比較多，對重點人物和專著的研究也比較多，而對於從橫的方面，亦即從理論方面作比較系統的研究則顯得不足。特別是從理論上比較全面地去探討我國古代文藝理論的體系和特點，則是比較少的。而這種研究對於深入總結我國古代文藝理論遺產的民族特點來說，是非常必要的。我國古代文藝理論遺產中，雖然像《文心雕龍》這樣有體系的全面論著不多，大都是比較分散而帶有語錄性的論述，但這並不意味著我國古代整個文藝理論遺產沒有體系和特點。系統地深入地進行這種橫的研究，可以使我們對我國古代文藝理論的整體有一個比較清晰的認識，同時也有助於我們從理論上更進一步地把歷史的研究引向深入，更好地總結我們古代文藝理論的特點。筆者不自量力，意圖從這個角度對我國古代文藝理論作一點分析和研究，也無非是想拋磚引玉，引起大家對這方面的重視而已。

筆者深感要全面地系統地探討我國古代文藝理論的體系和特點，是一件非常艱苦和困難的工作，它不是一兩個人所能完成的，需要我們大家來共同挑這副重擔。本書只是想從我國古代文藝理論的一個方面，亦即文藝創作理論方面，作一個初步的嘗試。當然，即使是這一個方面，我國古代文藝家的論述也是相當豐富的，本書所論並不是全部，而只是文學創作的基本理論問題。詩歌、散文、戲劇、小說等不同體裁的特殊創作特點和表現技巧，還沒有包括進來。也就是說，本書所論只限於不同體裁的文學在創作上的一些共同規律，而不包括分體的具體創作論。因此，嚴格地講，本書只能算是古代文學創作論的正編，而分體的創作論則可以作爲續編。筆者希望以後能有機會來完成本書的續編。我國古代文學創作的一般性理論問題，大部份是和繪畫、書法、音樂創作中的一般理論問題相通的，因此，爲了把這些基本理論問題講清楚，本書也涉及到畫論、書論、樂論中的某些論述。我國古代的一些重要文藝理論問題，大都有一個歷史發展過程，是隨著創作的發展和研究的深化，而逐漸豐富起來的。因此，我們雖然著重在橫的研究一些理論問題，但是在分析某些具體問題時，又必須聯繫歷史發展的狀況。例如關於藝術表現的辯證法思想，就是在歷史發展中逐步成熟的。這樣分析，也許能更符合實際，而不至於把它們現代化、簡單化。

在研究我國古代文藝理論的方法上，我們認爲應該反對兩種傾向。一種是以古解古，僅僅用古人的話去解釋古人的論述，而拒絕用現代科學的文藝理論觀點去對古人的理論作分析。這樣的研究不能說沒有用，但是不能眞正解決問題。我們的任務是要用現代科學的文藝理論學說，去分析和解剖古代的文學創作理論。另一種我們要反對的傾向是把古人現代化，對古人的文學理論概念不作細緻的實事求是的分辨，而是把它們生硬地塞到現代科學的文藝理論概念中去，把它們簡單地等同起來，而不去認眞地研究我國古代文學理論的特殊體系和與之相適應的概念術語。這不是科學的研究方法，也不是研究歷史的正確態度。我們認爲研究我國古代文學理論，必須有嚴格的歷史觀點和實事求是的態度。只有注意到了上述兩個方面，才能把我們的研究工作眞正提到一個新的高度。

我國古代著名的文學理論批評家劉勰在《文心雕龍・序志》篇中說：「夫銓序一文爲易，彌綸群言爲難」，又說：「識在缾管，何能矩矱？」筆者對此，深有同感。對於古代文藝理論的研究，需要有一大批人，有一支宏大的隊伍，在老一輩專家學者已經取得的成就的基礎上，有所發現，有所創造，有所前進，以完成時代賦予我們這一輩的使命。筆者願意成爲這支隊伍中的一名士兵，和大家一起學習、奮鬥、前進！

第一章　論藝術構思

文藝創作過程中，最重要的是藝術構思問題，它對文藝創作的成敗起著決定性的作用。我國古代的文藝家對這一點有相當深刻的認識和體會，他們在總結文藝創作的實踐經驗中，提出了許多關於藝術構思的重要理論。其中最突出的有四個方面，即：虛靜說，神思說，感興說，物化說。虛靜，是指藝術家在進行創作構思時所應該具備的精神狀態；神思，主要是指藝術想像的特徵；感興，是指藝術構思過程中的靈感現象；物化，是指藝術構思中藝術家與創作對象之間物我不分的融合統一。在探討這些問題時，還涉及到了作家的才能、學識和生活經歷對藝術構思的影響和作用。我國古代這些有關創作構思的理論，深刻而精辟地揭示了藝術構思過程中的幾個關鍵問題，具有相當的理論深度，同時又體現了我們獨特的傳統民族色彩，對於我們研究藝術構思的特殊規律，至今仍有很大啓發。

一　虛靜

我國古代論藝術構思，首先強調藝術家必須有虛靜的精神狀態，把它看作是進行藝術構思的基本前提。虛靜，或者稱爲靜思、空靜、澄心、澄懷、凝心等，意思都是一樣的，說的是一種不受任何主觀或客觀因素干擾、專心致志的精神狀態。我國古代不論是文學，還是繪畫、書法的創作，都講究虛靜。南齊謝赫在《古畫品錄》中曾說，劉宋時期著名的畫家顧駿之「常結構層樓以爲畫所。風雨炎燠之時，故不操筆；天和氣爽之日，方乃染毫。登樓去梯，妻子罕見。」顧駿之之所以要躲在高樓裏，連家人都不肯見，正是爲了使自己保持心平氣和，不受任何干擾的虛靜精神狀態，以便有利於藝術構思的進行。東晉時著名的書法家王羲之也曾經說過：「欲書者，先乾研墨，凝神靜思，預想字形大小、偃仰、平直、振動，令筋脈相連，意在筆前，然後作字。」（《筆陣圖後》）說明書法創作也必須有虛靜的精神狀態。明代吳寬在《書畫筌影》中具體分析了唐代著名詩人兼畫家王維的創作，說過這樣一段很有啓發意義的話：

右丞詩云：「夙世謬詞客，前身應畫師」。蓋自道也。右丞詩與李杜抗行，畫追配吳道子，畢宏、韋偃（按：均為唐代著名畫家。）弗敢平視。至今讀右丞詩者則曰有聲畫，觀畫者則曰無聲詩。以余論之，右丞胸次灑脫，中無障礙，如冰壺澄澈，水鏡淵渟，洞鑒肌理，細觀毫髮，故落筆無塵俗之氣，孰謂畫詩非合轍也。世傳右丞雪景最工，而不知其墨畫尤為神品。若行旅圖一樹一葉，向背正反，濃淡淺深，窮神盡變，自非天真爛發，牢籠物態，安能匠心獨妙耶？

吳寬說王維創作時「胸次灑脫，中無障礙，如冰壺澄澈，水鏡淵渟」，正是對他虛靜狀態的具體描繪。

能虛靜方可「洞鑒肌理，細觀毫髮」，對客觀現實有細緻深刻的了解，使藝術構思具有「天眞爛發，牢籠物態」之妙，從而創造出「匠心獨妙」的「神品」來。這裡講的是繪畫構思，而王維詩歌創作的藝術構思不也正是如此嗎？詩畫的原理本是一樣的。

藝術家進入了虛靜境界，就可以擺脫一切名利雜念的干擾，集中精力深入地進行藝術構思。明人李日華在《紫桃軒雜綴》中說繪畫和書法一樣，首先要人品高，沒有庸俗的得失之慮，而後才能創造佳作。他說：

乃知點墨落紙，大非細事，必須胸中廓然無一物，然後烟雲秀色，與天地生生之氣，自然湊泊，筆下幻出奇詭。若是營營世念，澡雪未盡，即日對丘壑，日摹妙迹，到頭只與髹采圬墁之工爭巧拙于毫釐也。

藝術家心中虛靜，則「胸中廓然無一物」，而種種生動形象的現實景象即自然湧入，筆下方能「幻出奇詭」。若是不能排除「營營世念」，不能「澡雪」精神，則決不能創造出高妙之作，而只能與一般的油漆工、泥瓦工爭巧拙了。顯然，一個斤斤計較於個人得失、整天盤桓著利害關係的人，是很難集中精力於藝術創作的。清代王原祁在《雨窗漫筆》中說繪畫創作須「凝神靜氣」，「掃盡俗腸」，方能「胸有成竹」，「淋漓盡致」，如果「利名心急」，「毫無定見」，則必然會「扭捏滿幅」，「意味索然」。這和李日華所講意思是一樣的。藝術構思的進行，不僅要使藝術家有一個安靜的客觀環境，而且更需要藝術家主觀上有虛靜的內心境界。晚清況周頤在《蕙風詞話》中有一段對藝術構思的生動描寫，非常形象地展示了虛靜在藝術構思中的重要地位。他寫道：

> 人靜簾垂，燈昏香直。窗外芙蓉殘葉，颯颯作秋聲，與砌蟲相和答。据梧冥坐，湛懷息機，每一念起，輒設理想排遣之。乃至萬緣俱寂，吾心忽瑩然開朗如滿月，肌骨清涼，不知斯世何世也。斯時若有無端哀怨棖觸于萬不得已；即而察之，一切境象全失，唯有小窗虛幌，筆床硯匣，一一在吾目前。此詞境也。

這裡前五句講的是藝術家所處的寂靜環境，下接四句講藝術家本身的精神狀態，努力排遣一切與藝術構思無關之意念。這樣，當構思能進入「湛懷息機」的虛靜境界，亦即莊子所說的那種既無「機事」纏身，更無「機心」纏神的境界，就會在藝術家的心胸產生豁然開朗，萬象疊現，百感交集的生動局面。這時感興萌發，想像豐富，聯翩不絕，奇特的藝術形象正是在這種情景下構成的。當然，這種藝術境界不會持續很長時間，藝術家應當在「境象全失」以前，就把它用物質形式（如語言、聲音、色彩等）固定下來。

我國古代有許多文藝理論批評家，都把虛靜看作是進行藝術構思的最重要的前提條件。比如劉勰在《文心雕龍·神思》篇中說：

> 是以陶鈞文思，貴在虛靜，疏瀹五藏，澡雪精神。

劉勰這一段話的出處，見於《莊子·知北游》篇：

> 孔子問老聃曰：「今日晏閑，敢問至道。」老聃曰：「汝齋戒，疏瀹而心，澡雪而精神，掊擊

而知。」

莊子認爲，虛靜是認識至高的「道」的基礎，因爲虛靜可以使人「掊擊而知」，打破一切人爲知識和技能的局限，而達到認識上的「大明」境界。《莊子・在宥》篇說：

至道之精，窈窈冥冥；至道之極，昏昏默默。無視無聽，抱神以靜，形將自正。必靜必清，無勞女（按：即「汝」）形，無搖女精，乃可以長生。目無所見，耳無所聞，心無所知，女神將守形，形乃長生。愼女內，閉女外，多知為敗。我為女遂于大明之上矣。

莊子的虛靜說是由老子的「致虛極，守靜篤」發展而來的，是一種哲學上的認識論。它否定了具體的「視聽」的作用，認爲人爲的知識和學問是和獲得「大明」境界相矛盾的，具有主張無知無欲、絕聖棄智的神秘色彩和消極方面。但是，我們必須看到，它也還有要求人在精神上達到異常清醒地認識客觀事物、能夠不受任何主觀或客觀因素干擾而深入掌握事物本質的「大明」境界這一積極方面。莊子指出，能達到虛靜，就好像水靜下來，塵物下沉，極爲清明，能照見一切，心靜下來，排除了各種雜念雜事，就能像鏡子一般清晰地照見天下萬物。《莊子・天道》篇說：

聖人之靜也，非曰靜也善，故靜也。萬物無足以鐃心者，故靜也。水靜則明燭鬚眉，平中準，大匠取法焉。水靜猶明，而況精神？聖人之心，靜乎天地之鑒也，萬物之鏡也。夫虛靜恬淡，寂寞無為者，天地之平，而道德之至，故帝王聖人休焉。

虛靜的目的是爲了使人心如「天地之鑒」，「萬物之鏡」，包括一切，洞察一切。莊子認爲人只有拋棄了一切具體的、局部的、主觀的「所見」、「所聞」、「所知」，才能進入到「大明」境界，獲得對事物最高的、全面的、眞正客觀的認識。《莊子·天地》篇說：「視乎冥冥，聽乎無聲。冥冥之中，獨見曉焉；無聲之中，獨聞和焉。」如果不能擺脫具體的、局部的、主觀的「視聽」，則不能「見曉」，亦不能「聞和」。莊子把虛靜看作是人的認識的高級階段，認爲人達到了這個階段，對宇宙間一切事物及其變化發展規律，即能瞭如指掌，從而避免任何具體認識的片面性、主觀性、局限性的影響。莊子虛靜說的致命弱點是他把大明境界的獲得和人的具體認識和實踐對立起來了。他不是把這種認識的高級階段的出現，看作是人的無數具體認識和實踐發展的必然結果，看作是人在長期的具體認識和實踐積累的基礎上所產生的飛躍；相反地，他把人的具體認識和實踐看作是達到這種大明境界的障礙，認爲必須拋棄一切具體的認識和實踐，才能達到認識的高級階段。這就把人的認識過程搞顚倒了。但是，莊子這種虛靜的認識論確有要求達到「大明」境界，進入認識的高級階段的積極方面，這是無法否認的。

劉勰在《神思》篇中所說的虛靜的含義，主要是在文藝創作中對莊子虛靜說積極方面的運用和發揮。其目的是強調作家在進行創作構思過程中，必須要有智照日月、洞鑒宇宙的高度清醒的精神狀態，排除所有外界事物和內心雜念的干擾，能非常客觀地認識現實，集中精力進行複雜的藝術創造活動。那麼，劉勰爲什麼在運用虛靜說去論述藝術構思時，能夠摒棄其消極方面，而發揚其積極方面呢？這當然和藝術創作是一種艱苦的精神勞動，是藝術家具體地認識和掌握客觀世界的產物這一點分不開的。

如果排斥了具體的認識和實踐，也就沒有了藝術創作。同時，從另一方面說，也是因爲我國古代藝術創作論中所說的虛靜，不是直接從莊子的哲學體系中搬過來的，而是受莊子以虛靜論技藝創造的影響的結果。在莊子以虛靜論技藝創造的寓言故事中，其積極方面在客觀上占有著主導的地位。例如《莊子·達生》篇中關於梓慶削木爲鐻的故事說道：

梓慶削木為鐻。鐻成，見者驚猶鬼神。魯侯見而問焉，曰：「子何術以為焉？」對曰：「臣工人，何術之有？雖然，有一焉。臣將為鐻，未嘗敢以耗氣也，必齋以靜心。齋三日，而不敢懷慶賞爵祿。齋五日，不敢懷非譽巧拙。齋七日，輒然忘吾有四枝形體也。當是時也，無公朝，其巧專而外骨銷。然後入山林，觀天性，形軀至矣。然後成見鐻，然後加手焉。不然則已。則以天合天。器之所以疑神者，其是與！」

梓慶之所以能製作出「見者驚猶鬼神」的樂器架子——鐻來，是因爲他經過「齋以靜心」而達到了虛靜境界。這時，他「不敢懷慶賞爵祿」，拋棄了一切私心雜念的干擾；他「不敢懷非譽巧拙」，排除了各種主觀成見的影響；他「輒然忘吾有四枝形體」，不再受具體事物認識局限性的束縛，而達到了認識的高級階段，非常深入地掌握了木材的「天性」及造鐻的規律，從而使自己的技藝達到了「以天合天」的水平。這裡，重要的是要求技藝創造者必須排除主觀與客觀的種種干擾，擺脫具體認識和實踐的局限，而不是無知無欲、絕聖棄智。《莊子》中還有不少技藝神化的故事，雖然也貫穿了要拋棄一切具體認識和實踐，方能獲得最高認識、掌握事物客觀規律的思想，但是，這些故事本身所提供給人的客觀意義，正好是說明了要獲得對事物的最高認識，必須通過無數次反覆的具體認識和實踐才有可能。例如《莊子・養生主》篇中著名的庖丁解牛故事，莊子認爲庖丁之所以在解牛時能游刃有餘，達到如此神妙的境界，是因爲他在精神上進入了虛靜狀態，「以神遇而不以目視，官知止而神欲行」，所有感覺器官都棄置不用，但憑與「道」合一的主觀精神指揮，即能神妙莫測地解好牛。顯然，從莊子主觀上說是一種否定具體認識和實踐的唯心主義觀點，實際上沒有感官，人就無法進行具體實踐，庖丁技巧再高也是不能閉著眼睛去「解牛」的。然而，庖丁解牛這個故事本身，卻正好說明了這種高超的解牛本領，正是從長期的具體的解牛實踐中認識和獲得的。庖丁在解了數千頭牛的反覆實踐中，充分掌握了牛的特點和解牛的規律。他目無「全牛」，看到的牛不是渾然一體之物，他能一眼看穿牛的內部構造，對牛的各種筋骨、肌肉、經脈、皮層等組織狀況異常清晰明白，知道怎樣下手能夠迎刃而解。尤其是從《達生》篇所講的痀僂者承蜩的故事中，還可以看出要達到技藝神化，要付出多少艱苦的勞動。痀僂丈人以頑強的毅力，克服了生理上的缺陷，持久不懈地進行艱苦練習，終於達到了承蜩如掇的出神入化的水平。這個過程當然是不會很輕鬆的。這就說明具體的認識和實踐是何等的重要！可見，莊子的虛靜說體現在一系列技藝神化的故事中，它的積極方面大大地突出了，而其消極方面則在減弱，甚至被這些技藝故事的實際所否定。因此，這些故事對藝術創作構思所產生的影響，主要是積極的。

虛靜說在文學藝術創作理論中的運用，不僅不排斥具體的知識學問，而且正好是爲了能充份發揮這些知識學問在構思過程中的作用。藝術家在虛靜的精神狀態下，才能把平日積累的豐富生活經驗集中起來，作一番深入的思考，進行綜合分析，發揮自己的想像能力，從而創造出生動的藝術形象來。《西京雜記》記載司馬相如創作《子虛》、《上林》賦的情況時說：

> 司馬相如為《子虛》、《上林》賦，意思蕭散，不復與外事相關，控引天地，錯綜古今，忽然如睡，煥然乃興，幾百日而後成。

「意思蕭散」是說沒有任何主觀欲念的考慮，「不復與外事相關」，是說不受一切外界事物干擾，這樣，就進入了虛靜狀態。於是，他就能夠充份發揮他的藝術才能，把平時積累的知識學問、生活經歷，廣泛地調動起來，使之成爲藝術想像和形象構思的重要基礎。西晉著名的文學理論批評家陸機的《文賦》，是專門論述創作問題的。他也是第一個自覺地把虛靜說運用於文學創作理論的。陸機認爲藝術構思成敗的關鍵是能否做到內心虛靜。《文賦》開篇就說：

> 佇中區以玄覽，頤情志于典墳。

前一句講虛靜覽物，後一句講知識學問，兩者是並重的。「玄覽」即是虛靜。李善注說：「《老子》曰：『滌除玄覽』。河上公曰：『心居玄冥之處，覽知萬物，故謂之玄覽』」。這個解釋是正確的。近人許文雨在《文論講疏》中說：「此道家深觀物化之說。」《文賦》在講到藝術構思時說：「其始也，皆收視反聽，耽思傍訊。」李善注說：「收視反聽，言不視聽也。耽思傍訊，靜思而求之也。」這就是莊子說的「無視無聽，抱神以靜」的境界。《文賦》在講到創作過程中遇到「岨峿不安」的文思蹇塞狀況時，主張要「罄澄心以凝思，眇衆慮而爲言」，也正是要求以虛靜來促進感興的產生，從而克服構思過程中的障礙。在陸機看來，這種虛靜境界和知識學問不僅不矛盾，而且是相輔相成的，共同成爲藝術創作構思的必要條件。「典墳」泛指古籍，是說要有廣博的學識。下文所說：「咏世德之駿烈，誦先人之清芬；游文章之林府，嘉麗藻之彬彬。」即是對「頤情志於典墳」的具體發揮，強調要學習前人的道德和文章。陸機在這裡講的主要還是書本知識。劉勰後來在《神思》篇中則進一步擴展了它的內容，提出「積學以儲寶，酌理以富才，研閱以窮照，馴致以懌辭」。這就全面得多了。劉勰把虛靜和知識、道理、閱歷、文章並列在一起，作爲「馭文之首術，謀篇之大端」。這樣，我們可以看到文學藝術創作理論中的虛靜說和它所由來的莊子虛靜說，已經有了根本原則的不同。它吸收和發揮了莊子虛靜說的積極內容，克服了它的消極方面，彌補了它的不足，成爲我國古代藝術構思論的一個首要的基本內容。

有些學者認爲陸機、劉勰等論虛靜的內容是積極的，但是老莊的虛靜說則完全是消極的，從而認爲陸機、劉勰等所說的虛靜是出於荀子，而不是出於莊子。這樣說顯然是與陸機、劉勰本人的論述相矛盾的。陸機、劉勰論虛靜的話均出於《莊子》，這是無法否認的，包括劉勰論虛靜是積極的兩句話：「水停以鑒，火靜而朗」，也是從《莊子．天道》篇伸發出來的。尤其應該看到的是，莊子的虛靜說確有積極方面，而文藝創作上講的虛靜又是直接從《莊子》中體現虛靜說積極方面比較突出的技藝故事來的。說陸機和劉勰主張虛靜不是從莊子那裡來的，而是從荀子那裡來的，目前尚沒有什麼充份的根據，但是在對虛靜的積極方面的認識上，荀子和莊子是有共同之處的。荀子在《解蔽》篇中所說的由「虛壹而靜」而致「大淸明」境界，和莊子所說由虛靜而至「大明」境界是一致的。道家的虛靜說積極面自荀子以後亦爲儒家所接受，並與佛家的空靜觀相融合，他們在由靜至明這一點上是共同的。因此後來在文藝創作中，不論是道家、儒家、佛家，都講究要虛靜。例如支遁在《不眴菩薩贊》中說：「何以虛靜閒，恬智翳神穎。」慧遠《念佛三昧詩集序》中亦說：「夫稱三昧者何？專思寂想之謂也。思專則志一不分，想寂則氣虛而神朗。氣虛則智恬其照，神朗則無幽不澈。」佛教徒主張空無寂靜，用「空靜」來說明藝術構思時應有的精神狀態時，則主要是強調在精神上要專一不分，「神穎」「心朗」，充份發揮主觀能動作用。唐代詩人權德輿在《送靈澈上人廬山回歸沃州序》一文中曾說：「上人心冥空無而迹寄文字，故語甚夷易，如不出常境，而諸生思慮終不可至。」「故睹其容覽其詞者，知其心不待境靜而靜。」如此而方能做到「靜得佳句」。佛家所說的「入定」，強調「由定生慧」，和老莊講的由虛靜而至「大明」是類似的。劉禹錫在《秋日過鴻舉法師寺院便送歸江陵引》中說「自近古而降，釋子以詩名聞於世者相踵焉」，其原因即是能「因定而得境，故翛然以淸；由慧而遣詞，故粹然以麗」。儒家在論藝術構思中也強調虛靜，如程顥在《秋日偶成》中說：「閑來無事不從容，睡覺東窗日已紅。萬物靜觀皆自得，四時佳興與人同。」所謂「靜觀」，亦即虛靜、玄覽之意。宋代的理學大師朱熹也很注重虛靜在文藝創作中的作用。陳文蔚等輯錄的《晦庵詩說》中曾記載了朱熹的一段話：

> 今人所以事事做得不好者，緣他不識之故。只如箇詩，舉世之人盡命去奔做，只是無一箇人做得成詩。他是不識，好底將做不好底，不好底將做好底。這箇只是心裏鬧不虛靜之故。不虛不靜，故不明，不明故不識。若虛靜而明，便識好物事。雖百工技藝做得精者，也是他心虛理明，所以做得來精。心裏鬧，如何見得？

由此可見，不管是儒、道、佛那一家，講虛靜在藝術構思中的作用，基本意思是一致的。

那麼，藝術家這種虛靜的精神狀態，對藝術構思究竟有什麼好處，能起到什麼樣的積極作用呢？對於哲學家來說，虛靜是爲其進行深邃的抽象思維活動創造條件的，所以，老莊把它作爲認識不可言狀的「道」的途徑。但是，對於藝術家的創作構思來說，虛靜並不像有些學者所說的那樣，是突出冷靜的理智在構思過程中的主宰作用，而主要是爲藝術的形象思維活動的積極開展創造條件的。這主要表現在下面三點上。

首先，虛靜能使藝術家的心胸容納現實中的千景萬象，開展豐富的藝術想像活動。就像如冠久在《都轉心庵詞序》中所說的：「澄觀一心而騰踔萬象」。藝術構思是一個生動的形象思維過程，它要在無數具體的現實形象基礎上，馳騁藝術想像，經過形象概括，提煉而凝聚成爲完美的理想的藝術形象。劉禹錫在《秋日過鴻舉法師寺院便送歸江陵引》中說：「能離欲，則方寸地虛，虛而萬景入。」他的《秋江騷發》一詩中說：「凝睇萬象起，朗吟孤憤平。」沒有虛靜的精神境界，不能擺脫各種主客觀干擾，就不可能使自己胸中湧現千景萬象，也就開展不了藝術的想像活動。慧遠說：「故令入斯定者，昧然忘知，即所緣以成鑒，鑒明則內照交映，而萬象生焉。」然後「天地卷而入懷。」（《念佛三昧詩集序》）內心虛靜，洞明百物，即能使萬象萌生。所以，蘇軾在《次韻吳傳正枯木歌》中講山水畫的創作時曾說：必使「東南山水相招呼，萬象入我摩尼珠」，方能使構思無比巧妙。又說李公麟畫馬之所以能達到形神兼備，「不獨畫肉兼畫骨」，正是因爲他「胸中有千駟」，是在概括了無數現實中的馬的形象而創造出來的。只有把現實中的千景萬象都納入自己的腦海中供藝術想像的驅遣，才能創造出匠心獨妙的藝術品來。南朝劉宋時期著名的畫家宗炳所說的要「澄懷味像」，正是說的虛靜對藝術家的形象思維的作用。

其次，虛靜可以提高藝術家的藝術概括能力。藝術家不僅要有「騰踔萬象」的藝術想像，而且還必須要有深刻的形象概括能力。這就需要藝術家能深入地把握現實的本質，認清客觀事物的內在規律，從大處落筆，而不局限於個別細微末節的描繪。清代畫家惲格在《南田題跋》中說：「川瀨氤氳之氣，林風蒼翠之色，正須澄懷觀道，靜以求之，若徒索於毫末間者，離矣。」有了虛靜的精神境界，就可以爲藝術家清醒地認識現實的本質，提供必要的主觀條件。蘇軾在《送參寥師》一詩中說：

欲令詩語妙，無厭空且靜。靜故了群動，空故納萬境。

空靜即是虛靜，它不僅可以「納萬境」，而且可以「了群動」，認識客觀現實世界的變化發展及其內在規律。這是因爲當藝術家進入虛靜的精神狀態後，就能把全部智慧集中於藝術創造之上，這時正如蘇軾所說的：「其神與萬物交，其智與百工通。」（《書李伯時山莊圖後》）能夠集中精力去對廣泛的現實生活景象進行一番由此及彼，由表及裏的思考和剖析。金聖嘆在《水滸傳序》中提出要「澄懷格物」，也即是指藝術家必能虛靜，然後可以對現實生活現象作深入的觀察、研究。這樣，藝術家就可以從事物的表象進一步深入到其本質之中，像庖丁解牛，輪扁斫輪，梓慶削木爲鐻一樣，對所要創造的對象有極其深刻的了解，並且能夠形象地表現事物的本質和規律。這也就是朱熹所說的做詩要虛靜而能「明」，「明」而能「識」的意思。藝術的形象思維並不只是一種感性認識，它也要由感性提高到理性認識。不過，形象思維由感性認識提高到理性認識的具體方法和抽象思維不同，不是拋棄具體形象而抽象出理性的概念，而是用形象概括的方法塑造具有典型意義的藝術形象，通過它來反映現實的本質。《宣和書譜》記載五代時的畫家郭乾暉最善畫花草禽蟲。他「常於郊居畜其禽鳥，每澄思寂慮，玩心其間，偶得意即命筆。格律老勁，曲盡物性之妙。」有虛靜的精神狀態，才能集中全力去研究自己所要描繪的對象，這樣，就一定能夠掌握它的本質特徵，以「曲盡物性之妙」。

第三，虛靜的精神狀態可以促進藝術家創作靈感的爆發。虛靜和感興之間的關係，是非常密切的，靈感（即感興）的湧現，需要藝術家排除一切欲念干擾，而進入沉思宿想的境地，方有可能。虛靜可以誘發感興的萌生。劉禹錫在《和仆射牛相公見示長句》一詩中說：「靜得天和興自濃，不緣宦達性靈慵。」藝術家總是在虛靜的狀態下，「神與物游」，留戀萬象，從而發生強烈的興會衝動的。虛靜就是靈感爆發的前夕。皎然在《詩式》中說：

有時意靜神王（按：即「旺」），佳句縱橫，若不可遏，宛若神助。不然，蓋由先積精思，因神王而得乎！

意靜然後能神旺，然後「佳句縱橫」，聯翩不絕。表面看這好像是「神助」，其實這正是虛靜所導至的必然結果。這種由虛靜而「興會標舉」的狀況，明代謝榛在《四溟詩話》中曾經作過一番具體的描寫。他說：

凡作文，靜室隱几，冥搜邈然，不期詩思遽生，妙句萌心，且含毫咀味，兩事兼舉，以就興之緩急也。予一夕欹枕面燈而臥，因咏蜉蝣之句，忽機轉文思，而勢不可遏，置彼詩草，率書嘆世之語云：「天地之視人，如蜉蝣然；蜉蝣之觀人，如天地然；蜉蝣莫知人之有終也，人莫知天地之有終也。」

謝榛以自己的切身經歷來說明當詩人進入到虛靜的境界之後，就會產生不可抑止的創作衝動，靈感自然湧現，妙句脫穎而出。反之，如果心裏不虛靜，那是很難使「詩思遽生」的。

二　神思

虛靜還只是進行藝術構思的一個精神基礎。藝術構思活動一展開，首先要使藝術想像的翅膀飛騰起來。「神思」，是我國古代文藝理論中對藝術創作的思維活動所用的專門概念。「神思」，從廣義的角度講，是指整個的藝術思維過程，從狹義的角度說，主要是論述藝術思維過程中的想像活動及其特徵。「神思」這個概念在藝術領域中的運用，最早見於南朝劉宋時期宗炳的《畫山水序》。宗炳提出畫家應當「萬趣融其神思」，這個「神思」，顧名思義，即是指一種非常微妙有趣、不同於一般的思維活動，亦即是以想像爲中心的藝術思維活動。後來，劉勰在《文心雕龍》中單立篇章，正式把「神思」作爲文學創作理論中的重要概念來使用。不過，「神思」這個概念在唐以後運用得並不廣泛，我們這裡主要是借它來闡述我國古代關於藝術想像的認識。

「神思」過程中最重要的是藝術想像問題。藝術想像是藝術創造的靈魂，藝術作品是藝術想像的結晶。沒有藝術想像也就沒有藝術作品。宋代詩僧惠洪在他的《冷齋夜話》中曾經說過一句很精辟的話，他說：「詩者，妙觀逸想之所寓也。」妙觀，是指藝術家的巧妙觀察；逸想，是指藝術家的奇特設想。惠洪認爲詩歌即是詩人絢麗多姿的藝術想像的寄託。詩歌所描寫的內容是詩人觀察、研究現實有所感而抒發出來的，但是它已經不是現實的簡單的照相式反映，而是經過詩人心靈的改造，而成爲「靈想之所獨辟」（惲格《題浩庵圖》）的意象了。恰如司空圖在《二十四詩品》中所說的，它已經不是自然的原型，而是詩人所「妙造」的自然了。宋代的大詩人蘇軾說過：「古來畫師非俗士，妙想實與詩同出。」（《次韻吳傳正枯木歌》）「妙想」，即是「妙觀逸想」。它不論在詩歌創作還是繪畫創作中，都具有頭等重要的意義。藝術的產生就是人類想像能力發展到一定程度的結果。馬克思在《摩爾根〈古代社會〉一書摘要》中曾經指出：早在人類野蠻時期的低級階段，「想像力，這個十分強烈地促進人類發展的偉大天賦，這時候已經開始創造出了還不是用文字來記載的神話、傳奇和傳統的文學，並且給予了人類以強大的影響。」（《馬克思恩格斯論藝術》第二卷第五頁）不過，從理論上認識想像活動的特徵是比想像力的發展要晚得多的。在西方，大約是亞里斯多德最早提出了想像問題，並且研究了它的特徵。他說：「想像和判斷是不同的思想方式。想像是可以隨心所欲的。」「想像裏蘊蓄著感覺，而判斷裏又蘊蓄著想像。」「想像不是感覺。」「一切感覺都是眞實的，而許多想像是虛假的。」（《心靈論》，轉引自《外國理論家作家論形象思維》）他講的還不是藝術上的想像，而是哲學上的想像。公元一世紀希臘哲學家阿波羅尼阿斯才明確的提出是想像創造了藝術作品的問題。他說：「是想像。它造作了那些藝術品，它的巧妙和智慧遠遠超過摹擬。摹仿只會仿製它所見到的事物，而想像連它所沒有見過的事物也能創造，因爲它能從現實裏推演出理想。」（同上書）他指出了想像的創造性特徵。

我國古代最初對想像活動的認識，從時代來說，和西方是接近的，大約在戰國中期就提出了這個問題。不過，我國古代對想像的認識，不像西方那樣有很強的理論性，而偏重於對想像特徵的具體描繪。《周易・系辭》中對「象」的解釋，就包含有對想像的認識。其云：「象也者，象也。」說明「易象」是人想像客觀事物形態，加以摹仿象徵的產物。在《韓非子・解老》篇中，解釋老子的「無狀之狀，無象之象」的時候，比較明確地指出了想像是人的一種「意想」活動。其云：

人希見生象也，而得死象之骨，案其圖以想其生也。故諸人之所以意想者皆謂之象也。今道雖不可得聞見，聖人執其功以處見其形，故曰：「無狀之狀，無象之象。」

韓非子所說的也並不是藝術上的想像，但是他認爲「象」乃是「意想」的產物，「道」雖然無狀、無象，但人可以根據它的作用以想像其形其象，說明他已經認識到了想像可以創造人「所沒有見過的事物」，甚至創造現實中所根本沒有的事物。大約在和韓非接近的時代，我們看到了文學藝術中有和韓非的理解相類似的對藝術想像的描寫。《楚辭・遠遊》中說：

> 涉青雲以汎濫游兮，忽臨睨夫舊鄉。仆夫懷余心悲兮，邊馬顧而不行。思舊故以想像兮，長太息而掩涕。氾容與而遐舉兮，聊抑志而自弭。

《遠遊》的作者是不是屈原，歷來有爭議，此處不論。但它最晚是戰國後期的作品，不會更晚了。《遠遊》的作者不是講述創作理論上的想像，而是用「想像」來說明詩人思維活動的狀況。作者設想屈原雖與仙人俱遊，周歷天地，無所不到，但仍然懷念祖國故舊。當他遨遊太空下臨故土的時候，無限悲愴。他睨視「舊鄉」，感情十分激動，詩人的想像開始飛騰，它回憶起了自己祖國的種種狀況。從這裡我們可以看出，藝術家的想像總是和感情的波濤起伏緊緊相連的，它能把自己曾經經歷過的一切和想像中的狀況生動地展現出來，它總是和現實的具體形象密不可分的。類似的情況我們在曹植的《洛神賦》中也可以看得很清楚。《洛神賦》最後一段寫道：

> 于是背下陵高，足往神留，遺情想像，顧望懷愁。冀靈體之復形，御輕舟而上溯。浮長川而忘返，思綿綿而增慕。夜耿耿而不寐，霑繁霜而至曙。命仆夫而就駕，吾將歸乎東路。攬騑轡以抗策，悵盤桓而不能去。

曹植在這裡寫洛神去後，自己雖然已經步下高山，然而心神卻仍然留在那兒，想像著洛神的容貌神態，以及和洛神相遇的難忘情景。這就是詩人當時的「神思」內容，也即是藝術想像的具體內容。而這種想像活動的產生，又是和詩人與洛神相會的感情激動分不開的。可見，我國古代詩人所體會到的「神思」（主要是想像）的內容，都是具體的、形象的、伴隨著強烈感情激動的一種「意想」活動。而這些也正是藝術的形象思維和想像活動的重要特徵。然而，《遠遊》和《洛神賦》的作者，顯然都還沒有對想像活動的特徵作出自覺的理論的概括，對藝術想像的自覺的理論認識是在六朝發展起來的。

公元三世紀，陸機在《文賦》中描繪了藝術想像活動的情狀，它已經具體地反映了藝術想像活動的特點。其後，東晉著名的畫家顧愷之明確提出了繪畫藝術構思是藝術家「遷想妙得」的結果。什麼是「遷想妙得」呢？藝術家把自己奇妙的想像內容寄寓到具體的形象中去，這即是「遷想」的意思，而這兩者天衣無縫的融合一致，即是所謂「妙得」。「遷想妙得」，就是把藝術想像的內容凝聚成爲具體生動的形象。惠洪《冷齋夜話》中說：「山谷云：天下清景，初不擇賢愚而與之遇，然吾特疑端爲我輩設。」這正是因爲只有詩人和藝術家才有「遷想妙得」之能的緣故。所以王國維在《人間詞話》中說：「抑豈獨清景而已，一切境界，無不爲詩人設。世無詩人，即無此種境界。」自然界的「清景」，經過藝術家想像的改造，就成了優美的藝術意境。比如李白的《獨坐敬亭山》寫道：

衆鳥高飛盡，孤雲獨去閑。相看兩不厭，只有敬亭山。

詩人把自己的想像「遷」到了敬亭山的形象上，於是敬亭山也成爲活的人一樣，與詩人「相看兩不厭」

了。「遷想妙得」和西方所說的「移情」作用，實際是一回事。從另一個角度講，「遷想妙得」體現了藝術思維過程中精神內容和具體物象的完善統一。高爾基曾說：「想像在其本質上也是對於世界的思維，但它主要是用形象來思維，是『藝術的』思維。」（《談談我怎樣學習寫作》）想像作爲藝術思維，它總是和具體的現實形象緊密地結合在一起的。意大利的湯密達諾說：「想像是一種心理功能，它像純潔而經琢磨的水晶，照映出感覺所獲得的具體事物的形象。」（《外國理論家作家論形象思維》）法國的伏佛納爾格也說過：「憑形象的方式來產生對事物的觀念，並借助形象來表達思想的那種稟賦，我稱之爲想像。因此，想像總訴諸於人的感官；它是藝術的創造者，是精神的裝飾品。」（同上書）和西方相比，我國古代對藝術想像的這種特點的認識，是要更早得多的。繼顧愷之之後，公元五世紀前後，劉勰又對它作了生動形象的描繪和深刻的理論概括，指出藝術想像活動的特徵是「神與物遊」。劉勰指出藝術家在「神思方運」，開始進行想像活動時，「紛哉萬象，勞矣千想」（《文心雕龍·養氣》），在各種紛紜複雜的景象中，閃現著無數新穎的構想。這時，古今四海的一切生動景象都伴隨著藝術家的思維而出沒。「吟咏之間，吐納珠玉之聲；眉睫之前，卷舒風雲之色。」五代時著名的畫家荊浩在《筆法記》中講繪畫的「六要」，其中之一即是講構思。他說：「思者，刪撥大要，凝想形物。」前句說的是藝術思維過程中要從千景萬象中按照自己所要表現的主題，進行深刻的藝術概括，以反映現實的本質和規律；後句說的是要按照藝術概括的需要來通過想像而構成形象。「刪撥大要」和「凝想形物」，是藝術想像過程中不可分割的兩個方面，它正好說明了藝術思維感性認識向理性認識飛躍的過程，也是不脫離生動的形象的。藝術想像過程中正是通過「凝想形物」來達到「刪撥大要」的。這就是藝術思維中對現實形象的提煉、加工和典型化的過程，劉勰在《文心雕龍・神思》篇中稱之爲「杼軸獻功」。好比把粗糙的麻通過紡織而成爲精緻的布一樣，「煥然乃珍」。原來是普通的、平常的生活現象，經過藝術家的改造，就可以使「拙辭或孕於巧義，庸事或萌於新意」，從而變成爲有典型意義的藝術珍品。蕭子顯在《南齊書・文學傳論》中說：「屬文之道，事出神思，感召無象，變化不窮。俱五聲之音響，而出言異句；等萬物之情狀，而下筆殊形。」藝術創作的「神思」過程，最重要的是「妙想」階段，它「感召無象，變化不窮」，要對萬物情狀在想像中進行形象的提煉與概括，創造出比現實更集中、更美的生動形象來。這種藝術形象隨著不同才能、性格的作家，而有各種獨特的風格，千姿百態，變化無窮。

「神與物遊」是「神思」最基本的特點，然而，單就這一點還不能完全區別藝術思維和科學思維，還不能完全說明藝術想像的特徵。科學思維也要運用想像能力，科學的想像也常常是和具體物象結合在一起的。一個考古學家需要想像原始社會人民的生活和勞動狀況，一個生物學家也需要想像某些動植物的祖先的形狀及其生存情形。那麼，藝術想像和科學想像究竟有什麼區別和不同呢？關於這個問題，我國古代有關藝術想像的論述中，有許多深刻而精辟的見解，對於我們認識這個問題有很重要的啓發。

首先，我國古代有關「神思」過程中藝術想像的論述，指出了藝術想像具有超越時空的無限廣濶性和豐富性。《西京雜記》中記載司馬相如曾經說：「賦家之心」可以「苞括宇宙，總攬人物」。古人認爲神存於心，心是思維活動的總樞紐，所以「賦家之心」也就是「神思」。《文心雕龍・神思》篇一開頭就說：「古人云：形在江海之上，心存魏闕之下。神思之謂也。」當時人們對思維活動這種精神活動現象不能給以科學的解釋，受佛學思想影響，認爲人的精神和肉體是可以分離的，思維活動乃是一種純粹的精神活動現象，是靈魂的活動。恩格斯說：「在遠古時代，人們還不完全知道自己身體的構造，並且受夢中景象的影響，於是就產生了一種觀念：他們的思維和感覺不是他們身體的活動，而是一種獨特的、寓於這個身體之中而在人死亡時就離開身體的靈魂的活動。」（《路德維希・費爾巴哈和德國古典哲學的終結》）他們把人的思維活動神化了。劉勰是信佛的，在當時也深受「神不滅」論的影響。不過，劉勰所說「神思」的特點，主要還在強調思維活動可以不受肉體的限制，可以達到很遠很遠的地方。所謂「文之思也，其神遠矣。故寂然凝慮，思接千載；悄焉動容，視通萬里。」和司馬相如所說的「苞括宇宙，總攬人物」是完全一致的；說明藝術想像是不受任何時間和空間的限制的。劉勰之前，陸機在《文賦》中對此就作過十分生動的描繪。他說藝術家的想像活動開展起來之後，可以「精騖八極，心遊萬仞。」李善注說：「精，神爽也。」方廷珪《文選集成》說：「精，神思。騖，馳也。」「精騖」與「心遊」對文，都是指神思這種藝術想像活動的情狀。八極、萬仞，則如方廷珪所說，是指神思之「無遠不到」、「無高不至」。和科學思維的想像活動相比較，顯然藝術想像活動的範圍和幅度，都是要更爲廣闊和豐富的。這種廣闊性和豐富性還表現在藝術想像往往可以超出

「常情」、「常理」之外，不受其束縛，這在科學思維的想像活動來說，是不能允許也不能成立的。惠洪在《冷齋夜話》中曾引蘇軾語云：「詩以奇趣爲宗，反常合道爲趣。」這種「反常合道爲趣」的例子，我們也可以從《冷齋夜話》的記載中看到：

> 今人之詩，例無精彩，其氣奪也。夫氣之奪人，百種禁忌，詩亦如之。富貴中不得言貧賤事，少壯中不得言衰老事，康強中不得言疾病死亡事。脫或犯之，人謂之詩讖，謂之無氣，是大不然。詩者，妙觀逸想之所寓也，豈可限以繩墨哉！如王維作畫雪中芭蕉詩，法眼觀之，知其神情寄寓于物，俗論則譏以為不知寒暑。荊公方大拜，賀客盈門，忽點墨書其壁曰：「霜筠雪竹鍾山寺，投老歸歟寄此生。」坡在儋耳作詩曰：「平生萬事足，所欠惟一死。」豈可與世俗論哉。予嘗與客論至此而客不然余論。予作詩自志，其略曰：「東坡醉墨浩琳琅，千首空餘萬丈光。雪裏芭蕉失寒暑，眼中騏驥略玄黃。」云云。

王維畫雪中芭蕉，這在北方是不會有的。王安石正當拜相之際，仕宦的鼎盛時期，可是他卻寫了兩句希望隱居深山、以終天年之詩。蘇軾被貶官至海南島，正當仕途坎坷、命運蹇塞時候，卻寫出了兩句覺得什麼都很滿足了的詩句。這些從表面上看來確是與物之常理、人之常情不相吻合的。然而，詩歌是藝術品，它不是要講科學道理。藝術想像在於充份表達藝術家的思想感情，因此不能按「常理」、「常情」去要求藝術描寫。王安石在得志之時想到了晚年，蘇軾在困頓之中表現了看破紅塵之意，雖違反「常情」，卻內中「合道」。惠洪尖銳地批評了給藝術創作設種種「禁忌」，要求它嚴格按「常規」去寫的傾向，這正是他懂藝術的表現。在宋代由於受理學影響，有些人不懂藝術的特殊規律，不知道藝術想像有自己的特徵，以科學、理論的思維方式去要求藝術思維，其實是違背藝術本身的發展規律的。惠洪說別人不服他的議論，這也是不奇怪的。其實，與惠洪看法一致的也大有人在。比惠洪略早的沈括在《夢溪筆談》中，就發表過與惠洪類似的看法，他說：

書畫之妙，當以神會，難可以形器求也。世之觀畫者，多能指摘其間形象位置、彩色瑕疵而已；至于奥理冥造者，罕見其人。如彥遠評畫，言王維畫物，多不問四時。如畫花往往以桃杏芙蓉蓮花同畫一景。予家所藏摩詰畫袁安臥雪圖，有雪中芭蕉。此乃得心應手，意到便成，故造理入神，迥得天意，此難可與俗人論也。

藝術家在想像過程中爲了充份體現自己的思想情趣，往往在構想中出現某種不符合生活現象的狀況，這在浪漫主義、象徵主義作品中尤爲常見，但我們不能因此而責怪藝術家，全盤否定其作品。因爲藝術家創造的是藝術品，而不是科學成果。王維的繪畫是體現其思想情操的藝術品，而不是科學掛圖。宋代的朱翌在《猗覺寮雜記》中說沈括和惠洪所說王維畫雪中芭蕉不合寒暑，是因爲他們沒有到過嶺外（今兩廣地區），不知道嶺外冬大雪，芭蕉乃自若，紅蕉方開花。然而，正如俞劍華先生在《中國畫論類編》中所說的，袁安臥雪係在洛陽，不在嶺外。更何況即使眞像朱翌說的，沈括和惠洪犯了識見不廣的錯誤，也並不影響他們的觀點，因爲這種例子顯然並不只是一個。如趙殿成《王右丞集箋注》卷末附錄中曾引明代都穆《寓意編》中記載說，金陵王休伯家藏有王維所畫濟南伏生像。都穆看了之後大吃一驚，「以爲平生之未見也。但古人之坐，以兩膝著地，未嘗箕股；而秦漢之書，當用竹簡。今像乃箕股而坐，憑幾伸卷。此則余所未曉，抑余聞維嘗畫雪中之蕉，毋乃類是，而不必拘拘於形似者邪？」王維畫的是秦漢時人，而其坐的姿勢和用的書寫工具卻是唐時人模樣，按「常情」來說這也是不合的，但因他重在人物神態，故不拘泥於這些方面，結果仍作爲名畫流傳下來了。這說明藝術想像比科學想像要更自由得多，是不受任何條條框框束縛的。

藝術想像之不同於科學想像的第二個重要特點，是藝術想像不僅伴隨有強烈的感情活動，而且正是藝術家波瀾起伏的感情活動，觸發和激起了豐富多采的想像活動，並且促使藝術想像活動的深化。藝術家沒有感情的激動，就不能使想像的翅膀飛騰，更不會有「感興」即靈感的爆發；同時，藝術想像的深入發展，興會的熾烈，又必然要進一步燃起藝術家難以抑制的感情，使感情活動更爲強烈。所以，王夫之在《古詩評選》中說：「詩之所至，情無不至；情之所至，詩以之至。」藝術想像發展到什麼地方，感情就隨之而到什麼地方；感情發展到什麼程度，藝術想像也就隨之而到什麼程度。陸機在《文賦》中說：作家在創作過程中，經常是「思涉樂其必笑，方言哀而已嘆。」劉勰在《神思》篇中也非常突出地強調了感情因素和藝術想像活動的密切關係。他說當一個藝術家馳騁神思的時候，「登山則情滿於山，觀海則意溢於海。」在《夸飾》篇中他又說：「談歡則字與笑並，論蹙則聲共泣偕。」在《神思》篇中他還指出藝術構思過程中，感情的複雜變化，對藝術想像活動的展開和形象的構成具有決定性的影響，起著支配性的主導作用。他說：「神用象通，情變所孕。」又說：「情數詭雜，體變遷貿。」不僅文學創作是如此，書法、繪畫創作也是如此。惲格在《南田畫跋》中說過：「筆墨本無情，不可使運筆墨者無情。作畫在攝情，不可使鑒畫者不生情。」感情活動是繪畫創作的基本因素之一。唐代著名的書法家和書法理論家孫過庭在《書譜》中指出，王羲之書法創作的重要特徵之一，是他能按照書法內容所體現的不同感情，來馳騁不同的藝術想像，形成不同的藝術風貌，做到「豈惟會古通今，亦乃情深調合。」他舉了王羲之所寫書法的名篇《樂毅論》、《黃庭經》、《東方朔畫贊》、《太師箴》、《蘭亭集序》、《告誓文》等爲例來加以說明。其云：

> 寫樂毅則情多怫郁；書畫贊則意涉瑰奇；黃庭經則怡懌虛無；太師箴則縱横爭折；暨乎蘭亭興集，思逸神超；私門誡誓，情拘志慘。所謂涉樂必笑，言哀已嘆。豈惟駐想流波，將貽嘽嗳之奏；馳神睢渙，方思藻繪之文，雖其目擊道存，尚無心迷議舛。莫不強名為體，共習分區。豈知情動形言，取會風騷之意；陽舒陰慘，本乎天地之心。

孫過庭在這裡不僅指出了王羲之書法藝術創作中的想像活動，是和由書法內容所引起的不同感情緊密相關的，而且說明了這一點是和文學、音樂創作完全一致的。所謂「駐想流波」即是指曹植《洛神賦》中描繪的「遺情想像」之意，而「嘽嗳之奏」即是《禮記·樂記》中所說：「嘽諧慢易繁文簡節之音作而民康樂」之意。樂毅本是燕國功臣，但燕惠王聽信讒言，中齊國反間計，樂毅被迫出奔趙國，他的遭遇是不幸的，故王羲之書寫《樂毅論》具有「情多怫鬱」的藝術風貌。東方朔是以詼諧滑稽出名的，故其書《畫贊》能「意涉瑰奇」。《黃庭經》是道家經典，故「怡懌虛無」。其它各篇亦都有這種以書法內容所決定的感情特色來展開自己藝術想像的特點。

西方也有不少人探討過藝術想像活動中感情因素的作用問題，但是比我國古代的這些論述要晚得多。當然，西方文藝家、哲學家的論述也有其長處，他們的理論色彩比較鮮明，而不像我國古代主要是通過對具體創作狀況的描繪來體現理論內容的。應該說，一切創造性的想像中都是包含有感情的因素的，不能說只有藝術想像才有感情成分。但感情成分對藝術想像來說，確實具有頭等重要的意義，我們甚至可以說，沒有感情因素，藝術想像的翅膀就不容易飛騰起來。科學的想像中也不能說就沒有感情的因素，然而它和藝術想像中感情因素的地位和作用是大不相同的。在非藝術的想像活動中，感情只是作爲激起創造性想像的一種推動力量，它具體表現爲因創造的成功或失敗而體現出某種感情上的激動。在科學想像裏，感情本身不能成爲創造性想像的材料。然而，在藝術想像中，感情不僅表現爲對藝術創造成敗而產生的激動上，更重要的是感情本身就是藝術想像的創造材料。我國古代對感情因素在藝術想像中的地位和作用的認識，當然沒有西方那樣自覺的、理論色彩很強的敍述。然而，確實已經比較早地感覺到了藝術想像中感情因素所起的重要作用和所處的突出地位。這是和我國古代一貫重視藝術要表現感情的特點完全一致的。因爲我國古代在唐宋以前主要的文學形式就是詩歌，而詩歌中又主要是抒情詩。一則是詩歌創作十分普遍，凡是文人都會寫詩；二則是抒情詩占九〇%以上的絕對優勢地位。因此，我國古代很早就提出了詩是人的感情的表現的問題。先秦時代詩樂還沒有完全分家，荀子在《樂論》中講音樂是人的感情的表現，實際上也說明了詩同樣也是人的感情的表現。漢代的《毛詩大序》中明確提出「情動於中而形於言」，發而爲詩。到西晉陸機提出詩歌「緣情」的問題後，感情在文學中的地位就非常突出了。因此，反映到關於藝術想像的論述中，自然也就重視感情的作用。《文賦》中說「精騖八極，心遊萬仞」之結果，就是「情曈曨而彌鮮，物昭晣而互進」。說明馳騁神思的重要目的之一就是要使感情更加鮮明，可見，感情本身即是藝術創造的材料。藝術想像從根本上說，乃是爲表達藝術家的感情服務的，或者說，藝術想像的實質正是爲充份體現藝術家的感情，而尋找最好的物質外殼——現實形象。

藝術想像不同於科學想像的第三個特點是藝術想像的產物及其所起的作用，和科學想像是根本不同的。藝術想像的結果是構成生動完美的藝術形象，並由它對人們起一種精神的作用。而科學想像的結果是爲了創造改造自然的物質工具，要起一種具體的物質作用。《文賦》說想像活動最終要使之能「籠天地於形內，挫萬物於筆端」，創造出具有高度概括意義的藝術形象。劉勰在《神思》篇中也說，「神思方運，萬塗競萌」的感興高潮到來之後，經過藝術家對「萬象」、「千想」的藝術綜合、概括，就逐漸在自己心目中形成了「意象」，然後「窺意象而運斤」，使之通過語言文字而物質化。這時，藝術形象就栩栩如生地呈現在讀者面前了。藝術家正是用它來感動人教育人。創造一件實用的東西，也非有想像不可。比如發明蒸汽機的時候，發明者就是對目前某些材料看到了前所未見的關係和可能性。這就是科學的想像活動。但是，藝術品卻和機器不同。它不僅是想像的結果，而且它只在想像裏而不在物質世界起作用。也即是說，構成藝術品的物質直接表現了想像所喚起的意義，它不像機器僅僅是個工具，供人用來達到機器本身之外的目的。藝術想像活動並不創造改造世界的物質工具，也不對改造世界起物質作用；它只是創造生動的藝術形象，給人以美感，從而起到教育作用。唐代著名的書法理論家張懷瓘在《書斷》中講書法的藝術想像及創造過程時，有一段很精彩的論述。他說：

> 爾其初之微也，蓋因象以曈曨，眇不如其變化，範圍無體，應會無方，考沖漠以立形，齊萬殊而一貫，合冥契，吸至精，資運動于風神，頤浩然于潤色。爾其終之彰也，流芳液于筆端，忽飛騰而光赫；或體殊而勢接，若雙樹之交葉；或區分而氣運，似兩井之通泉。麻蔭相扶，津澤潛應。離而不絕，曳獨繭之絲；卓爾孤標，竦危峰之石。龍騰鳳翥，若飛若驚，電烻㸌[illegible]，離披爛熳，翕如雲布，曳若星流，朱焰綠烟，乍合乍散，飄風驟雨，雷怒霆激，呼吁可駭也！信足以張皇當世，軌範後人矣。

在這一大段對書法創作過程的描寫中，「爾其初之微也」以下十一句講的是書法創作在落筆之前的藝術想像狀況：由「曈曨」到「立形」，從「萬殊」到「一貫」，想像逐漸成熟，並構成爲意念中的書法形象。它合於自然之造化，又能體現藝術家的情致風韻。然後進入了具體書寫。自「爾其終之彰也」以下，則是說的書法藝術創作完成之後，所具有的各種各樣生動精美的形象狀態。張懷瓘在這裡對書法藝術的象徵性形象特徵作了異常生動的描繪，在我們眼前所展現的不是一篇書法，而是一幅形象鮮明生動的圖畫。由此可見，即使是像書法這樣離現實生活比較遠的藝術，想像的結果也是爲了創造象徵現實物象和體現藝術家感情的生氣勃勃的藝術形象。我國古代對藝術想像特點的論述，不像西方那樣有比較系統的抽象的理論分析，而更多的是對藝術想像特點的生動而具體的形象描繪。這有它的缺點，但也有它的長處。中西結合，取長補短，將能使我們對藝術想像的特點認識得更深入。

二　感興

我國古代文論中所說的感興，即是指藝術創作中的靈感現象。感興的萌發標志著神思最活躍、最豐富階段的到來。感興是神思過程中的一個組成部份，指的是神思活動發展到高潮時藝術家的一種高度興奮狀態。當藝術家的興感之會到來的時候，創作的欲望特別強烈，想像極爲豐富，無數生動的形象紛至沓來，思緒泉湧，通暢無阻，許多優美奇特的藝術構思正是在這樣的狀態下形成的。同時，也只有在感興旺盛的情況下的創作，才能一氣呵成，具備化工造物之妙。蘇軾在《書蒲永昇畫後》一文中記載，蜀人孫知微爲成都大茲寺壽寧院壁作畫，開始，他「營度經歲，終不肯下筆」，後來，突然「一日，倉皇入寺，索筆墨甚急，奮袂如風，須臾而成，作輸寫跳蹙之勢，洶洶欲崩屋也」。孫知微是當時一位著名的畫家，《圖書見聞志》曾記載有他的事迹。他之所以長久不願落筆，正是由於他還在醞釀創作靈感，時機尚未成熟；一旦靈感爆發，他就立即趁感興高潮一揮而就，創作出了栩栩如生的傑作。然而，感興高潮的到來常常是帶有一定的偶然性的。它並不是藝術家想要它到來，它就能到來的。經常有這樣的情況：你迫切地盼望它到來，可它卻始終不來；有時在無意之中，它卻又突然湧上你的心頭。而感興對藝術構思的成敗，又有著十分重大的影響。藝術構思過程中如果沒有感興階段的出現，神思是不能進入高潮的，那麼，這種藝術構思往往顯得很平庸，經常是要失敗的。如果感興階段在藝術構思中很快到來，結果就能夠使藝術構思進行得非常順利，具有新穎獨特之處。那麼，應該怎樣去正確認識和對待靈感這種現象呢？我國古代的文藝理論中對此有過許多的分析和研究。

最早提出藝術創作中的靈感問題，並對它在藝術構思過程中的重要作用進行了具體分析和描繪的是陸機。他在《文賦》中說：

> 若夫應感之會，通塞之紀，來不可遏，去不可止，藏若景滅，行猶響起。方天機之駿利，夫何紛而不理？思風發于胸臆，言泉流于唇齒。紛葳蕤以馺遝，唯毫素之所擬。文徽徽以溢目，音泠泠而盈耳。及其六情底滯，志往神留，兀若枯木，豁若涸流。攬營魂以探賾，頓精爽于自求。理翳翳而愈伏，思乙乙其若抽。是以或竭情而多悔，或率意而寡尤。雖茲物之在我，非余力之所勠。故時撫空懷而自惋，吾未識夫開塞之所由也。

陸機對靈感（即「應感之會」）作了十分生動的描繪。他對靈感湧現時文思通暢、下筆琳琅的情狀和靈感不來時文思阻塞、落筆艱難的情狀，作了鮮明的對比，說明靈感乃是創作成敗的關鍵。然而，對於靈感現象他又覺得無法控制、掌握，來去無蹤，出沒無常，爲此他感到困惑不解，「故時撫空懷而自惋，吾未識夫開塞之所由也。」有的學者認爲陸機在這裡是對藝術創作的靈感作了唯心主義宿命論的解釋，因爲陸機說了「雖茲物之在我，非余力之所勠」這樣的話。這樣說自然也有一點道理，然而，我們應當看到在當時的歷史條件下，要陸機對靈感這樣複雜的精神活動現象作出科學的解釋是不可能的。事實上，陸機在這裡倒是說了大實話。他對創作中的靈感現象作了比較客觀的描述，同時也明白地說自己對它還不能理解，因此也無法掌握它的規律。如果我們和西方文藝史上對靈感現象的解釋相比，那麼，陸機的論述還是比較實事求是的。比如柏拉圖就把藝術創作中的靈感現象，看作是神靈附身時的一種迷狂狀態。他說：「凡是高明的詩人，無論在史詩或抒情詩方面，都不是憑技藝來做成他們的優美的詩歌，而是因爲他們得到靈感，有神力憑附著。」「不得到靈感，不失去平常理智而陷入迷狂，就沒有能力創造，就不能做詩或代神說話。」（《文藝對話集》）西方在相當長一個時期內是盛行這種觀點的，一直到文藝復興以後才有較大變化。但是，我國古代講靈感則是比較現實的。雖然宗教思想和唯心主義也很盛行，卻沒有人對靈感作像柏拉圖那樣的解釋，而基本上都是像陸機那樣，具體地描繪靈感與文思通塞的關係。比如張懷瓘在《書斷》中說書法創作中，靈感不來時，「或筆下始思，困於鈍滯」，「心不能授之於手，手不能受之於心。」而到靈感湧現時，則「意與靈通，筆與冥會，神將化合，變出無方。」清代的袁守定在《佔畢叢談》中說：「機[illegible]則文敏而工，機塞則文滯而拙。」這樣一類的論述，在我國古代的藝術創作理論中是非常之多的。

靈感問題自陸機首先提出之後，在六朝就受到了廣泛的重視。比如以沈約爲首的聲律派把聲律之美作爲評價詩歌優劣的主要標準，而在如何才能使聲律協調、構成抑揚頓挫的音樂美的問題上，他們也把它首先歸於靈感。沈約《答陸厥書》中說：「天機啓則律呂自調，六情滯則音律頓舛。」在《宋書·謝靈運傳論》中，他還說謝靈運詩歌之所以能有自然清新之美，也是因爲他的詩都是「興會標舉」的產物。謝詩中如「池塘生春草，園柳變鳴禽」一類名句，當時被看作是「出水芙蓉」一般的佳作，全是靈感湧現時書寫即目所見的結果。顏之推在《顏氏家訓·文章》篇中，也指出文章乃是「標舉興會，發引性靈」的具體表現。蕭子顯在《南齊書·文學傳論》中說：「若夫委自天機，參之史傳，應思悱來，勿先構聚。」明確提出文學創作必待靈感衝動時方可寫作，絕對不可強思硬作。六朝最傑出的文學理論批評家劉勰也很重視創作靈感問題，更爲可貴的是，劉勰注意到了靈感如何培養的問題。《文心雕龍·養氣》篇其實就是講靈感如何培養的問題的。黄侃《文心雕龍札記》中說：「此篇之作，所以補《神思》篇之未備，而求文思常利之術也。」這個看法是相當精辟的。《神思》篇的中心是分析藝術想像的情狀和特點，但這顯然是離不開感興的。藝術創作沒有靈感的衝動，也就根本談不到藝術想像翅膀的飛翔。劉勰在《神思》篇中說：「是以秉心養術，無務苦慮；含章司契，不必勞情。」已經涉及到了感興的培養問題。他在《養氣》篇中認爲神思高潮時的感興現象乃是人的神氣旺盛、精力充沛時才可能有的；如果精神過於疲勞，情緒低落，氣衰力竭，就不可能出現感興現象。爲此，劉勰提出要使藝術構思進入感興狀態，就必須養氣保神，即所謂「元神宜保，素氣資養」。人的氣是神的具體體現，神旺神疲怎麼才能看出來呢？它就反映在氣盛氣衰上，所以養氣也即是保神，《養氣》篇的開頭說：

昔者王充著述，制《養氣》之篇，驗己而作，豈虛造哉！夫耳目鼻口，生之役也；心慮言辭，神之用也。率志委和，則理融而情暢；鑽礪過分，則神疲而氣衰；此性情之數也。

提倡「率志委和」，反對「鑽礪過分」，這就是《神思》篇所說的「無務苦慮」，「不必勞情」之意。其中心是強調要順乎自然，不要勉強而作。率志，是隨順自己的心志；委和，是附合天地之和，亦即自然之意。所以，范文瀾先生解釋這一段話道：「彥和論文以循自然爲原則，本篇大意，即基於此。」這是符合劉勰本旨的很有見地的話。要使創作順乎自然，理融情暢，自然就有興會標舉之妙。那麼，怎樣才能使創作構思順乎自然，「率志委和」呢？劉勰認爲關鍵是要使神志清醒，具有虛靜的狀態，而不要被許多雜事雜念所干擾。他說：

夫學業在勤，故有錐股自厲；志于文也，則有申寫鬱滯；故宜從容率情，優柔適會。若銷鑠精膽，蹙促和氣，秉牘以驅齡，灑翰以伐性，豈聖賢之素心，會文之直理哉！

藝術創作是一種艱苦的勞動，但它又不同於孜孜不倦地研究學問，而有自己的特殊規律。它不需要「錐股自厲」，而要求「從容率情，優柔適會」，必需在心平氣和、神情舒暢的狀態下，方能從容自若，文思泉湧，如果「銷鑠精膽」，「蹙促和氣」，違反了自然之性，那麼就會喪失感興，靈感不來，也就無法寫好作品。清代的紀昀評這一段話說：

此非惟養氣，實亦涵養文機，《神思》篇虛靜之說，可以參觀。彼疲困紛擾之餘，烏有清思逸致哉！

這是深得彥和「養氣」要領的說法。所謂「涵養文機」，即是指培養靈感。日人遍照金剛《文鏡秘府論》南卷論文意部份講到「境思」問題，也表現了同樣的思想：

夫作文章，但多立意。令左穿右穴，苦心竭智，必須忘身，不可拘束。思若不來，即須放情卻寬之，令境生。然後以境照之，思則便來，來即作文。如其境思不來，不可作也。

所謂「境思」，即是指和形象化的境界相結合的思維，實際上就是說的感興萌發時的形象思維活動。他認爲「必須忘身，不可拘束」，「放情卻寬之」，才可能使境象疊現，感興濃烈，文思自然橫溢。這也是要虛靜其心，養氣保神之旨。劉勰在《養氣》篇中還說：

是以吐納文藝，務在節宣，清和其心，調暢其氣，煩而即舍，勿使壅滯，意得則舒懷以命筆，理伏則投筆以卷懷，逍遙以針勞，談笑以藥勸，常弄閑于才鋒，賈余于文勇，使刃發如新，腠理無滯，雖非胎息之邁術，斯亦衞氣之一方也。

劉勰在這裡著重從精神修養的角度來講靈感的培養，「清和其心，調暢其氣」，只有當藝術家處於一種最佳的精神狀態時，才能夠促使靈感的爆發，興會的到來。我國古代關於創作靈感的培養，雖然也涉及到了生活積累等問題，但更側重在對精神、情緒的涵養方面，這是我國古代靈感論的一個重要特點。現實生活經驗的積累固然是產生靈感的重要基礎，但並不是產生靈感的唯一條件。一個藝術家雖然有豐富的生活經驗，如果不能「清和其心，調暢其氣」，也是決不可能產生靈感的。

我國古代文藝家絕大多數對「兩句三年得，一吟雙淚流」的創作不感興趣，而認爲眞正的優秀作品都應該是靈感湧現時天然湊泊、水到渠成的產物。因此，他們大都主張要「佇興」，要等待靈感衝動時才進行創作。王士源的《孟浩然集序》中說孟浩然的詩歌創作「每有製作，佇興而就」。張宗柟編纂的王士禛《帶經堂詩話》中專門有「佇興」一類。這都是爲了強調沒有靈感爆發，是寫不好詩的。清代宋大樽在《茗香詩論》中說：

不佇興而就，皆迹也；軌儀可範，思識可該者也。有前此後此不能工，適工于俄頃者，此俄頃亦非敢必覬也，而工者莫知其所以然。太虛無為之風，無始終之期；列子有待之風，登空泛雲，一舉萬里，尚何有迹哉？

這裡說的「俄頃」，即是指靈感衝動的時刻，此時創作才能自然化成，而無痕迹可尋，如列子待風而一舉萬里，這種「佇興」主張，似乎給人以被動感覺，好像仍然避免不了偶然性的決定作用。其實，這偶然性中是有必然性因素的，只要條件成熟，是會產生靈感衝動的。蕭子顯《自序》中說：「登高極目，臨水送歸，蚤雁初鶯，花開葉落，有來斯應，每不能已，須其自來，不以力構。」雖然強調「自來」，但顯然亦是「感物」之結果。謝榛在《四溟詩話》中說：「詩有天機，待時而發，觸物而成，雖幽尋苦索，不易得也。如戴石屏『春水渡傍渡，夕陽山外山。』屬對精確，工非一朝，所謂『盡日覓不得，有時還自來』。」「天機」之發是與「觸物」相聯繫的。藝術創作靈感的湧現，常常是受某種與自己經歷過的生活和感情有所類似的景象的感觸，或某種生活景象使自己產生了深刻體會而產生的。比如《宣和書譜》記載唐代著名書法家懷素，「晚精意於翰墨，追仿不輟，禿筆成塚。一夕，觀夏雲隨風，頓悟筆意，自謂得草書三昧。斯亦見其用志不分，乃凝於神也。」而其書法遂「若驚蛇走虺，驟雨狂風」。「夏雲隨風」的景象，使懷素產生了豐富的想像，在平時積累的基礎上，點燃了他靈感的火花，創作出了藝術珍品。《宣和書譜》還記載了唐代著名書法家張旭，「嘗言：初見擔夫爭道，又聞鼓吹而知筆意，及觀於公孫大娘舞劍，然後得其神。」這都是說的無意間受到某種現實事物或現實場面的觸動，而激發了創作靈感。但是，藝術創作的靈感，還可以自覺地、有意識地借助於某種現實生活景象，而促使它爆發。比如宋代郭若虛《圖畫見聞志》上就記載了這樣一個故事：

（唐）開元中，將軍裴旻居喪，詣吳道子，請于東都天宮寺畫神鬼數壁，以資冥助。道子答曰：「吾畫筆久廢，若將軍有意，為吾纏結，舞劍一曲，庶因猛厲，以通幽冥！」旻于是脫去縗服，若常時裝束，走馬如飛，左旋右轉，擲劍入雲，高數十丈，若電光下射。旻引手執鞘承之，劍透室而入。觀者數千人，無不驚慄。道子于是援毫圖壁，颯然風起，為天下之壯觀。道子平生繪事，得意無出于此。

吳道子在創作之初感到自己缺少靈感，一時激不起創作衝動，因而請裴旻舞劍，以猛厲之氣來促發自己的創作靈感。裴旻的劍舞得如此神奇、雄壯，使吳道子的感情受到了強烈震動，同時在如何畫神鬼「以資冥助」上他也受到了啓發，於是創作出了他平生最得意的傑作，成爲「天下之壯觀」。由此可見，靈感也可以通過體會與自己所要描寫的生活內容相類似的生活實際而得到誘發。這也說明一個藝術家在深入生活過程中是必然能夠激發自己的創作靈感的。

在藝術創作靈感的源泉問題上，我國古代也有各種各樣不同的解釋，但是，比較多的人則認爲靈感之產生是「觀物有感」的緣故，葛立方《韻語陽秋》中說：

自古工詩者，未嘗無興也。觀物有感焉，則有興。

這個「興」，雖然是從「比興」之「興」的角度講的，實際上也是指的靈感勃興之意。我國古代之所以把靈感稱之爲「感興」、「應感」，正是說明它是人心有所感的結果。而人心之感，物使之然也，這是從《禮記・樂記》以來一貫的傳統觀點。無論音樂和詩歌，歷來都認爲是人心有感於物，發而爲聲，以文字表現而爲詩。劉勰說文學作品是「應物斯感」的產物。藝術家的情感是受外物的感召而興起的，所以說是「情以物興」。鍾嶸在《詩品序》中說：「氣之動物，物之感人，故搖蕩性情，形諸舞咏。」人心受到外物的觸動，而這種外物是包括了自然和社會兩方面的，然後便會有興會產生，而感之愈深，興會也就更濃。我國古代講詩人興會無窮、佳作豐碩往往是「江山之助」的結果，其實就是指的自然景物對藝術家創作靈感的誘發作用。袁守定《佔畢叢談》中說：「作文必有一段興致，觸景感物，適然相遭，遂造妙境。」「史稱張說至岳州詩益進，得江山助（按：見《新唐書・張說傳》）。王文恪（鏊）謂柳子厚至永州文益工，得永州山水之助（按：見《震澤長語》）。吳立夫謂胸中無三萬卷書，眼中無天下奇山水，未必能文，縱文亦兒女語耳。皆是此理。」除自然事物之外，詩人所感受到的社會生活中許多驚心動魄的現實內容的影響，更會產生強烈的創作衝動。比如鍾嶸在《詩品序》中說：「至於楚臣去境，漢妾辭宮，或骨橫朔野，魂逐飛蓬；或負戈外戍，殺氣雄邊；塞客衣單，孀閨淚盡；或士有解佩出朝，一去忘返；女有揚蛾入寵，再盼傾國；凡斯種種，感蕩心靈，非陳詩何以展其義？非長歌何以騁其情？」劉勰在《文心雕龍・時序》篇中說：「歌謠文理，與世推移，風動於上，而波震於下」，雖是講的文學與時代關係，但也涉及到社會現實生活對作家創作所起的激發作用。《文鏡秘府論》地卷「感興勢」條中還對常建與王維的詩例作了具體分析。其云：

> 感興勢者，人心至感，必有應說，物色萬象，爽然有如感會。亦有其例，如常建詩云：「泠泠七弦遍，萬木澄幽音。能使江月白，又令江水深。」又王維《哭殷四詩》：「泱漭寒郊外，蕭條聞哭聲。愁雲為蒼茫，飛鳥不能鳴。」

常建被琴聲所感動，琴聲把他帶入了一個幽靜清澈的藝術境界，使他產生了無窮的遐思，於是靈感萌發，物色萬象奔會於其胸中，藝術的意象也就這樣誕生了。王維爲朋友之死而深深地感到悲哀，感情的激烈波動，使他創作衝動異常強烈，於是借愁云蒼茫，飛鳥不鳴的藝術境界以寄其哀。可見，所感至深，則所興愈熾。我國古代一些有成就的大作家大多有自己深切的體會，他們深深地感到：豐富的、充實的現實生活乃是他們藝術創作靈感爆發的重要根源。杜甫晚年在夔州回憶自己在安史之亂時期的詩歌創作狀況時說：「憶在潼關詩興多。」（《峽中覽物》）那時，杜甫生活在兵荒馬亂之中，顛沛在京洛道上，看到和聽到無數使人憤激和令人悲哀的生活現象，這一切強烈地震撼著詩人心靈，大大加深了他憂國憂民的濃厚感情，使他一瀉如注地創作了「三吏」、「三別」等許多名作。可見，他之所以「詩興多」，正是豐富的生活實踐所培育出的豐碩果實。南宋著名的愛國詩人陸游，對此也有十分深刻的體會。他在《九月一日夜讀詩稿有感走筆作歌》一詩中總結他的創作情況時說道：

> 我昔學詩未有得，殘餘未免從人乞。力孱氣餒心自知，妄取虛名有慚色。四十從戎駐南鄭，酣

宴軍中夜連日。打球築場一千步，閱馬列廐三萬匹。華燈縱博聲滿樓，寶釵艷舞光照席。琵琶弦急冰雹亂，羯鼓手勻風雨疾。詩家三昧忽見前，屈賈在眼元歷歷。天機雲錦用在我，剪裁妙處非刀尺。世間才傑固不乏，秋毫未合天地隔。放翁老死何足論，《廣陵散》絕還堪惜。

陸游四十八歲時，隨四川宣撫使王炎從軍南鄭（漢中）。在軍旅生活中曾有過雪中刺虎等壯舉，並曾戍守邊防要塞大散關。正是這種豐富的生活實踐，使他的詩歌創作獲得了不竭的源泉。陸游此處所說「詩家三昧」的忽現，即是指不可遏止的詩興的感發，說明創作靈感乃是親身經歷的生活實際所激發出來的。陸游在《題廬陵蕭彥毓秀才詩卷後》一詩中還說過：「法不孤生自古同，痴人乃欲鏤虛空。君詩妙處吾能識，正在山程水驛中。」陸游所總結的創作經驗最可貴的部份，是他生動地告訴了我們，深厚的現實生活基礎乃是藝術靈感湧現的主要源泉。靈感的爆發雖有一定的偶然性，但其淵源還是在平時的長期積累。清代的袁守定在《佔畢叢談》中說：

文章之道，遭際興會，攄發性靈，生于臨文之頃者也。然須平日餐經饋史，霍然有懷，對景感物，曠然有會，嘗有欲吐之言，難遏之意，然後拈題泚筆，忽忽相遭，得之在俄頃，積之在平日，昌黎所謂有諸其中是也。舍是雖刓精竭慮，不能益其胸中之所本無，猶探珠于淵而淵本無珠，采玉于山而山本無玉，雖竭淵夷山以求之，無益也。

袁守定非常辯證地指出了平時積累和臨文之頃的關係，又說明了在平時積累的基礎上還必須有「對景感物」的誘發，然後才能使靈感爆發，這可以說是對靈感源泉作了比較科學、比較實際的分析。當然，袁守定這裡所說的平日積累還是偏重於書本知識，即所謂「餐經饋史」，而對現實生活的實踐經驗則有忽視的傾向。但是，聯繫上述杜甫、陸游之論，我們可以看到我國古代的靈感論還是比較全面的。歸結起來，我國古代對靈感問題的論述有三大貢獻：一是強調了要有深厚的生活積累爲基礎；二是必須有某種特定的現實景象或對所經歷過的生活的回憶，來誘發靈感的產生；三是必須有虛靜自然的精神狀態，要排除各種與創作構思無關的事物與欲念的干擾。這就是點燃靈感火花的基本條件。

我國古代關於藝術創作靈感的論述中，還有非常可貴的一點，是特別強調藝術家在靈感湧現時，要善於抓緊時機，捕捉藝術形象。因爲靈感湧現有一定的偶然性，這種創作構思的極度興奮的狀態，是不會長時期繼續下去的，不可能持久的，當靈感一過去之後，曾經在藝術家腦海裏閃現過的一些奇妙的意象和境界，很快就會消失。而且還常常會碰到這樣的情況，當感興高潮到來的時候，突然遇到外界某一事件的干擾，或由於藝術家主觀上某種雜念干擾使之分了心，這時感興高潮就馬上會消失，那些優美的藝術形象稍縱即逝，而且再也回憶不起來了，而要再重覆出現類似的藝術構思，也決不可能了。袁守定說：「凡意有所觸，妙理乍呈，便當琢以慧心，著之楮上，緩之則情移理逸，不可復覩。」（《佔畢叢談》）爲此，藝術家必須非常善於捕捉形象，而這也是藝術創作成敗的關鍵。凡是眞正優秀的藝術家都特別善於捕捉轉瞬即逝的生動形象。蘇軾在《文與可畫篔簹谷偃竹記》一文中說文與可畫竹，每當「胸有成竹」時，就立即「急起從之，振筆直遂，以追其所見，如兔起鶻落，少縱即逝矣。」繪畫是如此，詩歌創作也是如此。蘇軾在《臘日游孤山訪惠勤惠思二僧》一詩中說：「作詩火急追亡逋，清景一失後難摹。」蘇軾在遊孤山訪友回來時，被一路上景色所吸引，產生了強烈的創作衝動，湧現了不少優美的「清景」形象，他一回家就趕緊把它描寫下來。這和《書蒲永昇畫後》中說孫知微作畫的情景是十分類似的。從某種意義上說，藝術家的才能也正表現在他能否不失時機地、確切而生動地捕捉住靈感湧現時所閃過的藝術形象。蘇軾在《答謝民師書》中說的「求物之妙，如係風捕影」，也正是此意。靈感爆發時所閃現的形象，就如風與影一般，忽隱忽現，忽存忽亡，善於抓住，方爲高手。唐代張懷瓘說書法創作中當「意與冥通」之際，要能夠「追虛捕微」，也正是說的形象捕捉的重要性。我國古代有許多藝術家對靈感萌發時所展現的意象和境界這種「轉瞬即逝」的特點，是有很深刻的體會的。如宋代的葛立方在《韻語陽秋》中說：

詩之有思，卒然遇之而莫遏，有物敗之則失之矣。故昔人言覃思、垂思、抒思之類，皆欲其思之來；而所謂亂思、蕩思者，言敗之者易也。鄭綮詩思在灞橋風雪中、驢子上，唐求詩所游歷不出二百里，則所謂思者，豈尋常咫尺之間所能發哉！前輩論詩思多生于杳冥寂寞之境，而志意所如，往往出乎埃嗑之外。苟能如是，于詩亦庶幾矣。小說載謝無逸問潘大臨云：「近日曾作詩否？」潘云：「秋來日日是詩思，昨日捉筆得『滿城風雨近重陽』之句，忽催租人至，令人意敗，輒以此一句奉寄。」亦可見思難而敗易也。

葛立方所說的「詩思」，即是指的靈感。他說鄭綮的「詩思」產生於「灞橋風雪中、驢子上」，灞橋在長安之東，是古人送別之處，此處正是要說明詩歌創作的靈感需要在一定的境物感召之下才能產生。

同時，葛立方又強調「詩思」的產生還需要「杳冥寂寞之境」，亦即有「虛靜」的精神狀態。在這些條件具備之後，靈感的湧現往往是藝術家本身也難以抑止的，然而，它又很容易消逝，只要有某種外在的或內在的干擾，就立即會喪失。比如潘大臨寫詩時，本來正當文思泉湧的高潮之際，意興正濃，可是因爲催租人來而打斷了「詩思」，結果只吟得一句，怎麼也無法再繼續完成全詩了，只能以獨句告終。這正是「思難而易敗」之明證。類似的這種情況，王夫之在《姜齋詩話》中也曾經說過。他說詩歌創作，「以神理相取，在遠近之間。才著手便煞，一放手又飄忽去。」這也是強調捕捉「轉瞬即逝」的藝術形象之重要。藝術家必須十分敏銳地掌握好形象閃現的時機，把它十分逼眞地描繪下來，並且還要善於去發展這種境界，擴大這種境界，深化這種境界，才能創作出有價值的、有藝術魅力的作品來。

四、物化

我國古代文藝家認爲，藝術構思的最高境界，是藝術家的主體和創作對象的客體合而爲一的物化境界。清人賀裳在《鄒水軒詞筌》中講過一段很有意思的話。他說：

稗史稱韓幹畫馬，人入其齋，見幹身作馬形。凝思之極，理或然也。作詩文必如此始工。如史邦卿咏燕，幾于形神俱似矣。次則姜白石咏蟋蟀：「露濕銅鋪，苔侵石井，都是曾聽伊處，哀音如訴，正思婦無眠，起尋機杼。」又云：「西窗又吹暗雨，為誰頻，斷續相和砧杵。」數語刻劃亦工。蟋蟀無可言，而言聽蟋蟀者，正姚鉉所謂賦水不當僅言水，而言水之前後左右也。

藝術家在創作中，當「凝思之極」、亦即構思進入最微妙階段的時候，就必然會達到主體和客體完全融合一致的境界。這時，藝術家的全部身心都傾注到了描寫對象之中，往往也就身不由己地把自己變成了描寫對象，使主體完全客體化了。藝術創造能進入這樣的階段，那麼他的作品也就能如化工造物一般，不見絲毫人工斧鑿痕迹，達到最高度的眞實自然，形神俱備，使人難辨眞假。韓幹畫馬是非常出名的，傳說他畫的馬由於生動逼眞，甚至能成神。韓幹畫馬而身作馬形，正是因爲他專心致志，凝思之極，不僅忘掉了周圍一切，而且「忘身」，忘掉了自己的存在，似乎自己也就是所要畫的馬了。這樣，就進入了構思過程中主體和客體合而爲一的物化境界。賀裳所舉史達祖咏燕、姜夔咏蟋蟀，也同樣進入了這樣的境界。唐朝詩人符載有一篇文章叫《觀張員外畫松石序》，曾經記載了著名的畫家張璪畫松石圖的情狀，並且作了評論，也是對物化境界的生動描繪和論述。其文云：

主人（指張璪）奮裾，嗚呼相和。是時座客聲聞士凡二十四人，在其左右，皆岑立注視而觀之。員外居中，箕坐鼓氣，神機始發。其駭人也，若流電激空，驚飆戾天，摧挫斡掣，撝霍瞥列。毫飛墨噴，捽掌如裂，離合惝恍，忽生怪狀。及其終也，則松鱗皴，石巉岩，水湛湛，雲窈眇。投筆而起，為之四顧，若雷雨之澄霽，見萬物之情性。觀夫張公之藝非畫也，真道也。當其有事，已知遺去機巧，意冥玄化，而物在靈府，不在耳目。故得于心，應于手，孤姿絕狀，觸毫而出，氣交冲漠，與神為徒。若忖短長于隘度，算妍蚩于陋目，凝觚舐墨，依違良久，乃繪物之贅疣也，寧置于齒牙間哉？

符載先描繪了張璪畫松石圖的具體情狀，以及松石圖在藝術上如天工化物般的高超水平，然後分析了張璪在構思和創作過程中的特點。所謂「遺去機巧，意冥玄化」，說明藝術家在構思過程中由虛靜而進入物化狀態。這樣，創作對象的客體已經完全融入主體之中，所以「物在靈府，不在耳目」；同時，主體亦已完全注入客體，故與庖丁解牛、輪扁斫輪一樣，得心應手，「與神爲徒」。爲此，符載感嘆地說，張公之藝「非畫也，眞道也」。在張璪的構思、創作過程中，物與我合而爲一，難分彼此了。這是繪畫的最高境界，也是一切藝術創作的最高境界。我國古代文藝家認爲，藝術創作中，藝術家必須能進入到物化的境界，方能夠創造出最優秀的佳作。

藝術創作中的物化理論也是從哲學上的物化思想發展出來的。哲學上的物化思想，最早見於《莊子》。《莊子・齊物論》中說：

昔者莊周夢為蝴蝶。栩栩然蝴蝶也，自喻適志與，不知周也。俄然覺，則蘧蘧然周也。不知周之夢為蝴蝶與，蝴蝶之夢為周與。周與蝴蝶，則必有分矣。此之謂物化。

莊周與蝴蝶本來是兩回事，是有分別的。但是，進入夢境之後，則自己變成是蝴蝶，一切都與蝴蝶相同，而剛醒時發現自己又是莊周，這時他一下子弄不清是蝴蝶做夢變成了莊周呢，還是莊周做夢變成了蝴蝶。這種物我合一的境界，稱之爲物化。這種物化思想運用到了技藝創造中，即是所謂技藝神化的境界。《莊子·達生》篇中曾經講了這麼一個故事：

工倕旋而蓋規矩，指與物化，而不以心稽，故其靈臺一而不桎。忘足，屨之適也；忘腰，帶之適也。知忘是非，心之適也。不知變，不外從，事會之適也。始乎適而未嘗不適者，忘適之適也。

傳說工匠倕是堯時很出名的人物。他的工藝水平非常之高，造成的器物如天生化成一般，而其特點是「指與物化，而不以心稽」。成玄英注這兩句話道：「手隨物化，因物施巧，心不稽留也。」倕在製造器物時，身心都與物相融合，沒有任何主觀的意念，完全是因物施巧，自己就變成是物了。工倕之所以能在技藝創造中進入這樣一種神化境界，是因爲他內心虛靜，無一桎梏，不受任何外界干擾的影響，專心不二，用志不分，遺去機巧，身心俱忘，從「心與物化」，到「手與物化」。這種物化的思想貫穿在所有莊子論技藝神化的故事中。呂梁丈夫之所以能蹈水自如，「與齊俱入，與汩偕出」，在漩渦波浪中如履平地，正是因爲他能夠做到「長於水而安於水」，其身心與水俱化的緣故。技藝創造者能進入「物化」狀態，其創造出的產品就能達到神化水平。技藝創造中的這種思想反映在藝術創造上，那麼，藝術家在創作構思時能達到物化境界，他創造出的藝術品也就一定能如化工造物一般，具有自然天成之美。

《莊子》中所體現的物化思想，對我國古代的藝術創作理論影響極爲深刻。賀裳所說：「詩文必如此始工」，這不是他一個人的見解，而是絕大多數文藝家的見解。蘇軾在他的藝術創作理論中，也十分強調這種物化境界，把它看作是藝術構思的最高境界。他在《書晁補之所藏文與可畫竹》詩中說：

> 與可畫竹時，見竹不見人，豈獨不見人，嗒然遺其身。其身與竹化，無窮出清新。莊周世無有，誰知此疑神。

文與可是蘇軾的好朋友，他名同，據郭若虛《圖畫見聞志》說，他「喜畫墨竹，富瀟灑之姿，逼檀欒之秀，疑風可動，不筍而成者也。」文與可的墨竹畫得如此精妙無雙，是由於他畫竹之際，「凝思之極」，而竟至於「不見人」、「遺其身」，進入了「身與竹化」的物化境界。他心胸之中唯有竹子，別的什麼都忘記了，彷彿自己也就是竹子，恰如痀僂丈人之「唯蜩翼之知」。所以蘇軾誇他說：「莊周世無有，誰知此疑神。」藝術創作中這種主觀與客觀高度統一所達到的物我不分狀態，凡是有成就的藝術家都是經歷過的。謝榛在《四溟詩話》中曾說，詩歌創作的藝術構思進入了物化境界時，物我雙方就分不清了。其云：「思入杳冥，則無我無物，詩之造玄矣哉！」藝術創造中精誠專一而後自然能進入物化狀態。《宣和畫譜》卷十三戴嶧條中講到其兄戴嵩畫牛時也曾經說道：

> 嵩以畫牛名高一時，蓋用志不分，乃凝于神。苟致精于一者，未有不進乎妙也。如津人之操舟、梓慶之削鐻，皆所得于此。于是嵩之畫牛亦致精于一時也。

藝術家的全部身心都貫注到創作對象中去之後，這時他的所想所作所爲也就是創作對象的所想所作所爲。以小說創作來說，作家必須忘掉自己，而把自己也變成所要描寫的人物，和他們同呼吸、共命運，以他們的喜怒哀樂爲自己的喜怒哀樂，這樣方能描繪得生動逼眞。對於生活場景的描寫也必須如同作家親自置身於其間一般，方能刻劃得使人感到如聞如見。惺園退士《儒林外史序》中引評語說：「愼勿讀《儒林外史》，讀之乃覺身世酬應之間無往而非《儒林外史》。」這是從讀者的角度來講的。但是，讀者而能如此，則作者在寫作時，毫無疑問地要更加強烈地感到「身世酬應間無往而非《儒林外史》」了。這就是說的一種物化境界。金聖嘆在《水滸傳序一》中曾經說到文章有三種境界：「心之所至，手亦至焉者，文章之聖境也；心之所不至，手亦至焉者，文章之神境也；心之所不至，手亦不至焉者，文章之化境也。」前兩種境界雖然也是藝術創作的很高的境界，但畢竟還是表現了物我之間的明顯的距離的。「聖境」是可以通過人爲努力而達到的，心中所想到的，手即能描繪出來。這種創作境界，人工痕迹還是可以看出來的。「神境」比「聖境」更高一等，即是不僅作家心中想到的一切可以如實描繪出來，而且心中還沒有想到的或還沒有想得很清楚的，也可以描繪出來了。這種境界雖然高妙，但也還是人力所創造的。而至於「化境」，則心與物化，手亦與物化，雖是心手之造作而與化工造物略無區別，絲毫也看不出一點人工斧鑿痕迹來。藝術創作能達到這種「化境」，則物我合一、心手相合，這才是最了不起的藝術構思境界。

這種藝術構思中的「物化」境界的出現並不是偶然的，所謂「用志不分，乃凝於神」，它是經過藝術家長期、深入、細緻地觀察客觀事物，熟悉自己所要描寫的現實生活，通過研究、分析掌握其外在表現特點和內在本質規律之後，方有可能在構思創作時進入到物化狀態的。金聖嘆在《水滸傳序三》中說施耐庵之所以能創作出《水滸傳》，而達到「化境」，即是他長期「格物」的結果。他說：

施耐庵以一心所運，而一百八人各自入妙者，無他，十年格物而一朝物格，斯以一筆而寫百千萬人，固不以為難也。

金聖嘆所說之「格物」，是從理學家那裡借來的概念，然而他在講施耐庵創作《水滸》人物時，實質上即是指藝術家經過長期的觀察、研究、分析現實生活中各種人物，而後一旦對他們有充分的認識，這些現實生活中的人物和事件，就在藝術家的心中活了起來，站了起來，藝術家對他們的本質和個性特徵，完全能清醒地把握了，這時創作出來的人物也就個個栩栩如生，各有自己特點了。小說創作是如此，詩歌、繪畫創作也是如此。根據蘇軾的《文與可畫篔簹谷偃竹記》等文及《宣和畫譜》等書記載，我們知道文與可之所以能把墨竹畫得那樣好，能夠做到「身與竹化」，是和他熱愛竹子，長期地觀察和研究竹子的特點分不開的。他在做洋州太守時，曾在篔簹谷竹林中修築了一個亭子，作為他「朝夕遊處之地」，文與可與竹為友，並曾與其妻一起遨遊谷中，「燒筍晚食」。故蘇軾在《洋州三十咏》之《篔簹谷》一詩中說：

漢川修竹賤如蓬，斤斧何曾赦籜龍？料得清貧饞太守，渭濱千畝在胸中。

文與可有千畝修竹在胸中，日夕玩味琢磨，故能達到「身與竹化」的程度。蘇轍曾為《墨竹賦》贈文與可，並云：「庖丁，解牛者也，而養生者取之；輪扁，斫輪者也，而讀書者與之，今夫夫子之托於斯竹也，而予以為有道者則非耶？」這也可以說明，文與可之「身與竹化」和庖丁解牛，輪扁斫輪是一樣的物化境界，同時也都是經過長期的具體實踐，才獲得這樣的境界的。文與可不僅熟悉竹子在各種不同情況下的形態，而且深入地領會到了竹子的內在原理及其生長規律，因此他能在創作之前就「成竹於胸中」。他不僅懂得竹子種種外形表象，而且能夠掌握竹子的「常理」，既「曲盡其形」，又「得其理」。一個藝術家只有透徹地了解描寫對象的本質及其特徵，才能在構思創作過程中做到與物俱化，反言之，與物俱化也可以使藝術家進一步深入地把握客觀事物的本質與特徵。只有進入物化境界，方能做到傳神；只有高度物化境界，才能最高度地傳神。《宣和畫譜》記載宋代范寬畫山水的情狀道：

（范寬）卜居于終南太華岩隈林麓之間，而覽其雲烟慘淡風月陰霽難狀之景，默與神遇，一寄于筆端之間，則千岩萬壑恍然如行山陰道中，雖盛暑中凜凜然使人急欲挾纊也。故天下皆稱寬善于為山傳神。

這裡所說的「如行山陰道中」係用《世說新語．言語》篇的典故：「王子敬（獻之）云：『從山陰道上行，山川自相映發，使人應接不暇。』」范寬之畫山水而能使人看了覺得「如行山陰道中」，雖然是大熱天而感到寒冷，急欲穿棉衣。藝術創作能到如此傳神程度，也是范寬從長期觀察自然景色，乃至與之俱化，神遇默會，然後才有如此高超水平的。

我國古代論藝術構思之所以強調要進入物化境界，它的目的是要求能夠把客觀現實最眞實、最自然的狀態逼眞地再現出來。藝術創作所達到的這種最眞實、最自然的狀態，蘇軾曾稱之「眞態」或「無人態」。他在《歐陽少師令賦所蓄石屏》一詩中，讚揚歐陽修屏風上所畫的「峨眉山西雪嶺上萬歲不老之孤松」，處在「崖崩澗絕可望不可到，孤烟落日相溟濛」這樣的環境中，具有自然眞美，其特點是「寒風偃蹇得眞態。刻劃始信有天工」。在《高郵陳直躬處士畫雁》詩中，他讚美陳畫雁畫得好，其云：「野雁見人時，未起意先改，君從何處看，得此無人態？」野雁的這種「無人態」，若非作者有「物化」的精神狀態，怎麼能描繪得出來呢？必須作者設身處地的體會野雁在無人時的自由自在姿態，方能把它眞切地描繪出來。後來金聖嘆在《水滸》的評論中說施耐庵把「武松打虎」一段寫得那麼好，也正是達到了《畫雁》詩中這種「無人態」的境界。他說：

我嘗思畫虎有處看，眞虎無處看。眞虎死有處看，眞虎活無處看。活虎正走或猶偶得一看，活虎正搏人，是斷斷必無處得看者也。乃今耐庵忽然以筆墨遊戲畫出全副活虎搏人圖來，今而後要看虎者，其盡到《水滸傳》中景陽岡上，定睛飽看，又不吃驚，真乃此恩不小也。……東坡《畫雁》詩云：「野雁見人時，未起意先改。君從何處看，得此無人態？」我真不知耐庵何處有此一幅活虎食人方法在胸中也。

《水滸傳》中武松打虎一段描寫，確是異常傳神的，這也正是金聖嘆所說的「文章之化境」的具體表現。作者在描寫景陽岡打虎時，眞如自己親身經歷一般。金聖嘆說：

傳聞趙松雪好畫馬，晚更入妙，每欲構思，便于密室解衣踞地，先學為馬。然後命筆。一日管夫人來，見趙宛然馬也。今耐庵為此文，想亦復解衣踞地，作一撲、一掀、一翦勢耶？

自然，施耐庵並不一定眞像金聖嘆設想的那樣去「作一撲、一掀、一翦勢」，但是他在構思這一段描寫時，確實是已經進入了物化境界。這種物化境界，標志著藝術家的構思和創作，已經由必然的王國進入了自由的王國。到了這個境界，藝術家在創作上才眞正獲得了自由。《圖畫見聞志》記載了這樣一件事：宋代有一個畫家名叫易元吉。他原來很喜歡畫花鳥，後來見到趙昌的畫，嘆服不已，認爲再也無法超過趙昌了。他就想要能夠別出心裁，必須畫一些古人所沒有畫過或者畫得很少的東西。爲此，他專門畫一般人不易見到的獐、猿之類。並且專門到荊湖一帶遊歷，「入萬守山百餘里，以覘猿狖獐鹿之屬，逮諸林石景物，一一心傳足記，得天性野逸之姿。寓宿山家，動經累月，其欣愛勤篤如此。又嘗於長沙所居舍後，疏鑿池沼，間以亂石叢花疏篁折葦其間，多蓄諸水禽，每穴窗，伺其動靜游息之態，以資畫筆之妙。」易元吉之所以要不怕危險，潛入深山，居住於山民之家，去觀察猿、獐之屬，以及各種山林景色，正是爲了「得其天性野逸之姿」，以便將其「眞態」充份地再現出來。他把長沙自己居處的後園佈置得和無人的自然界一般，讓水禽棲息其間，而自己則躲在窗戶洞裏觀察其「動靜游息」的情況，正是爲了要把它們的「無人態」描繪出來。《宣和畫譜》記載，唐代著名的畫馬專家韓幹被唐明皇召爲供奉。唐明皇讓他向當時以畫馬著名的陳閎學習，拜陳爲師。但韓幹不願意，他說：「今陛下內廐（萬）馬，皆臣之師也。」韓幹之所以畫馬而能傳神，能達到物化水平，並不是隨心所欲，非常容易實現的，是他經過了對無數現實馬的觀察、研究、熟悉和掌握了馬的「無人態」或「眞態」的結果。而這種「眞態」和「無人態」是無法向別的畫家學到的，必須向實踐學習才能認識到。

從詩歌創作的角度說，司空圖在《二十四詩品》中所描繪的二十四種詩歌藝術境界，可以說都是充份地體現了物化境界的特色的。在司空圖所描繪的每一品的藝術境界中，我們都可以看到藝術家的主體和創作對象的客體之間的不分物我的融合一致境界。司空圖強調詩人必須在精神上「素處以默，妙機其微」（《冲淡》），能夠「虛佇神素，脫然畦封」（《高古》），處於完全遺去機巧，忘身忘心的虛靜狀態。這時詩人即能「與道適往，著手成春」（《自然》），「天地與立，神化攸同」（《勁健》），「控物自富，與率爲期」（《疏野》），和天地自然合而爲一，完全進入物化的精神境界。在這樣的狀況下構思的藝術形象，就具有天生化成之美，完全是自然而然，沒有任何人爲的主觀作用影響的痕迹。所以是「意象欲出，造化已奇」（《縝密》），「超以象外，得其懷中」（《雄渾》），「遇之自天，泠然希音」（《實境》），「脫有形似，握手已違」（《冲淡》），「妙造自然，伊誰與裁？」（《精神》）完全是高度眞實、自然的藝術意境。司空圖雖然沒有從理論上明確講到物化的問題，但是，他所描繪的這二十四種不同風格的藝術境界中，卻都含有物化的思想，體現了物化的境界。它使後來的物化思想對藝術創作起了更加重大的作用。

綜上所述，我們可以看到我國古代對藝術構思問題確是有相當精深的研究與分析的。這些論述雖然比較零散，見於各處，但是這些基本思想像一根紅線似的貫穿於我國古代的文論、畫論、書論等藝術創作理論之中，卻是十分清楚的，它們是我國古代藝術家創作經驗的生動總結，顯示了我國民族文藝理論的傳統特色。

第二章　論藝術形象

文藝創作的過程，實質上即是塑造藝術形象的過程，因此，研究藝術形象的構成及其特徵是文藝創作理論中的一個基本問題。我們一般所說的藝術形象概念，包括兩層意思：一是指文藝作品的人物；一是指整個藝術作品的形象畫面。這裡，我們講的是後一方面的意義。我國古代文學藝術理論中，很早就觸及到了藝術形象問題，隨著文藝創作的繁榮發展，對藝術形象的認識也逐步提高了，並對它的特徵作了比較深入的研究。這些有關藝術形象的論述，涉及到了藝術形象和現實生活形象的聯繫和區別，藝術形象構成的基本因素與構成方法，藝術形象的特殊美學作用等一系列重要藝術理論問題，包含了許多精辟、獨特的見解。不少重要的問題比西方相應的認識要更早，有些是西方當時還沒有涉及到的。因此，它們對人類的美學和藝術理論的發展，無疑是有重大貢獻的。

一　物象和意象

我國古代的藝術創作理論中，稱客觀現實的形象爲「物象」，而稱文學藝術作品中的形象爲「意象」。從這兩個既有聯繫又有區別的不同概念中，反映出我國古代的文藝家對客觀現實形象和文學藝術形象之間的聯繫和區別，有十分清晰的認識。「物象」，是存在於客觀現實生活中的、不以人的主觀意志爲轉移的現實事物形象。它們可以是具體的人物、山水、禽獸、器物等，也可以是某種具體的社會生活形態，如我國古代戲曲、小說理論中所說的「世情」、「物態」。「物象」經過藝術家心靈的改造，被藝術地反映到了文藝作品中即是「意象」。「物象」和「意象」是兩個本質不同的概念，然而在藝術構思過程中又有密切聯繫，是不易分開的。「意象」的概念產生得比較晚，它是六朝著名的文學理論批評家劉勰首先開始使用在文學理論之中的。在當時影響還不大，劉勰也還沒有把它作爲一個重要的概念廣泛地運用。「意象」這個概念的產生，有一個歷史發展過程。研究這個過程，有助於我們具體地了解我國古代對藝術形象的認識。如果用一個簡單的公式來表示這個過程的話，那就是：

物象→易象→意象。

現實事物都有它具體的形相，這就是物象。我國古代很早就產生了摹擬現實事物形相，亦即摹擬物象的思想。早在原始社會時期，人們就懂得了通過摹擬物象去認識和反映客觀現實事物。最初的象形文字的創造，便可有力地說明這一點。我們的祖先是非常注意去研究事物的形相特徵，並且也是十分善於去摹擬這種形相特徵的。這也就是最早的對形象的矇矓認識。距今約四千多年前，屬於大汶口文化晚期的山東莒縣陵陽河遺址出土的陶器上有四個象形符號，據專家們研究，大概是最早的文字了，它們和甲骨文、金文中有些字很相似。比如，是太陽在上，下面有火焰，表示很熱。唐蘭釋爲「炅」（音熱）。而甲骨文中的「火」作。又如，表示太陽在山峰上，是早晨。于省吾釋爲「旦」，繁體是「㫡」。至於甲骨文中的象形文字所反映的摹擬物象的思想則更爲鮮明突出了。例如「象」，寫作，或作，還有好幾個，都是鼻子特別長的樣子。又如「馬」字，寫作，實際是圖畫文字。又如「豕」字，寫作，或作。「豢」字寫作，《說文》說：「以谷圈養豕也。」豕腹有子，像孕豕。而「彘」作，羅振玉說：「彘殆野豕，非射不可得」。故身上有箭穿過。「老」字寫作，或作，葉玉森說：「像一老人戴髮傴僂扶杖形，乃老之初文。」「兒」字寫作，像小兒頭囟未合。這些文字都有圖畫的性質，所以我國古代傳統都說書畫同源，它們都產生於對客觀現實事物的形象摹擬。可見，原始社會時期人們已經認識到客觀事物具有形象的特徵，並且自覺和不自覺地通過摹仿這些形象特徵而達到再現客觀事物的目的。所以許慎在《說文解字敍》中說：

> 倉頡之初作書，蓋依類象形，故謂之文。……文者，物象之本。

許慎關於倉頡造字之說屬於神話傳說內容，當然是不可信的，因爲文字只能是人民群衆在長期的生產和生活實踐中的創造物。但是，他說初期象形文字是以物象爲本而創造出來的，這是沒有疑問的。文字、圖畫是摹擬物象而產生的，所有文學藝術也都是一種摹擬物象的結果，不過它比初期象形文字之摹擬物象要複雜得多了，但在本質上和象形文字創造有共同點。蘇軾在《歐陽少師令賦所蓄石屏》一詩中說：「古來畫師非俗士，摹寫物象略與詩人同。」指出了文學和繪畫都是要「摹寫物象」的，也即是說要具體地、形象地再現客觀事物的形相。因此，這種象形文字也可以說是一種初期的、萌芽狀態的藝術創造，它體現了我們上古時代人們對藝術形象的認識。

初期的圖畫文字和象形文字，在摹擬物象時，用的是一種直接描寫的方法。這種寫實的方法類似於後來文學藝術上所用的「賦」的方法。也可以說，「賦」的方法正是受它的啓發而發展起來的，是它在藝術創造過程中的具體運用。然而，在文字創造過程中，簡單的象形摹擬這種寫實的方法，還不能反映和表達極其複雜的客觀現實事物。生活中有許多事物和現象，是帶有直觀性的象形摹擬所不能表現的。因此，從文字的創造來說，就必然要從象形而發展到會意等表意文字。表意文字從本質上來看，也是摹擬物象的，但它不是用的寫實的方法，而是運用比喻和象徵的方法。我國古代文字中有「六書」，其中指事和會意，即是用的比喻和象徵物象的方法所創造的文字。許愼《說文解字敍》中說：「指事者，視而可識，察而見意，二二是也。」二二是「上下」之意，也寫作：二二，象徵一在上，一在下。後來因爲容易和「二」字相混，遂繁化爲上、下。許愼又說：「會意者，比類合誼，以見指撝，武信是也。」「武」字，甲骨文中寫作[illegible]，人脚上負戈，表示負戈前進。「信」字，《說文》寫作[illegible]，金文爲[illegible]，人言相合之意。象徵，是要通過仔細觀察而見意的，比喻，需要得體合宜，字義就清晰了。運用比喻和象徵的方法，文字反映現實事物的範圍就大大地擴大了。據清人朱駿聲對《說文解字》的統計，其中象形字只有三六四個，而指事、會意字達一二〇〇多個。這種比喻，象徵的方法，運用到文學藝術的創造中即是比興的方法。它們和直寫的方法一樣，也都可以看出當時人們對摹擬物象這種形象地反映客觀事物的特徵的認識。

與文字創造中這種對形象的認識相類似的，是我國古代「八卦」的創造。《周易》中的「八卦」也是運用比喻、象徵的方法來摹擬物象的。《周易・繫辭》中說：

古者庖犧氏之王天下也，仰則觀象于天，俯則觀法于地，觀鳥獸之文與地之宜；近取諸身，遠取諸物，于是始作八卦，以通神明之德，以類萬物之情。

《繫辭》屬於《易傳》，當比《周易》晚得多，大約是戰國時的著作。《繫辭》作者指出庖犧氏（即伏羲）創造八卦也是觀察天地自然之物象，然後運用八卦來進行比喻和象徵的結果。古人稱八卦及其兩兩相配而成的六十四卦，以及每卦的六爻，叫做易象。如《左傳・昭公二年》說：「韓宣子適魯，見易象。」易象是一種符號形象，它是比喻和象徵具體的客觀事物的，也即是說，它是以比喻、象徵方法來摹擬物象的。我國古代很多人認爲八卦所組成的「易象」，是最早的文字，同時也是文學的起源。這種說法在六朝就很流行了。比如劉勰在《文心雕龍・原道》中說：

人文之元，肇自太極。幽贊神明，易象唯先。

又如蕭統在《文選序》中說：

逮乎伏羲氏之王天下也，始畫八卦，造書契，以代結繩之政，由是文籍生焉。

說八卦是文字的起源是錯誤的。因爲八卦乃是受文字創作的啓發而創造出來的，文字的產生則要更早一些。易象作爲一種以比喻、象徵方法摹擬客觀物象的形象符號，它所反映的人的思維和認識能力，特別是形象地認識客觀事物的能力，比文字創造初期人們的思維和認識能力要提高得多了。正如《繫辭》作者所指出的，易象摹擬物象，不僅是摹擬事物的表象，而且要努力摹擬出事物內在的本質，「以通神明之德，以類萬物之情」。《繫辭》還說：

聖人有以見天下之賾，而擬諸形容，象其物宜，是故謂之象。象也者，像也。

「擬諸形容」，主要是指客觀事物的表象；而「象其物宜」，則是指事物內部的原理。也即是說，易象對客觀事物的比喻和象徵，是包括了客觀事物的表象和實質兩個方面的，是對這兩方面的摹擬。《繫辭》中所說的這種「擬諸形容」，「象其物宜」的含義，我們也可以從後人的論述中得到旁證。比如劉勰在《文心雕龍・詮賦》篇中講辭賦創作對客觀事物的描寫時曾說：「擬諸形容，則言務纖密；象其物宜，則理貴側附。」「言務纖密」，是講的外形描寫問題；「理貴側附」，是講的對事物內在原理的描寫問題。由此可見，易象對客觀現實物象的摹擬，已經比象形文字的摹擬大大前進了一步。

易象以比喻、象徵方法摹擬物象的另一個重要特點是它具有「其稱名也小，其取類也大」的特點。易象的八卦代表了天、地、水、火、風、雷、山、澤八種基本事物，它們兩兩相配而成六十四卦、三百八十四爻。總數是有限的，怎麼去代表宇宙間無限多的事物呢？《繫辭》的作者認爲，易象具有同類相歸、一卦多義的作用。比如《說卦》中說：「乾爲天、爲圜、爲君、爲父、爲玉、爲金、爲寒、爲冰、爲大赤、爲良馬、爲老馬、爲瘠馬、爲駁馬、爲木果。坤爲地、爲母、爲布、爲釜、爲吝嗇、爲均、爲子母牛、爲大輿、爲文、爲衆、爲柄。其於地也爲黑。」每一卦都可以代表一種類型的事物。而且還可以「引而伸之，觸類而長之」，於是「天下之能事畢矣。」這就告訴我們，易象不僅有比喻、象徵客觀事物的作用，而且有概括和典型的作用。因此，易象無論就其摹擬事物的特點來說，還是摹擬事物的方法來說，都和文藝創作中的比興有重要的相通之處。《易經》這種「觀物取象」的特徵，實際上反映了我國古代極其重要的美學原則，它對詩歌創作中比興方法的運用起了重要的促進作用。它和象形文字比，似乎離物象遠了，它只是一些形象的符號；但是，從人的思維和認識能力的發展來說，它比象形文字大大前進了一步。

易象和比興相通，它們在形象地認識和反映現實的思維方式上有共同點，這是前人早已看到了的。比如朱熹在《答何叔京》一文中曾經對此作過具體分析。他說：

> 「倬彼雲漢」，則「為章於天」矣；「周王壽考」則「何不作人」乎（「遐」之為言「何」也）。此等語言自有個血脈流通處，但涵泳久之，自然見得條暢浹洽，不必多引外來道理言語，卻壅滯卻詩人活底意思也。周王既是壽考，豈不作成人材，此事已自分明，更著個「倬彼雲漢，為章于天」喚起來，便愈見活潑潑地，此「六義」所謂「興」也。「興」乃「興起」之義，凡言「興」者，皆當以此例觀之。《易》以言不盡意，而立象以盡意，蓋亦如此。

朱熹在這裡通過具體分析《詩經・大雅・域樸》的「興」的象徵特點，指出了它和易象中的「立象以盡意」的象徵方法是一致的。廣闊的銀河，輝光滿天，這個「象」是比喻和象徵周文王百年長壽，培養和造就了無數人才的。它和易象的比喻和象徵客觀事物，如乾、坤分別表示天、地、男、女等是相類似的。比興就是藝術創作中的「立象以盡意」。對於易象中這種特點和《詩經》中的比興之關係，清代的章學誠在《文史通義．易教下》中講得最好，也最充分。他說：

易之象也，詩之興也，變化而不可方物矣。

象之所包廣矣，非徒《易》而已，六藝莫不兼之，蓋道體之將形而未顯者也。雎鳩之於好逑，樛木之於貞淑，甚而熊蛇之於男女，象之通於詩也。……歌協陰陽，舞分文武，以至磬念封疆，鼓思將帥，象之通於樂也。

易象雖包六藝，與詩之比興，尤為表裏。

易象通於詩之比興。

章學誠在上述這幾段論述中，反覆申述了易象和比興相通的道理。他認爲易象運用形象符號通過比喻、象徵方法摹擬物象的特點和藝術創作中通過塑造具體形象以比興方法反映藝術家對客觀現實的認識，是非常相像的。章學誠把易象之「觀物取象」看作爲一個重要的美學思想原則，認爲它對於詩歌、音樂、舞蹈的創作都是適用的，在形象地摹擬客觀事物這一點上是完全一致的。它們都是通過一定的「象」，來體現某種「意」，從而反映特定的現實生活內容的。這種「象」在《易經》中是符號形象；在《詩經》中則是現實的形象，如雎鳩、樛木、熊蛇之類；而在音樂中則是由一定的音節、聲調而構成的音樂形象；在舞蹈中則是按某種節奏、動作而形成的舞蹈形象。可見，易象認識和反映現實的思維方法，與藝術地認識和反映現實的方法是有共同之處的。因爲這種緣故，易象對於人們認識藝術的形象特徵，有著十分重要的啓發作用。

不過，易象雖然和藝術形象（意象）有相通之處，但是易象不等於藝術形象（意象），這兩者又是有原則不同的。這種區別首先表現在易象是一種形象符號，藝術形象則是現實的形象的反映。易象沒有藝術形象那種具體性、可感性和生動性。易象不是美感形象，沒有感情色彩，沒有審美的特徵。它不能激起人感情上的共鳴，不能給人以美的感覺。其次，易象只是人們對客觀事物的一種象徵性的單純摹擬，它不像藝術形象那樣，是人們經過對現實的觀察、研究、分析之後，按照自己的審美理想進行的再創造。比如乾卦代表天、父等，坤卦代表地、母等，它並不包括人們對這些事物的感情和態度。而藝術形象則是體現人們審美認識的，它在反映客觀事物的同時，包含了人們對它的感情和態度在內。藝術形象和易象一樣採用了比喻和象徵客觀事物的方法，但它不是用符號，而是用生活中的具體、生動形象來比喻和象徵客觀事物的，例如屈原之用香草、美人來比喻賢人，用惡禽、莠草來比喻小人等等。而且文學藝術中的形象是人們意想中的形象，是人們認識和研究現實物象之後，按照自己的審美原則進行虛構的結果，所以，易象和物象的關係與藝術形象和物象的關係又是根本不同的。

藝術形象（意象）可以是客觀現實物象的比較正確的反映，也可以是一種現實中並不存在的、完全是虛構的幻想的物象的反映。比如文學作品中許多幽魂靈怪的形象，在現實生活中是並不存在的，如果說這也是一種物象的話，那就不是物質性的物象，而只是人們精神上所幻化的物象。像《西遊記》中的孫悟空、豬八戒等都只是人們精神上所幻化的物象在藝術中的表現。當然，這種人們精神上所幻化的物象，仍是有現實生活作基礎的。不管是孫悟空，還是豬八戒，它們都有著人的心理、思想、感情。但是，從根本上說，藝術形象不是物象的簡單的照相式反映，而是人們在物象基礎上的一種心靈的創造。不管藝術形象是對現實物象的具體描寫也好，還是完全虛構的幻想物象也好，都同樣是藝術家創造的結果。而易象則必須是對物象的如實反映，不允許有人們主觀的成分加進去，只能是完全客觀的表述。簡單說來，易象是客觀的反映，而藝術形象是既有客觀性，又有主觀性。對於這一點，章學誠在《文史通義·易教》中作過相當深刻的分析，他把「象」分爲「天地自然之象」和「人心營構之象」。易象屬於前者，藝術形象屬於後者。他說：

> 有天地自然之象，有人心營構之象。天地自然之象，《說卦》為天為圜諸條，約略足以盡之。人心營構之象，睽車之載鬼，翰音之登天，意之所至，無不可也。然而，心虛用靈，人累于天地之間，不能不受陰陽之消息。心之營構，則情之變易為之也。情之變易，感于人世之接構，而乘于陰陽倚伏為之也。是則人心營構之象，亦出天地自然之象也。

「天地自然之象」即是客觀現實的物象，易象是直接比喩、象徵「天地自然之象」的；而「人心營構之象」是藝術家創造的藝術形象。比如爻辭中的歌謠故事，像章學誠所舉的「睽車之載鬼，翰音之登天」等，都是「人心營構」的產物。「睽車之載鬼」是《周易·睽卦》的爻辭，講的是這樣一個故事：一個離家在外的孤子在夜行路上，看見一隻豬躲在路邊，又有一車馳來，上面像是坐滿了鬼，他彎弓欲射，仔細一看，不是鬼而是人，於是放下了弓箭。車上的人也不是盜賊，是求婚者，爲尋豬而來。「翰音之登天」是《周易·中孚卦》爻辭，說的是鷄（即「翰音」）高飛而升天，必將跌落而死，因其無高飛之羽翼，比喻庸人沒有處高位之才能，如得高官而升於朝廷，必將敗亡。這種「人心營構之象」與「天地自然之象」不同，它是人的「意之所至，無不可也。」藝術形象不像易象那樣是「天地自然之象」的客觀表述，而是按照人心意圖來構想的，具有主觀性的一面，因此，可以是藝術家想像的情狀，而非現實中眞有的情狀。比如：「莊列之寓言也，則觸蠻可以立國，蕉鹿可以聽訟。《離騷》之抒憤也，則帝闕可上九天，鬼情可察九地。他若縱橫馳說之士，飛箝捭闔之流，徙蛇引虎之營謀，桃梗土偶之問答，愈出愈奇，不可思議。」章學誠在這裡列舉了《莊子》、《列子》、《戰國策》等書中的許多寓言故事來說明藝術形象可以按照藝術家表達某種思想意圖的需要而進行虛構，作誇張的想像，而並不一定像易象那樣，只是客觀地摹擬物象。又比如作爲雕塑藝術的佛像，有「丈六金身，莊嚴色相，以至天堂清明，地獄陰慘，天女散花，夜叉披髮，種種詭幻，非人所見」。這種「人心營構之象」雖然「非其實也」，但和眞實描寫客觀物象的藝術形象一樣，都是爲了達到「以象爲教」的目的，即在「象」中寓一定的「意」，而起到一定的教育作用。雖然，「人心營構之象」和「天地自然之象」有原則的差別，可是這兩者又是有非常密切的聯繫的。「人心營構之象」是體現人的一定的思想感情的；人的思想感情變化對藝術形象的構成又具有決定性的作用。「人心營構之象」受「情之變易」的制約，而「情之變易」則又是人和社會現實的接觸（即「感於人世之接構」），受自然界變化影響（即「乘於陰陽倚伏」）的結果。所以，從根本上說，不管是眞實的還是虛幻的「人心營構之象」，都是出於「天地自然之象」的。從這個角度說，藝術形象又有它的客觀性。章學誠對「人心營構之象」和「天地自然之象」的聯繫和區別，作了相當深刻的、具有辯證因素的論述。由此可見藝術形象與物象、易象之間的關係，說明藝術形象（意象）正是在物象的基礎上，運用了易象那種比喻、象徵的方法，也包括寫實的方法，而創造出來的，它不同於物象、易象，有自己特點，又與它們有共同之處。

作爲客觀現實形象的物象和作爲藝術形象的意象的不同，歸根到底是在於前者是客觀存在，後者則是主觀創造。當然，這種主觀創造是不能離開客觀存在的基礎的，但畢竟不能把兩者混同爲一。我國古代用「意象」而不用別的概念來說明藝術形象，正是爲了強調藝術形象中既有主觀的「意」，又有客觀的「象」，它既有主觀性又有客觀性，是兩者的結合。我國古代也曾經用過「形象」的概念來稱呼藝術形象，比如六朝時在佛教雕塑藝術中曾經比較流行。這些我們可舉數例如下：

聞法音而稱善，當狥非謂空陣；睹形象而曲躬，靈儀豈為虛設。

釋道高《重答李交州書》

自今已後，敢有事胡神及造其形象泥人、銅人者，門誅。

《魏書·釋老志》

祭神如在，敬神之道既極；……則蹔列形象，自斯以後，封以篋笥。

梁簡文帝《與僧正教》

舍禮形象，菩提妙塔。

《唱導文》

這些「形象」的概念即是指佛像雕塑的藝術形象。然而，「形象」這個概念在我國古代文學藝術領域中並未得到普遍使用，六朝以後也很少使用，而「意象」的概念則愈到後來運用得愈廣泛。這正是因爲「形象」的概念不容易區分現實生活中的形象與文學藝術中的形象，它不像「意象」的概念，能把藝術形象的主觀性和客觀性都比較鮮明地反映出來。人們對於藝術形象的認識，就我國古代的情況來看，是先認識到它的客觀性，然後又進一步認識到它的主觀性。意象這個概念的提出及其逐漸得到比較廣泛的運用，是與人們對藝術形象創造中的主觀作用的認識有十分密切的關係的。這一點從六朝文學理論發展中對形象的認識上可以看得很清楚。對藝術形象及其特徵的自覺的認識和研究，是從魏晉開始的。初期，人們對於藝術形象的認識，也還是偏重在正確地摹寫客觀物象的方面。比如陸機在《文賦》中說：

雖離方而遁圓，期窮形而盡相。

對這兩句話的解釋，歷來頗有些分歧。《文選》李善注說：「言文章在有方圓規矩。」這樣解釋顯然是不正確的。清人何焯以爲此即張融《門律自序》中所說的「夫文豈有常體，但以有體爲常」之意，也不確切，未能中的。方廷珪《文選集成》釋此二句云：「離、遁，謂不守成法。形，物之形。相，物之象。思必窮其形，辭必盡其相。」這個解釋是比較符合陸機原意的。錢鍾書先生在《管錐篇》中亦同此說。陸機這兩句話的主要意思是要求文學作品必須正確地、眞實地把物象描繪出來，而不要受前人創作中已有的「成法」之限制。這和蘇軾後來所一再主張的要「隨物賦形」、「盡物之態」的意思是一樣的，都偏重在講藝術形象的客觀性方面。從陸機講「窮形盡相」，到劉勰使用「意象」這個概念，其間經過了將近二百年。這個期間，是玄學和佛學急驟發展的時期。玄學和佛學的美學思想，特別是佛教藝術的繁榮發展，促使人們對藝術形象有了進一步的認識，尤其是對藝術形象的主觀性有了比較充份的認識，從而爲「意象」這個概念的誕生，創造了必要條件。

著名的玄學家王弼在《周易例略・明象》篇中分析了《周易》中言、象、意的關係，從「言不盡意」的角度出發，提出了「言者，象之蹄也；象者，意之筌也」的觀點，把言、象看作是象徵意的工具。這種說法也被佛教徒用來宣傳對佛理的認識，強調至高的佛理也是不可言喻、不落言筌的。玄學和佛學所主張的「言爲象蹄，象爲意筌」，是爲了說明「得意」必須「忘言」，強調「得意」的重要。這樣，「言」和「象」的地位和作用下降了，「意」的地位和作用突出了。這種思想影響到文學理論，使之在藝術形象塑造中更加重視和突出了主觀方面的作用。佛教藝術的大發展，也在這一點上給人們認識藝術形象的主觀作用，有不少啓發。佛教是借助藝術來宣傳佛法的，大批寺院中的無數佛像，是爲了體現神佛意志和宣傳佛理的，具有很大的「象教力」。佛教藝術中的許多形象，不論是莊嚴的天堂，還是陰森的地獄；不論是慈祥的菩薩，還是恐怖的夜叉，都是虛構的，是現實中所並不存在的。這就進一步促使人們能夠更深刻地認識到藝術形象不是對現實的簡單複製，而是在現實物象的基礎上，爲體現藝術家的某種思想、感情、願望而虛構心造的產物。玄學和佛教都具有神秘色彩，然而它們對藝術發展卻是起了積極作用的。他們都強調人的主觀能動性，重視精神因素的作用，所以對藝術形象創造中的主觀作用認識得比較深刻。正是在這種客觀條件之下，劉勰提出了藝術創作中的「意象」的概念，他在《文心雕龍・神思》篇中說：

然後使玄解之宰，尋聲律而定墨，獨照之匠，窺意象而運斤。

就「意象」這個概念來說，它顯然是根據《易經》中的象和意的關係而來的，但它在藝術創作理論中的運用，則已經有了新的含義，與易象根本不同了。劉勰在這裡所說的「意象」，還不是指已經用語言文字物質化了的藝術形象，而是指處於構思過程中的藝術形象，即作家意想中的形象。意象這個概念比較確切地反映了藝術形象的特徵，所以，它後來就受到許多文藝家的重視，逐漸發展成爲代表藝術形象的一個比較常用的概念。比如唐代司空圖在《詩品》中說：

意象欲出，造化已奇。

這個「意象」也是說的詩人構思中的形象，它也還沒有被具體物質手段（如語言、色彩線條、聲音節奏等）所固定下來。宋代《唐子西文錄》中說的「意象」，則已經是指具體的文學作品中的藝術形象了。其云：

謝玄暉詩云：「寒城一以眺，平楚正蒼然。」平楚猶平野也。呂延濟乃用「翹翹錯薪，言刈其楚」，謂楚，木叢。便覺意象殊窘。凡五臣之陋，類若此。

這裡的「意象」，即是指謝脁這兩句詩構成的形象，呂延濟把「平楚」解釋爲「楚，木叢」，詩的境界就顯得小氣，窘迫而無味，而如唐庚那樣理解爲「平野」，詩的藝術形象就氣魄宏大，生動得多了。明人詩話中，意象的概念用得十分普遍，大都是指藝術作品中經過語言物質化了的藝術形象。例如李東陽《麓堂詩話》中說：

「樂意相關禽對語，生香不斷樹交花。」論者以為至妙。予不能辯，但恨其意象太著耳。

所謂「意象太著」，即是指這兩句詩的藝術形象不夠含蓄，而過於直露，故詩味不足。又如陸時雍《詩鏡總論》中說：

《河中之水歌》亦古亦新，亦華亦素，此最艷詞也。所難能者，在風格渾成，意象獨出。

這裡的「意象」指的是整首詩的形象鮮明突出。《詩鏡總論》又說：

齊梁老而實秀，唐人嫩而不華，其所別在意象之際。

西京崛起，別立詞壇。方之與古，覺意象蒙茸，規模逼窄，望湘累之不可得，況三百乎？

這兩處所說「意象」，指的是一個時代的藝術形象的特點及其和別的時代的藝術形象特點的區別。明人朱承爵《存余堂詩話》中說：

詩詞雖同一機杼，而詞家意象，亦或與詩略有不同。

這是講詩和詞兩種不同文學體裁中的形象的特點。《詩鏡總論》中說：「古人善於言情，轉意象於虛圓之中，故覺其味之長而言之美也。」這是講的抒情詩的藝術形象的特點。從上述各條中所說的「意象」含義來看，顯然與我們今天所說的藝術形象的概念是一致的了。

每一個科學概念的提出，都是反映了人們認識的深度和研究的水平的。意象這個概念的提出以及它在文學理論批評中得到充份的肯定，正說明了它的科學性和正確性，說明我國古代對藝術形象的特徵是有相當深刻的認識的。

二 神用象通和擬容取心

意象既然是我國古代文藝理論中所用的關於藝術形象的概念，那麼它又是由那些基本因素構成的呢？是用什麼方法構成的呢？我國古代文藝家認爲意象即是意與象的結合。因此，意象雖是一個獨立的概念，有時也可以意和象分說，分別指藝術形象中的意和象的不同特點。比如李東陽《麓堂詩話》中說：

「鷄聲茅店月，人迹板橋霜。」人但知其能道羈愁野況于言意之表，不知二句中不用一二閑字，止提掇出緊關物色字樣，而音韻鏗鏘，意象俱足，始為難得。

這裡「意象俱足」，即是說溫庭筠這兩句詩在意和象兩方面都很豐滿之意。王世貞在《藝苑巵言》中說：

「神光離合，乍陰乍陽」，「進止難期，若往若還，轉盼流精，光潤玉顏，含辭未吐，氣若幽蘭。」此子建之賦神女也。其妙處在意不在象。

這是說曹植對神女形象的描繪主要是在作者構想立意之妙，而不在對形象的具體摹寫上。《詩鏡總論》

中說：

三百篇賦物陳情，皆其然而不必然之詞，所以意廣象圓，機靈而感捷也。

這是說《詩經》中的藝術形象含義深廣，寫物逼眞。因此，我國古代文學理論批評中很重視意象中意和象的有機融合。何景明在《與李空同論詩書》中說：

夫意象應曰合，意象乖曰離，是故乾坤之卦，體天地之撰，意象盡矣。

意與象的天衣無縫的結合，就好像乾坤兩卦結合而能產生天地萬物一般。意象是意與象的結合。意是抽象的，象則是具體的；意是一般的、普遍的，象是個別的、特殊的。意象是一般與個別的結合，也即是概念與表象的結合。黑格爾在《美學》中說：「美就是理念的感性顯現。」他把理念看作是外在於客觀世界的絕對精神，這是主觀片面的錯誤觀點。但是，他指出了美是理性和感性的統一，是精神內容和物質形式的統一，是抽象和具體的統一，這是正確的。他指出了藝術形象構成的基本特點。我國古代文藝理論中對這一點有極爲豐富的思想資料和十分生動的論述。

劉勰在《文心雕龍》中對於藝術形象亦即意象的構成，提出了兩個十分重要的說法，這就是「神用象通」和「擬容取心」，分別見於《神思》篇和《比興》篇。這兩個提法角度不同，但本質上是一致的。我國古代對藝術形象的構成因素與構成方法的認識，是和對神話藝術和宗教藝術的認識有密切關係的，是從那裡發展起來的。劉勰所說的「神用象通」和「擬容取心」，正好反映了這個發展過程。古人把神話中的人物當作是眞實的人物，實際上，它們只是一些藝術形象。神話中的這些不同於現實中的人物是怎樣構成的？對於這個問題的認識，就直接涉及到了對藝術形象構成的認識問題。晉代的郭璞在《山海經序》中有一段十分重要的話，他說：

> 夫以宇宙之寥廓，群生之紛紜，陰陽之煦蒸，萬殊之區分，精氣渾淆，自相濆薄，遊魂靈怪，觸象而構，流形于山川，麗狀于木石者，惡可勝言乎？

郭璞認爲，《山海經》中的無數神話人物，包括像精衞這樣的精靈形象，都是「遊魂靈怪，觸象而構」的產物。也就是說，幽魂神靈本是虛無飄渺的、無形無狀的，它們觸及具體物象，寄寓於其中，於是就變成了有形有象的神怪形象。「遊魂靈怪」可以借助於人、禽、獸等動物形相來顯現，也可以借助於山川、木石、花草等植物形相來顯現。比如《西遊記》中寫孫悟空可以變成一座佛像、一扇門、一堵牆、一塊石頭，也可以變成一個蟲子、一隻飛鳥、一個人等等。這些具體形相，亦即象，只是寄託虛無飄渺的幽魂神靈的軀殼，它已經不是形相本身的意義了。這種「觸象而構」的思想也被用來解釋佛教雕塑藝術——佛像的構成。佛像是一種雕塑藝術品，但也和神話形象一樣，被人們認爲是神佛寄寓的形相。神靈是借助於塑像來顯示他們的存在的，所以佛像也是一種「觸象而構」的產物。人們見到那泥塑木雕的佛像，就好像是見到了眞的神佛一般。佛像是神佛「觸象而構」的思想在六朝尤其是佛教徒中間是十分流行的。比如東晉著名的廬山高僧慧遠在《萬佛影銘序》中說：

> 神道無方，觸象而寄。

明確地指出神佛通過具體佛像而顯現的特點。宗教神秘主義認爲藝術可以通神，而其具體途徑便是塑造形象來作爲神寄寓的軀殼。慧遠在《襄陽丈六金像頌序》中說他之所以要徒弟鑄造一丈六尺高的巨大佛像，乃是爲了寄託對佛的崇敬，使之神光再現。他說：

……每希想光晷，髣髴容儀，寤寐興懷，若形心目。……遂命門人，鑄而象焉。夫形理雖殊，階塗有漸；精粗誠異，悟亦有因。是故擬狀靈範，啓殊津之心；儀形神模，辟百慮之會。

慧遠企圖借助佛像，使神用象通，從而啓迪人心，皈依佛法。這種宗教藝術思想直接影響到對藝術形象構成的認識，認爲佛像這種雕塑形象乃是神與象的結合，即神用象通的產物。神用象通的思想也影響到對其他種類藝術形象構成的認識。慧遠在《阿毗曇心序》中曾經說過用詩歌形式來宣傳佛理的偈語的特點。他說：

其頌聲也，擬象天樂，若靈籥自發；儀形群品，觸物有寄。若乃一吟一詠，狀鳥步獸行也；一弄一引，貴乎類物也。情與類遷，則聲隨九變而成歌；氣與數合，則音協律呂而俱作。拊之金石，則百獸率舞；奏之管弦，則人神同感。斯乃窮音聲之妙會，極自然之象趣，不可勝言者矣。

這裡說的「觸物有寄」，即是「觸象而寄」的意思，說明詩歌形式的偈語，無論其描寫的內容還是吟咏時的音律節奏，雖是「儀形群品」，「貴乎類物」，是對物象的具體描繪，同時，其中又都有情氣內蘊，乃靈性所寄寓，因此能夠溝通人神，使之同感，又能觸動萬物靈性，使「百獸率舞」。這種偈語既「窮音聲之妙會，極自然之象趣」，是非常精妙的音樂和文學形象，又是寓有神靈精氣能觸動人獸萬物靈性的形象，是神用象通的具體表現。這裡，慧遠已把佛像的「觸象而構」，擴展到了音樂和文學的領域。

宗教、神話藝術的「觸象而構」雖然具有佛教哲學的神秘色彩，但它對認識藝術形象的構成有啓發作用。藝術形象的構成不是神靈觸象而寄，而是藝術家的心意情思觸具體物象而產生的。劉勰在《神思》篇中說：

神用象通，情變所孕。

劉勰在這裡正是用佛教塑像的「神用象通」來說明文學藝術中意象的構成的。佛教雕塑藝術中的神和象的統一與文藝創作中的意和象的統一有類似之處，都是精神內容和物質形式的統一。而且，劉勰所說的「神」，已經不完全是指神靈的神，實際上更多的是指人的精神、思想、意願。古人認爲人的精神、思想、意願都是藏於心中的，心是神之舍。因此，心和神的概念是差不多的，是可以相通的。所以，「神用象通」實質上也就是「擬容取心」。劉勰認爲文學作品也可以說是作家的心寄寓於物象的一種表現。《文心雕龍・序志》篇說：

文果載心，余心有寄。

象可以寄心、傳心，這在六朝也是比較普遍的看法。例如謝靈運在《佛影銘序》中說：

摹擬遺墨，寄託青彩，豈唯象形也篤，故亦傳心者極矣。

王融《皇太子哀策文》云：

寄靈心于萬象，增戀戀于國都。

心是抽象的、無形的，象是具體的、有形的。「擬容取心」的「容」即是「神用象通」的「象」，「心」是「神」。但是，「神用象通」多少還有些神秘色彩，因爲這個「神」在當時是和神佛之神相通的。而「擬容取心」，則是在吸取宗教藝術中對形象構成認識中的合理內核，而對文學藝術形象構成的一個理論概括。

「神用象通」和「擬容取心」，從本質上說是要通過具體的個別來體現抽象的一般。這是符合於藝術思維的特殊規律的。由具體上升到一般，由一般的抽象導至具體的再現。這是講的人們認識事物的一個基本原則。然而這個原則在人們具體地認識和掌握世界時，可以通過不同的途徑體現出來。科學的（理論的）、藝術的、宗教的和實踐精神的認識和掌握世界的方式就是很不同的。藝術地認識和掌握世界也要由具體到一般，再由一般到具體。但是藝術地認識和掌握世界與科學地認識和掌握世界是不同的。後者要在由具體上升到一般時，拋棄事物具體感性形態，而抽象出概念，然後再由抽象概念上升到具體的再現。然而，藝術地認識和掌握世界則不同，它是通過把個別事物提煉、概括後，以具體形象的個別來體現一般的。由具體到一般和由一般上升到具體，在藝術構思中是交互影響、不可分割的，而且，它不存在一個拋棄具體形象的純粹抽象思維過程。藝術創造過程中，把具體物象綜合構想成爲藝術意象，就體現認識的這兩個階段。我國古代的「擬容取心」說，就正是這樣一種藝術思維特點的具體表現。「擬容取心」即是要把對物象的摹擬和藝術家心意情思的寄託結合起來。這個過程既是由具體到一般，也是由一般到具體，它們都是在形象構成過程中完成的，是始終不脫離具體形象的。我國古代的繪畫理論也十分強調這樣一個形象構成的原則。唐代著名的畫家張璪提出的「外師造化，中得心源」，也正是「擬容取心」之意，是對劉勰提出的這個原則的進一步發揮。「外師造化」即是指的「擬容」之意。所謂「造化」，即是指客觀存在的自然界（包括自然和社會），亦即不以人的意志爲轉移的社會現實。「外師造化」就是要具體地逼眞地描繪物象。「中得心源」即是指的「取心」。所謂「中得心源」，即是指要能在所描繪的物象中充份地體現藝術家的心意情思。「外師造化」的結果是得「象」，「中得心源」的結果是得「意」。這兩者的密切結合就是「擬容取心」而構成爲藝術意象。

我國古代對藝術意象構成的這種分析，是建立在對審美過程中主體和客體辯證統一關係的認識之上的。我國古代很早就提出了藝術創作中的心物關係問題，認爲藝術的本質是人心感物的結果。《樂記》中就說音樂的實質是人心感物而動，表現於聲音的產物。其云：「樂者，音之所由生也，其本在人心之感於物也。」「感於物而動，故形於聲。」劉勰在《文心雕龍》中極大地發揮了心物相感之說，並以此來說明藝術創作過程中形象構成的特點。他十分深刻地分析了藝術創作過程中心物交融、主體和客體交互作用的特點，明確地指出了正是這種交互作用才構成了意和象的結合，產生了藝術形象。劉勰在《文心雕龍·詮賦》篇中講賦的創作時所說的情和物的關係，實質上也就是講的心與物的聯繫，也就是意和象的關係。劉勰認爲藝術創作過程中這主體和客體的關係表現爲兩個同時並行的過程：一方面是「情以物興」，客觀事物激起了人的特定的思想感情；另一方面是「物以情觀」，人的思想感情又是借助於物而體現出來的。劉勰在《神思》篇中也講到這一點。他指出，一方面是「物以貌求」，客觀事物以其生動的形象的面貌吸引著作者；另一方面則是「心以理應」，作者又總是要把自己的思想感情寄寓於客觀事物之中。這就是「神用象通，情變所孕」的具體內容。在《物色》篇中，劉勰又對這個藝術創作過程中兩個相反相成的方面作了異常生動的描繪。他說：

是以詩人感物，聯類不窮；流連萬象之際，沈吟視聽之區；寫氣圖貌，既隨物以宛轉；屬采附聲，亦與心而徘徊。

從意象的形成來說，取象應當「隨物宛轉」，曲盡其妙；寓意應當「與心徘徊」，玲瓏透剔。由於「物以貌求」、「情以物興」，故必須做到「隨物宛轉」；又由於「心以理應」、「物以情觀」，故必須做到「與心徘徊」。它非常形象地揭示了藝術創作過程中人和自然、主體和客體的辯證關係。「隨物宛轉」，也即是黑格爾《美學》中所說的心靈的感性化，而「與心徘徊」則正是感性東西的心靈化。

我國古代文藝理論中一貫強調情與物、情與景、意與境、理與貌等的辯證關係，實質上也就是從各個不同角度強調文學藝術是心和物的和諧統一產物，藝術形象是意與象的辯證結合產物，說明審美過程中的主體與客體的辯證統一。清初的王夫之在《古詩評選》中對藝術創作過程中的「物以貌求，心以理應」的狀況，曾經有過一段相當精采的分析。他說：

兩間之固有者，自然之華。因流動生變，而成其綺麗。心目之所及，文情赴之，貌其本榮，如所存而顯之。即以華奕照耀，動人無際矣。

現實世界所固有的綺麗景象，觸發了藝術家的心靈，使之長上想像的翅膀，飛進對象之中，然後再把心目中所及之對象，按其「本榮」描繪出來，這樣，它既是綺麗之物象，又是文情之所寄託。王夫之又說要「以追光躡影之筆，寫通天盡人之懷」，方是「詩家正法眼藏」。所以，我國古代文藝家都認爲文學藝術的基本要素就是情和景，或意和境。也即是說，藝術形象的基本內容就是主觀的意和客觀的象，是兩者的統一。

藝術形象「擬容取心」的構成方法，具體表現在詩詞創作中主要就是賦、比、興。在賦、比、興這三種藝術表現方法中，賦既是藝術文學的一種表現方法，又是一般非藝術文章的寫作方法，而比、興則主要是藝術表現的方法。所以，一般常以「比興」來代表賦比興。比興是藝術表現的具體方法，它反映了藝術形象構成的特點，但是不能把比興說成就等於是藝術形象。有人說比興的概念接近於我們今天藝術形象的概念，這是值得商榷的。賦、比、興都是運用「擬容取心」原則構成意象的方法，而不是藝術形象本身。歷代關於賦、比、興的解釋的角度不大一樣，大體說來，一些經學家對賦、比、興的解釋，主要是從具體的藝術技巧方面來說的。例如漢代的鄭衆、鄭玄，唐代的孔穎達、宋代的朱熹等等，均是如此。如朱熹《詩集傳》中說：「賦者，敷陳其事而直言之者也。」「比者，以彼物比此物也。」「興者，先言他物以引起所咏之詞也。」而一些文藝家對賦、比、興的解釋，則更側重在揭示其形象思維的特徵方面。比如鍾嶸在《詩品序》中說：

> 文已盡而意有餘，興也；因物喻志，比也；直書其事，寓言寫物，賦也。

鍾嶸是從文學作品是「指事造形，窮情寫物」的角度出發來解釋賦、比、興的，也就是說，是從「擬容取心」的角度來分析賦、比、興的特徵的。他解釋「興」時說的「文」與「意」的關係，解釋「比」時講的「物」與「志」的關係，解釋「賦」時講的「寫物」與「寓言」的關係，實際上就是心和物的關係，意和象的關係，亦即思想和形象的關係。說明賦、比、興都是寓思想於形象的幾種不同的方法。

賦、比、興都是以「擬容取心」爲特徵的，不過具體的方法有所不同。「賦」主要是直寫，即直接的寫實，而「比」主要是比喻，至於「興」則是一種以象徵爲主的比喻。它們都是摹擬物象的方法。以直寫、比喻、象徵的方法摹擬客觀物象，這在上古時代創造文字的「六書」和《周易》八卦中已經有所表現了，後來就突出地反映在《詩經》中。經過許多文藝家的總結，遂成爲詩歌藝術的主要表現方法，這也即是詩歌藝術形象構成的三種具體方法。宋代的李仲蒙對賦、比、興的解釋，也是圍繞著情和物雙方的不同結合關係而展開的。宋代胡寅《斐然集》卷十八《與李叔易書》引其語云：

敍物以言情，謂之賦，情物盡也；索物以托情，謂之比，情附物也；觸物以起情，謂之興，物動情也。

李仲蒙說明了賦、比、興乃是情物融合的三種不同的情況。「賦」是通過直接摹寫物象而寓意於其中，物象之意即所寓之意，故云「情物盡」。「比」是一種明顯的比喻，物象之意和所寓之意有共同之處，情附于物的某一種特點而顯，故云「情附物」。「興」是一種象徵性的暗喻，借助於聯想的作用，以物象之意來象徵所寓之意，借物以起情，故云「物動情」。劉勰所說：「比顯而興隱」，指的就是比喻和象徵的不同。三者相比較，「興」顯然是含義更爲深遠，不易使人一下全了解，並且具有使人回味無窮，言盡意不盡的特點，所以更富有藝術魅力，也最受歷代文藝家重視。

在一個具體藝術形象的創造過程中，賦比興並不是截然分開，而往往是融三者於一爐，互相疊用的。嚴格地說，不應該說哪一個作品是賦，哪一個作品是比，哪一個作品是興。關於這一點，明末清初的黃宗羲在《淇遷毛君墓志銘》一文中曾經說過：

古之言詩者不出賦比興三者，詩傳多析言之。其實如庖中五味，烹飪得宜，欲舉一味以名之，不可得也。後之為詩者，寫情則偏於賦，咏物則偏于比，玩景則偏于興，而詩之味亦漓矣。下此，則有賦而無比興，顧鹵莽于情者之所為也。

事實上眞正的好詩也大多是賦比興雜用的，不過在不同的作品中常常有所偏，而側重於用某一種方法。在這裡我們還要說到的是唐代皎然在《詩式》中對比興的解釋。皎然說：「取象曰比，取義曰興，義即象下之意。」有些同志根據皎然這幾句話把比興歸結爲就是藝術形象。說比是指形象，興是形象中包含的意義，所以，比興就是寓思想於形象。其實，這是一種簡單化的解釋，並沒有弄清皎然所說的眞正含義。比興是兩種不同的藝術表現方法，皎然在這裡著重要說明的是比爲明喻，所以在表象上就可看出比喻之意，而興則是暗喻，從表象上不易看出比喻之意，而要從表象內蘊藏的含義中方能了解其比喻、象徵之意義。因此，把比和興說成象和義，把比興看作是寓思想於形象，是不符合皎然本意的，那樣會把比興的解釋搞混亂了。

「擬容取心」的原則是我國古代文藝家從詩歌、雕塑、繪畫等藝術創作經驗中總結出來的，當時小說和戲劇還沒有發展起來，但是它的精神也適用於小說、戲劇藝術形象的創造。我國古代小說理論中所說的要通過摹寫人情、物態來寄寓作家匡世濟時之志，這也就是「擬容取心」。比如明代笑花主人《今古奇觀序》中所謂，既「極摹人情世態之歧，備寫悲歡離合之致」，又寓作者善惡褒貶之意，使「善者知勸，而不善者亦有所慚恧悚惕」。又如睡鄉居士《二刻拍案驚奇序》中所說，既「舉物態人情，恣其點染」，又寓「作者之苦心」，使人讀之，「欲歌欲泣於其間」。這些都說明小說創作一方面是對現實社會「人情」、「物態」的生動描繪，亦即「擬容」，另一方面又是作者借此以寄寓其對社會人生之觀點態度，以及改革社會的主張，這就是「取心」。明代萬歷年間陳氏尺蠖齋所評《綉象東西晉演義》所載《東西兩晉演義序》中說，羅貫中作《三國演義》、《水滸傳》，是由於「生不逢時，才郁而不得展，始作《水滸傳》，以抒其不平之鳴，其間描寫人情世態、宦況閨思種種度越人表。」這裡更明確地指出了羅貫中（按：明代有一些人認爲《三國演義》、《水滸傳》皆羅貫中所著。）正是擬「人情世態」、「宦況閨思」等「容」，來「抒其不平之鳴」，以寄其「心」的。有些作品表面上看來似乎完全是客觀的描寫，但作者之心意褒貶卻又是十分鮮明地寄寓於其中的。如《儒林外史》即是如此。故臥閑草堂本評語中有「直書其事，不加斷語，其是非立見」之說。「擬容取心」的原則在不同的文藝領域中具體運用方法不盡相同，其理論上的基本原則是一致的。

這裡，我們還必須說到的一點是，有的同志認爲「擬容」即指對現實表象的摹寫，「取心」即指對現實意義、即表象所含之現實意義的闡明，這是不太妥當的。「擬容」是對物象的描繪，而對物象的描繪並不只限於它的外表形態，也包括它的內在精神。而「取心」則主要是取作者寓於所擬之「容」中的「心」。當然，作者之「心」是借物象之含義而體現出來的，物象中所包含的現實意義雖有它的客觀性，但在文學藝術中，它是作爲作者意圖的體現者而出現的。這兩者有時在作品中並不完全統一，這就是我們經常所說的作家的主觀思想與作品的客觀意義的矛盾。象中之意確有客觀性的一面，但又是被作者改造過、體現了作者認識，反映了作者感情的，這才構成了「擬容取心」的意象的內容。《文心雕龍・神思》篇說：「登山則情滿於山，觀海則意溢於海。」這裡，山和海的意義已經不是自然意義上的山和海了，而是詩人情意之象徵。所以，把「取心」理解爲取物象之心，顯然是不合適的。

三 隱秀

我國古代關於藝術形象的論述，不僅探討了它的構成因素及構成方法，而且還進一步研究了它的特徵。藝術意象的「擬容取心」的構成方法，也就決定了它自己的美學特徵。在藝術形象中，心、意、情、志這些藝術家對現實的認識和感情，都不是以抽象概念的方式出現的，而是寄寓於具體的現實形象之中的。一般地說，它們都不是以作者直接的、赤裸裸的敍述表達出來的，而是隱蔽地曲折地從藝術形象中流露出來的。「心」存於「容」中，「神」藉「象」以顯。我國古代稱這種特徵叫「隱秀」。

「隱秀」，是劉勰總結出來的一個概念，《文心雕龍》中專門有這樣一篇。可惜的是，《隱秀》是《文心雕龍》中唯一的一篇殘文，早在明代已經看不到它的全文了。因此，我們對劉勰的論述，就無法窺其全貌了。然而，從現存的《隱秀》殘篇中，以及後人所引的佚文中，還可以了解到「隱秀」的基本含義。所謂「隱」，說的是藝術形象中的心、意、情、志的特徵；所謂「秀」，說的是物、象、容、貌的特徵。劉勰在《隱秀》篇一開始就說：

夫心術之動遠矣，文情之變深矣。源奧而派生，根盛而穎峻。是以文之英蕤，有隱有秀。

劉勰在這裡首先指出了「隱秀」和「神思」之間的關係。藝術形象的特徵從根本上說，是源於藝術的形象思維特徵的。所謂「心術之動」即指「神思」。藝術形象是「心術之動」、「文情之變」的產物，所以它既有秀，又有隱。那麼，什麼是秀，什麼是隱呢？劉勰接著又說：

隱也者，文外之重旨者也；秀也者，篇中之獨拔者也。隱以複意為工，秀以卓絕為巧，斯乃舊章之懿績，才情之嘉會也。夫隱之為體，義生文外，秘響旁通，伏采潛發，譬爻象之變互體，川瀆之韞珠玉也。

「秀」指「象」而言，它是具體的、外露的，故「以卓絕爲巧」。「隱」指「意」而言，它是抽象的、內在的，故「以複意爲工」。「意」隱於「象」中，故而如在「文外」，好像爻象之變包含在互體之內，晶瑩的珠玉蘊藏於河水之中。宋人張戒在《歲寒堂詩話》中曾經引用過劉勰的兩句話，不見於今本《文心雕龍》，從其內容看，當是《隱秀》篇佚文無疑。其云：

情在詞外曰隱，狀溢目前曰秀。

宋代可能還存在《隱秀》原文的全篇，張戒的引用大概是可靠的。「隱秀」的含義在這兩句佚文中體現得特別清楚，和上述劉勰本人論述是一致的。

「隱秀」的問題過去不大爲人們所重視，其實，它是古代文學藝術理論中的一個重大問題。黃侃在《文心雕龍札記》中曾經說道：

夫隱秀之義，詮明極艱；彥和既立專論，可知于文苑為最要。

黃侃把「隱秀」的地位提得相當高，這個見解是很有價值的。可惜黃侃本人僅僅提出問題，並未對此作更深入的研討。「隱秀」講的是文藝作品中的思想和形象的關係。文藝作品的重要特徵之一，是寓思想於形象之中。藝術形象中的意是從象中流露出來的，作者的觀點和見解總是隱蔽於形象之中，而不是以思想概念的方式直白說出的。我國古代的文學理論批評中是十分重視文學藝術這種特點的。後來許多文藝家所強調的「意在言外」，「文已盡而意有餘」，都是在「隱秀」這種特點的基礎上發展起來的。唐宋以後雖然講「隱秀」的不多，但是「意在言外」卻一直是個中心議題，其實，這就是「隱秀」原則的具體發揮。

宋代著名的詩人梅堯臣曾經說過一段很精辟的話，歐陽修把它記錄到了自己的《六一詩話》之中。梅堯臣說：

詩家雖率意而造語亦難。若意新語工，得前人所未道者，斯為善矣。必能狀難寫之景，如在目前；含不盡之意，見于言外，然後為至矣。……作者得于心，覽者會以意，殆難指陳以言也。雖然，亦可以略道其髣髴。若嚴維「柳塘春水漫，花塢夕陽遲」，則天容時態，融和駘蕩，豈不如在目前乎？又若溫庭筠「鷄聲茅店月，人迹板橋霜」，賈島「怪禽啼曠野，落日恐行人」，則道路辛苦，羈愁旅思，豈不見于言外乎？

梅堯臣（聖俞）這一段議論，對「隱秀」的含義作了更進一步的發揮。「狀難寫之景，如在目前」，即是所謂「秀」，這是對劉勰所說「篇中之獨拔者」的「卓絕」內容的具體論述，與張戒所引「狀溢目前」是一致的。「含不盡之意，見於言外」，即是所謂「隱」，這是劉勰所說「以複意爲工」的「文外之重旨」的具體闡述，與張戒所說「情在詞外」也是一致的。我們從梅堯臣對嚴維、溫庭筠、賈島詩句的分析中，可以看出「秀」即是指意象中之象的描寫，而「隱」則正是含蘊於象中之意。托名白居易寫的《金鍼詩格》中說：

詩有內外意。內意欲盡其理，理謂義理之理，美刺箴誨之類是也。外意欲盡其象，象謂物象之象，日月山河蟲魚草木之類是也。

托名賈島寫的《二南密旨》也有類似的話：

外意隨篇目自彰，內意隨入諷刺，歌君臣風化之事。

《金鍼詩格》和《二南密旨》是否白居易和賈島所作不可考，或謂宋人僞託之作，亦無確證。但唐人寫詩格之類是不少的，於《文鏡秘府論》可見。所以，這兩部著作出唐人之手，還是可能性比較大的。

這裡所說的內意和外意，實質上就是指詩歌的意和象。「外意」是說的對客觀物象的描繪，即「擬容取心」之「容」，亦即「隱秀」之「秀」；「內意」是說的詩歌形象內的含意，即「擬容取心」之「心」，亦即「隱秀」之「隱」。之所以稱爲「內意」，因爲它是隱蔽於形象之中的。詩歌創作中之所謂「意在言外」，其實並非是在言外，而是在言內的，不過由於它是隱蔽於形象之中需要讀者去體會的，故而好像是在言外。而且因爲它不是直截了當的敍說，而是借形象來體現的，所以有含蓄不盡的特徵，可以由讀者的想像來補充它，豐富它。「內外意」實質上就是講的「隱秀」問題。

提倡「隱秀」，強調「意在言外」，有人認爲就是指詩歌的含蓄特點，我們覺得這樣說不大確切。含蓄只是藝術風格之一種，而「隱秀」或「意在言外」則是對詩歌藝術的一種普遍要求，主要是說的詩歌藝術必須寓思想於形象中的特徵，這個原則對其他藝術形式和種類，也同樣是適用的。宋人詩話中把意在言外的隱秀特徵作爲詩歌藝術的一個中心問題，這也不是偶然的。由於受理學的影響，宋代有不少迂腐的道學家是不懂形象思維的，他們強調以理爲詩，以抽象思維代替形象思維，不從形象塑造入手，而以發議論、講道理爲詩。因此，宋人詩話中注重意在言外的「隱秀」特徵，顯然是有一定針對性的。嚴羽在《滄浪詩話》中提倡「興趣」，要求詩歌做到「言有盡而意無窮」，實質上也正是主張「隱秀」的意思。在宋人詩話中，我們可以看到很多關於「意在言外」的論述和分析。除《苕溪漁隱叢話》、《詩人玉屑》之外，如《藏海詩話》、《歲寒堂詩話》、《竹坡詩話》、《潛溪詩眼》、《童蒙詩訓》、《白石道人詩說》、《捫虱新語》、《滄浪詩話》、《對床夜語》等，都曾有過一些論述。

然而，「隱秀」並不僅僅是體現了藝術形象不同於思想概念的特點，而且也表現了我國古代對藝術形象的基本美學要求。這一點我們可以從分析「秀」和「隱」的具體內容而清楚地看到。對於「隱」和「秀」的基本美學標準，劉勰在《隱秀》篇中曾經有過一段概括的分析。他說：

或有晦塞為深，雖奥非隱；雕削取巧，雖美非秀矣。故自然會妙，譬卉木之耀英華；潤色取美，譬繒帛之染朱綠。

劉熙載在《藝概》中說：「《文心雕龍》以『隱秀』二字論文，推闡甚精。」又說劉勰上述論說，「其雲晦塞非隱，雕削非秀，更爲善防流弊。」從劉勰這一段話中，我們可以看到他對「隱」和「秀」都主張要以自然爲基本原則，在這個前提下他也不否定潤色。那麼，什麼是對「秀」的具體美學要求呢？從劉勰本人的論述和梅堯臣、張戒的闡發中。可以看出「秀」的目標是要能夠把一些很不容易描寫的景象，十分逼眞、自然地描寫出來，使人有目見耳聞、親臨其境之感。藝術家就是要把人人能體會到、但又不容易用語言把它確切地表達出來的景象，栩栩如生地展現在讀者面前，使人感到無比親切。我國古代小說、戲劇理論中常常用「逼眞」、「如畫」來讚美對現實生活的眞實自然的描繪，也即是指摹寫物象之「卓絕」的意思。要做到這一點，沒有高超的藝術表現能力是不行的。要能做到「卓絕」，要能「狀難寫之景，如在目前」，關鍵是要達到最高度的生動、眞實、自然。這也就是後來王國維所主張的「不隔」境界。他在《人間詞話》中說：「語語都在目前，便是不隔」。詩歌創作如果過於雕琢，用典深僻，不自然，不眞切，人工斧鑿痕迹明顯，那麼，就如同「霧裏看花」一般，終隔一層，那就不能達到「秀」的要求。

在闡述對「秀」的形象的生動、眞實、自然的美學要求上，後人詩話中有過不少具體的發揮，歸結起來有以下四點：首先，「秀」的形象不一定要寫奇特驚險的景象，主要在於要把生活中那些看似平凡，卻又能激動人感情的景象，眞實生動地再現出來。周紫芝《竹坡詩話》中說：

暑中瀕溪與客納涼，時夕陽在山，蟬聲滿樹，觀二人洗馬于溪中，此少陵所謂「晚涼看洗馬，森木亂鳴蟬」者也。此詩平日誦之不見其工，惟當所見處，乃始知其為妙，作詩正要寫所見耳，不必過為奇險也。

許多生活中的景象，看來都是平淡無奇的，但是通過藝術的形象再現，寓以作者的心靈情趣，使之具有了美的價値，即成了非常了不起的藝術作品。我國古代對藝術形象的要求，多數不主張奇險，而重在於平淡中見眞實，將即目所見寫得眞情畢露，方爲高手。鍾嶸在《詩品序》中曾說道：

「思君如流水」，既是即目；「高臺多悲風」，亦惟所見；「淸晨登隴首」，羌無故實；「明月照積雪」，詎出經、史？觀古今勝語，多非補假，皆由直尋。

「直尋」也就是後人所說的要寫出口頭語言，眼前景致，亦即周紫芝所說「正要寫所見，不必過爲奇險」之意。對於小說、戲劇創作來說也是如此。如明代笑花主人《今古奇觀序》中所說：「天下之眞奇，在未有不出於庸常者也。」只要寫得「眞切可據」，如見雲漢圖覺熱，見北風圖覺涼，則就可以有「融性性通，導情情出」之妙。（無礙居士《警世通言敍》）范晞文《對床夜語》中說：

「馬上相逢久，人中欲認難。」「問姓驚初見，稱名憶舊容。」「乍見翻疑夢，相悲各問年。」皆唐人會故人之詩也。久別倏逢之意，宛然在目，想而味之，情融神會，殆如直述。

范晞文所舉的幾聯唐人詩句，都是著重在把當時的「神情」寫得「狀溢目前」，把久別重逢時的心理、感情、情狀描繪得十分逼眞。詩人描寫的這些場面，都是十分平常的，並無奇險之處，然而卻使人「想而味之」，久久不忘。所以，呂本中《童蒙詩訓》中說：「詩豈論多少，只要道盡眼前景致耳」。其次，「秀」的景象妙處在於把人們所共同感受到、可又不易描寫出來的景象自然貼切地再現出來。即所謂要「得人心之所同」，發他人所不能發。例如范溫《潛溪詩眼》云：

老杜《櫻桃詩》云：「西蜀櫻桃也自紅，野人相贈滿筠籠。數回細寫愁仍破，萬顆勻圓訝許同。」此詩如禪家所謂信手拈來，頭頭是道者。直書目前所見，平易委曲，得人心所同然，但他人艱難不能發耳。

生活中有一些景象，是大家都經歷過，也是非常熟悉的、有體會的，即所謂「得人心所同」者，然而要用藝術形象把它淋漓盡致地表現出來是很不容易的。只有高明的藝術家才能做到這一點，而「他人艱難不能發」，以杜甫這首櫻桃詩來說，櫻桃本是人們所習見之物，櫻桃之秀美可愛也是人們共同的感覺，藝術家常常用櫻桃來比喻美人之口，即所謂「櫻桃小口」。但是怎樣才能把這種人人都體會到了的櫻桃之秀美可愛具體生動地描寫出來呢？這就不容易了。杜甫在他這首詩中，一方面寫了它的鮮艷「自紅」外表，同時又指出它「萬顆勻圓訝許同」，每顆都一樣大小，勻圓如珠。這就把櫻桃之美寫得恰到好處，把人們心裏所體會到的透徹地說出來了，這就是其妙處之所在。又比如李白的《靜夜思》寫道：

床前明月光，疑是地上霜。舉頭望明月，低頭思故鄉。

月夜思鄉的情景，是離鄉背井之人所經常碰到的，但是，要把這種景象通過藝術生動深刻地再現出來，是很不容易的。李白這首絕句非常樸素、眞實而自然，只是「直敍」眼前景致，然而卻能道出一切月夜思鄉人的共同心情。古人寫過不少月夜思鄉、思親之作，如曹植的「明月照高樓，流光正徘徊」，是寫思婦之情的。杜甫的「今夜鄜州月，閨中只獨看」，是寫他懷念妻子兒女的。但相比之下，上面李白這首詩具有更大的普遍概括意義，更爲凝煉，貼切動人。

第三，「秀」的景象要寫得好，關鍵在於「中的」，能抓住當時當地情景的主要特點，把最有典型意義之處，突出地描繪出來，而不在於「過求」，作人爲的過份的刻劃。張戒在《歲寒堂詩話》中說：

「蕭蕭馬鳴，悠悠旆旌」，以蕭蕭、悠悠字，而出師整暇之情狀，宛在目前。此語非惟創始之為難，乃中的之為工也。荊軻「風蕭蕭兮易水寒，壯士一去兮不復還」，自常人觀之，語既不多，又無新巧，然而此二語遂能寫出天地愁慘之狀，極壯士赴死如歸之情，此亦所謂中的也。

張戒所引《詩經・小雅・車攻》中兩句詩，寫的是軍隊出征時的莊嚴肅穆的行進情狀。詩人在這裡並沒有正面寫軍隊的情況，而只是抓住了戰馬的鳴聲和軍旗的飄動這兩個具有典型意義的細節，就把隊伍「出師整暇之情狀」生動地展現出來了。人們只聽見馬鳴蕭蕭，只看見軍旗悠悠，而整個隊伍無一點嘈雜之聲，這也就可以想見其嚴整的面貌了。荊軻的兩句詩之妙也正是如此。它之所以能被人們千古傳誦，也正是因爲荊軻把他悲壯的心情與天地爲之「愁慘」的情狀充份地表達出來了的緣故。其所以能「中的」，就是因爲它把荊軻「赴死如歸」之心情突出出來了。現實生活中的情景，人們的思想感情，都有它的要害之所在，藝術作品能把這種要害之所在以生動的形象呈現出來，就可以創造出「秀」的形象，並不需要過多的描寫刻劃。過份求巧，反而會弄巧成拙。明人陸時雍在《詩鏡總論》中說：「每事過求，則當前妙境，忽而不領。古人謂眼前景致，口頭言語，便是詩家體料。」又說：「詩之所以病者，在過求之也。過求則眞隱而僞行矣。」「過求」的結果，反而會使藝術形象顯出人爲斧鑿痕迹，而喪失眞實自然之美的。藝術描寫要善於恰到好處，以「切至」爲貴，這是塑造「秀」的形象的重要原則之一。張戒在《歲寒堂詩話》中還舉過這樣一個例子。他說：「古詩『白楊多悲風，蕭蕭愁殺人。』蕭蕭兩字，處處可用，然惟墳墓之間，白楊悲風，尤爲切至，所以爲奇。」

第四，「秀」的景象切忌雕琢，必須做到平易而自然。我國古代文藝家對「秀」的理解，顯然是和主張出水芙蓉、清新可愛的美學思想聯繫著，而和鋪錦列綉、雕章琢句的人工藻飾思想背道而馳的。胡仔《苕溪漁隱叢話》後集卷三十七曾說：

> 予嘗愛政黃《牛山中偈》云：「橋上山萬層，橋下水千里，惟有白鷺鷥，見我長來此。」造語

平易，不加雕斵，而清勝之景，閑適之意，宛然在吾目中矣。

胡仔所舉《牛山中偈》一詩，猶如口語一般，當然不能要求詩歌都以此爲標準。但是，他提出的這個「造語平易，不加雕斵」的原則，是和我國古代文藝家所主張的「秀」的內容一致的。明人陸時雍《詩鏡總論》中說：

> 絶去形容，獨標真素，此詩家最上一乘。本欲素而巧出之，此中唐人之所以病也。李端「園林帶雪潛生草，桃李雖春未有花。」此語清標絶勝。李嘉祐「野棠自發空流水，江燕初歸不見人。」風味最佳。野棠句帶琢，江燕句則真相自然矣。

陸時雍所引李端《閑園即事贈考功王員外》中兩句詩寫冬末春初景色，樸素眞切而沒有雕琢之痕。他引李嘉祐《自蘇臺至望亭驛人家盡空春物增思悵然有作因寄從弟紓》詩中前一句，原詩作「野棠自發空臨水」，略有雕琢之痕迹，確不如後一句自然。反對人工雕鑿，強調自然之美，這是我國古代的重要美學傳統。李卓吾在著名的《雜說》一文中把人工雕削之美稱爲「畫工」，把自然生動之美稱爲「化工」。認爲「化工」遠比「畫工」要高出一籌。而這種「化工」之美也就是我國古代所說的「秀」和「不隔」的重要內容。在後來的小說、戲劇評點中，「化工」也是十分重要的藝術標準之一。

關於「隱」的問題，也不是僅僅指寓思想於形象之中，這只是一個最起碼的基本要求。所謂「文外之重旨」，要能「含不盡之意見於言外」，即是要求藝術家要通過藝術形象來體現自己的思想感情，不要把意思說盡，使人一覽無餘，而要留有餘地，啓發讀者的想像，讓讀者把自己的認識和體會補充進去，使形象的意義更加豐富。「隱」的目的不是要艱澀難曉，相反的，仍然要明朗易曉，只是不能流於淺近直露。我國古代文藝家對「隱」的特點的具體闡述，有以下幾點是比較有價值的。首先，認爲藝術形象中的「意」應當做到既能「道得人心中事」，又要含有「餘蘊」。張戒在《歲寒堂詩話》中說：

> 元微之云：「道得人心中事。」此固白樂天長處，然情意失之太詳，景物失于太露，遂成淺近，略無餘蘊，此其所短處。

張戒認爲，詩歌創作如果「詞意淺露」，完全「道盡」，就沒有詩歌的特點了。他批評元稹、白居易、張籍的詩的長處是能「道得人心中事」，而其短處是「略無餘蘊」，這是比較全面而深刻的批評。既肯定了他們詩歌反映現實生活比較深刻，有較高的思想意義，又指出他們詩歌藝術性方面水平不夠高，主要就是不能做到「隱」，使人一覽而盡，「略無餘蘊」。張戒認爲我國古代詩歌的傳統特色，是注重「意在言外」，而有豐富「餘蘊」的。他舉這方面的例子說道：

> 《國風》云：「愛而不見，搔首踟躕。」「瞻望弗及，佇立以泣。」其詞婉，其意微，不迫不露，此其所以可貴也。《古詩》云：「馨香盈懷袖，路遠莫致之。」太白云：「皓齒終不發，芳心空自持。」皆無愧于《國風》矣。

張戒所舉《國風》、《古詩》、李白《古風》中的這些詩句，既能「道得人心中事」，卻又沒有「道盡」，沒有具體詳盡的敍說，而只是描繪了生動的形象，隱藏於形象中之意微而不露，使人感到「餘蘊」連綿，無窮無盡。這三個例子都是寫人心中的深情厚意的，但都是借助於不同的藝術形象來體現，而不是詩人直白說出的。詩歌之意不待明言，而應當從形象中自見。《苕溪漁隱叢話》後集卷十五說道：

（杜牧）《宮詞》云：「監宮引出暫開門，隨例雖朝不是恩。銀鑰卻收金鎖裹（按「裹」原詩作「合」），月明花落又黃昏」。此絕句極佳，意在言外，而幽怨之情自見，不待明言之也。詩貴夫如此，若使人一覽而意盡，亦何足道哉。

這正是講的「隱」的問題，詩人所要表達之情意，隱寓於藝術形象中，讀者接觸到藝術形象，就很自然的體會到了其中幽怨之情，完全不需要詩人直接明言。詩歌藝術之妙正是在此，如果詩人直接言明，那還有什麼詩味呢？陸時雍《詩鏡總論》中說：「少陵七言律，蘊藉最深，有餘地，有餘情。情中有景，景外含情，一咏三諷，味之不盡。」也正是說的杜詩中之隱秀特點。盛唐人詩最富於這種含蓄不盡、意在言外的特徵。張戒說：「蓋摩詰古詩能道人心中事，而不露筋骨，律詩至佳麗而老成。」他舉了王維的《隴西行》爲例。其詩云：

十里一走馬，五里一揚鞭。都護軍書至，匈奴圍酒泉。關山正飛雪，烽火斷無烟。

王維這首詩的目的是要抒發去邊塞殺敵立功、建立英雄業績的渴望和羡慕之情，然而這種情和意完全是寄託在對塞上風光和緊急軍情的形象描寫之中的，並無一句正面敍述，卻又使人能強烈地感受到詩人這種心情。這也是既能「道得人心中事」，又「餘蘊」無窮的典型例子。

其次，「隱」的特點還表現在「意遠」上。我國古代詩論中所經常強調的「意遠」，其實就是指「隱」的特點。如范晞文《對床夜語》中說：

詩在意遠，固不以詞語豐約為拘。然開元以後，五言未始不自古詩中流出，雖無窮之意，嚴有限之字，而視大篇長什，其實一也。如「舊里多青草，新知盡白頭。」又「兩行燈下淚，一紙嶺南書。」則久別乍歸之感，感遠懷舊之悲，隱然無窮。

「意遠」比有「餘蘊」又進了一步，它不僅要求詩中之意能隱含於藝術形象之中，而且還要使人覺得這種意說不盡道不完，愈思愈多，愈想愈遠。以范晞文所舉的兩聯唐人詩句來說，這種「久別乍歸」，「感遠懷舊」的具體內容可以隨著人們不同的經歷、遭遇而有極其豐富的設想，故而說是「隱然無窮」。張戒在《歲寒堂詩話》中分析杜甫的《哀江頭》一詩的「隱秀」特徵道：

如云「翻身向天仰射雲，一笑正墜雙飛翼。」不待云「緩歌漫舞凝絲竹，盡日君王看不足。」而一時行樂可喜事，筆端畫出，宛在目前。「江水江花豈終極」，不待云「比翼鳥」、「連理枝」、「此恨綿綿無盡期」，而無窮之恨，黍離麥秀之悲，寄于言外。

「意遠」的特點就是作者不把極爲豐富的含意都表現出來，而只是引導讀者去作這方面的聯想，啓發讀者去往作者所要表達的意義上進行豐富的想像活動。如張戒所說杜甫《哀江頭》中「江水江花豈終極」一句，就很自然的會使人想起由於君王的昏庸誤國而造成的河山破碎，百姓流離失所之種種悲慘景象，以及人民期望國家復興、得以安居樂業的熱切心情。誘發讀者產生與作者相類似的聯想，從而體會作者寄寓的深意，這是所謂「意遠」的主旨所在。呂本中在《童蒙詩訓》中說道：

讀《古詩十九首》及曹子建詩，如「明月入我牖，流光正徘徊」之類，詩皆思深遠而有餘意，言有盡而意無窮也。

詩意的「深遠」，也就是要「不盡」、「無窮」、「有餘意」。它表現在另一個方面，就是要善於把難以用語言文字直接敍述的道理、情狀，以藝術形象的方式展現在讀者面前，讓你自己去體會。葉燮在《原詩》中說道：「可言之理，人人能言之，又安在詩人之言之；可徵之事，人人能述之，又安在詩人之述之；必有不可言之理，不可述之事，遇之於默會意象之表，而理與事無不燦然於前者也。」詩意之深遠也正在這裡，它不是爲了表達「人人能言」之理，「人人能述」之事，只寫這些必然會流於淺露，而是要善於把「不可名言之理，不可施見之事，不可徑達之情」，通過藝術形象而傳達出來，使讀者感到十分親切，說出了自己心中想要說而又說不出來的意思，描寫出了自己難於敍述的事，抒發了自己內心深處的感情，因而就有無窮無盡的意味。

第三，藝術形象中「意」之「隱」還表現在它必須要讀者「思而得之」，而不是很簡單地直接獲得。《若溪漁隱叢話》引《迂叟詩話》云：

古人為詩，貴于意在言外，使人思而得之，故言之者無罪，聞之者足以戒也。

所謂「思而得之」，即是說要由讀者通過對藝術形象的具體分析，在反覆的感受體會中才能逐漸領會到的。文學作品的藝術魅力，它的美學價值，很重要的一方面也就表現在這裡。因爲要「思而得之」，所以才有味道，才能引起人的興趣。同時在「思而得之」的過程中，不同人的「思」是不一樣的，故而「得之」的內容也可以有深有淺，有不同的角度，正如王夫之在《薑齋詩話》中所說的，「作者用一致之思，讀者各以其情而自得。」「人情之遊也無涯，而各以其情遇，斯所貴於有詩。」作者在創作時是有一定之「思」的，但是，由於這種「思」是隱藏於藝術形象中的，所以，讀者必須通過具體地分析藝術形象的意思，通過自己的反覆思索，才能懂得和了解作者所寓於其中之意。而且不同時代、不同思想的人，所思往往就不同。即一個人在不同時期所思也會有所區別。總之，讀者可以結合自己認識，來理解詩中之意。因此優秀的藝術作品，往往在不同的歷史時期都能爲群衆所喜愛。梅堯臣說，由於詩歌的隱秀特徵，所以能夠「作者得於心，覽者會以意」。作者之心是藏於詩中的，而讀者則必須對詩進行分析、研究，通過深入思索，方能體會作者之心意。「隱秀」的這些極爲豐富而生動的美學內容，充份說明它不僅體現了藝術形象的特徵，而且包括了我國古代文藝家對藝術形象的具體美學要求，因而它在我國古代文藝創作理論中應當占有十分重要的地位。

四　意境

在討論到我國古代關於藝術形象的認識時，必然要涉及到意境的問題。意境是我國古代的一個十分重要的美學範疇，也是一個特殊的和具有民族特色的文藝批評標準。意境究竟說的是什麼意思，學術界的看法不大一致。與意境相接近的概念是境界。意境和境界實質上是一回事，比如王國維在他的文學批評中就是混用的。《人間詞話》中主要講境界，但也使用意境概念，而《人間詞乙稿序》中則主要講意境。境界的概念不僅在藝術上運用，也可以在別的場合用，如講精神境界、思想境界等等。至於意境的概念則主要在文藝領域中運用，是指藝術的境界。一種流行的看法認爲意境即是指藝術形象，是主觀的意和客觀的境的結合，在詩詞中即是情景交融的產物。按照這樣解釋，那麼意境和意象實際上就是二而一的概念了。這種說法也不能說錯，因爲意境中顯然是包涵了意與境兩種因素的，也就是說，它確實也是意象結合、情景交融的結果。顯然，只要是藝術形象，其中就必定有主觀與客觀兩方面的結合。但是，說意境就是藝術形象，是意象結合、情景交融的結果，只是講了意境作爲藝術形象的一般性，而沒有把意境這種藝術形象的特殊性揭示出來。因此，總給人一種似是而非的感覺。意境當然是藝術形象，但是，即以詩詞來說，並非都有意境，並不是凡有藝術形象就有意境。意境有情景交融特點，但是，並非所有情景交融的作品都有意境。所以，說意境就是藝術形象，就是情景交融，就是意象，這好像說一個國畫家是畫家一樣，並不解決問題，因爲沒有進一步說清楚他是什麼畫家，是油畫家呢，是版畫家呢，還是其他類型的畫家。對宇宙間一切事物來說，決定事物本質的是矛盾的特殊性。只講意境作爲藝術形象的一般性，不講意境這種藝術形象的特殊性，就無法說明意境的本質。

意境是一種具有特殊美學內容的藝術形象，而非指一般的藝術形象。這一點從我國古代的文學創作實踐和文學理論批評中，都可以找到極其充份的證明。王國維是大家所公認的意境說的最重要的倡導者和闡述者。他在《人間詞話》中開宗明義兩句就說得很清楚：

詞以境界為最上。有境界則自成高格。

歷來講意境的人都很少對這兩句話作貼切的分析。王國維講的是有境界之詞是「最上」的，是詞中之「高格」。可見，並非所有的詞都有境界，只是藝術水平最高的詞才有境界。也就是說，大多數詞雖然也寫得還不錯，也都有情景交融的藝術形象，但並不一定都有意境。他又說：

「紅杏枝頭春意鬧」，著一「鬧」字而境界全出。「雲破月來花弄影」，著一「弄」字而境界全出矣。

這裡，我們可以反過來說，如果不用「鬧」字、「弄」字，顯然，仍然有形象，仍然有情有景，但是境界就出不來了。可見，意境還有它自己的特殊內容，決不能和形象、情景交融等同。類似的例子我們還可以舉出很多。比如王安石的《泊船瓜洲》是一首很有名的絕句，其云：

京口瓜洲一水間，鍾山只隔數重山。

春風又綠江南岸，明月何時照我還。

據宋人洪邁在《容齋隨筆》中說，這「春風又綠江南岸」的「綠」字，王安石是頗費了一番推敲之功的。他先用的是「到」，覺得不好，又圈去改爲「過」，又覺得不好，改爲「入」，還是不好，改爲

「滿」，仍然不滿意，最後用了「綠」，才定稿了。這裡用「綠」還是用別的幾個字，對於詩歌意境影響很大。也可以說，只有用了「綠」，才「境界全出」了。又比如陶淵明的名句：「采菊東籬下，悠然見南山。」後人易「見」爲「望」，則陶淵明那種超然物外、自然淡泊的精神就不如用「見」體現得更充份。故蘇軾在《東坡題跋》中說，用「見」字是「意與境會」，「最有妙處」，而改爲「望」，則「一篇神氣都索然矣」。

除了前人在文學批評中已經說到的這些以外，我們還可以從古代詩歌創作的實際上來說明這一點，比如王維的《送沈子福歸江東》一詩寫道：

楊柳渡頭行客稀，罟師蕩槳向臨圻。惟有相思似春色，江南江北送君歸。

這是一首意境深遠的詩。張籍也有一首送別詩叫《送梧州王使君》，其云：

楚江亭上秋風起，看發蒼梧太守船。千里同行從此別，相逢又隔幾多年。

和王維一樣，張籍寫的也是在江邊送朋友遠行，然而張籍這首詩卻說不上有什麼意境，全詩都是直敍，一覽而盡，略無餘蘊。它的含義不需要「思而得之」，沒有給讀者留下多少想像、回味的餘地。而讀王維的詩，則使人感到「相思」化「春色」，「春色」變「相思」，不知是「春色」，還是「相思」。「春色」人化使讀者想像到沈子福歸江東路上將要見到的種種春色，無一不寄寓著朋友對他的思念。「春色」人化了，故情致纏綿；「相思」物化了，故無處不到。王維創造了一個多麼含蓄深遠的藝術意境啊！再看王維的《隴頭吟》：

長安少年遊俠客，夜上戍樓看太白。隴頭明月回臨關，隴上行人夜吹笛。關西老將不勝愁，駐馬聽之雙淚流。身經大小百餘戰，麾下偏裨萬戶侯。蘇武才為典屬國，節旄落盡海西頭。

我們也拿它和張籍的一首邊塞詩《關山月》對比一下：

秋月明朗照關上，山中行人馬蹄響。關山秋來雨雪多，行人見月唱邊歌。海邊茫茫天氣白，胡兒夜度黃龍磧。軍中探騎暮出城。伏兵暗處低旌戟。沙磧連天霜草平，野駝尋水磧中鳴。隴頭風急雁不下，沙場苦戰多流星。可憐萬里關山道，年年戰骨多秋草。

這兩首邊塞詩主題略有不同，王維是感嘆賞罰不明，張籍是感嘆邊塞辛苦，但都是借寫邊塞而抒發一種悲憤不滿之情。然而，王維的詩寓意深遠，詩句凝煉。以長安少年之渴望立邊功與關西老將之深沉感嘆作對比，借長安少年之狀象徵關西老將少年之狀，又以關西老將之狀象徵長安少年將來之後果。雖然少年和老將的心情極爲不同，但他們共同構成了一幅完整的形象圖畫，即從少年英武豪邁到老年頹然失望，是很多邊塞征將的共同經歷。所以詩歌使人感到含意無窮，回味不盡。可是，張籍的《關山月》雖然也具體描寫了邊塞風光，而且寫得很細，強調了征戰之苦，然而寫到多少即是多少，全是平鋪直敍，說得既詳又盡，一點也不給讀者留下思索、想像的餘地。所以，王維的詩極富意境，而張籍的詩則沒有什麼意境，至少是意境十分貧乏。

由此可見，並非一切有形象、有情景交融的作品都有意境。意境乃是對藝術形象的一種極高的美學要求，它是藝術形象的「隱秀」之美高度集中體現的產物。意境是由藝術形象的比喻、象徵、暗示作用的充份發揮而造成的一種比藝術形象本身更加廣闊深遠的美學境界。在這個美學境界裏，藝術家的深邃的心靈世界，借助於藝術形象的比喻、象徵、暗示作用而得到具體生動的形象顯現，它能把藝術家心靈中無法用語言、物象具體表達出來的感受、體會、認識，形象地顯現在讀者面前。由於這種意境的創造使作者的心靈世界在作品中得到了比藝術形象本身所體現的內容有更多更充份的表達。意境不僅有意和境辯證統一的一般藝術形象特徵，而且又是一種「意想」中的境界，既是作者意想中的境界，又是讀者意想中的境界。正如梅堯臣所說，它是「作者得於心，覽者會以意，殆難指陳以言也」。作者創作時有得於心，但並未具體描寫出來，只是借藝術形象的比喻、象徵、暗示，而讓讀者去體會和感受，達到和作者相默契，所以它能意會，而難以言傳。意境所具有的特殊美學內容，根據我國古代文藝理論批評家的分析和論述，主要有以下幾方面：

首先，是「境生象外」，意境不在藝術形象本身，而在藝術形象之外，這種說法似乎不大好理解，好像前面講「隱秀」時所說的「意在言外」一樣，它的意思是說意境不在藝術形象所已經具體描寫出來那部份上，而是在藝術形象的具體描寫所比喻、象徵、暗示那一部份上。唐代的劉禹錫在《董氏武陵集紀》中分析詩歌和一般文章之不同時，曾經說到詩歌意境的特點問題，他說：

詩者，文章之蘊耶？義得而言喪，故微而難能，境生于象外，故精而寡和。

所謂「義得而言喪」，即是講的「得意忘言」、「意在言外」之意，這是就詩歌的內容而言的。所謂「境生於象外」，即是講的詩歌的意境是存在於藝術形象（即意象）的具體描寫外的，這是指詩歌藝術的形象塑造問題而談的。此所謂「境」即是指意境，而所謂「象」，即是指「意象」。「境生於象外」，這是意境的首要的和最基本的特點。唐末的司空圖在《與極浦書》中說：

戴容州云：「詩家之景，如藍田日暖，良玉生烟，可望而不可置于眉睫之前也。」象外之象，景外之景，豈容易可譚哉！

這也是說的詩歌意境的「境生象外」的特徵，和劉禹錫之論是完全一致的。司空圖這裡所提出的「象外之象，景外之景」，其第一個象和景，即是指文藝作品中所具體描寫的藝術形象，而第二個象和景，則是指由第一個象和景的比喻、象徵、暗示作用而形成的意境而說的。意境就正是一種「象外之象，景外之景」，猶如藍田日暖，良玉生烟，似乎隱隱約約地可以感覺到，但又無法具體來敍說。比如溫庭筠的兩句著名的詩：「鷄聲茅店月，人迹板橋霜。」這裡，鷄聲、茅店、月光、人迹、板橋、霜凍，都是具體的形象描寫，表現清晨在荒涼的鄉村道路上踏霜而行。然而，在這個具體的景象之外，我們還可以清楚地領會到一個行旅人離鄉背井、長途跋涉所產生的那種「道路辛苦，羈愁旅思」的心靈境界，這在詩句本身並沒有具體寫出來，然而從這兩句詩的意象之外，卻可以使我們深深體會到這樣一種心靈境界。這個心靈境界雖不在這兩句詩歌的具體景象上，而是由這兩句詩的具體景象所象徵和暗示出來的，然而它又必須依附於它而存在的。只有這種具體景象放在面前，才能產生後一個心靈境界。又比如王昌齡的《芙蓉樓送辛漸》一詩：

寒雨連江夜入吳，平明送客楚山孤。洛陽親友如相問，一片冰心在玉壺。

這首詩意境的形成，關鍵是在第四句。這裡詩人把自己內心的純潔、高尚精神境界，借助於玉壺冰心的形象給比喻和象徵出來了。這裡包括著詩人對洛陽親友的眞摯感情，和自己不受濁世汚垢沾染的堅貞情操，對腐敗黑暗現實的蔑視，和決心不與之同流合汚的信念。許多難以言喻的思想情緒，都在這裡體現出來了。這一切都用不到詩人去具體敍述。它們本是詩人「得於心」的，但詩人並不具體描寫出來，而借「冰心玉壺」的形象象徵出來了，使讀者能默「會以意」。張戒在《歲寒堂詩話》中說：

> 子建「明月照高樓，流光正徘徊。」本以言婦人清夜獨居愁思之切，非以咏月也；而後人咏月之句，雖極其工巧，終莫能及。淵明「狗吠深巷中，鷄鳴桑樹顚」。本以言郊居閑適之趣，非以咏田園；而後人咏田園之句，雖極其工巧，終莫能及。……後人所謂含不盡之意者，此也。

曹植的詩中，咏月是具體的藝術形象，而「婦人清夜獨居愁思之切」的意境，正是由咏月的景象象徵和暗示出來的。陶淵明的詩中，咏田園是具體的藝術形象，而「郊居閑適之趣」的藝術境界，正是由於田園的景象而被象徵和暗示出來的。意境生於象外，然而又離不開「象」，它比「象」要更廣闊、更深遠，又和象密不可分地聯繫在一起，是具體的，不是抽象而不可捉摸的。

其次，意境是實境和幻境相結合的產物。司空圖說的「景外之景」、「象外之象」，其前一個景象是具體的、有形的、現實的，而後一個景象則是存在於想像中的無形的幻境，它是由前一個實境的比喻、象徵、暗示作用而產生的。沒有這個想像中的幻境，就不能形成詩歌的藝術意境。這個想像中的幻境是讀者受到現實的具體境界的啓發、誘導而出現的，它又不同於讀者本人的想像，作者所描寫的現實的具體境界必然要導至讀者產生與作者所要傳達的相一致的想像境界。例如謝眺的《之宣城出新林浦向板橋》一詩中寫道：「江路西南永，歸流東北騖。天際識歸舟，雲中辨江樹。」王夫之評道：

「天際識歸舟，雲中辨江樹」。隱然一含情凝眺之人呼之欲出，從此寫景，乃為活景。（見《古詩評選》）

這兩句描寫的是具體的實的景色，而隱藏在這兩句後面的「含情凝眺之人呼之欲出」，則是想像中的景象，是由這兩句實景描寫引發出來的。這種幻想中的境界當然是和實景描寫分不開的，但沒有這種幻想的景象，就不能構成詩的意境。清代的笪重光在《畫筌》中說繪畫意境的特點道：

合景色于草昧之中，味之無盡；擅風光于掩映之際，覽而愈新。密致之中，自兼曠遠；率易之內，轉見便娟。山之厚處即深處，水之靜時即動時，林間陰影無處營心，山外清光何從著筆。空本難圖，實景清而空景現；神無可繪，真境逼而神境生。

繪畫的意境也是如此，必須在已經繪出的景象之中，能讓人體會到許多畫家已經領略到而並未具體畫出的景象，「林間陰影」、「山外清光」這是具體色彩、線條難以描繪的，但是要通過已經畫出的林木、山巒而讓人感受到它的存在。山之厚處，水之流動，這也是任何彩筆都畫不出的，但是可以通過深山、靜水的形象象徵和暗示出來。這樣，繪畫就有了「味之無盡」、「覽而愈新」的藝術意境。笪重光所說的「寫景」和「眞境」，即是指畫中具體描繪的實的景象；而所謂「空景」和「神境」，即是說的由這種「實景」、「眞景」所启示的一種幻想中的境界，而這兩者相結合遂構成爲藝術的意境。

「空景」和「神境」必須有待於「實景清」、「眞境逼」方能出現。「清」和「逼」，在這裡都是指十分眞實、自然、生動之意。只有把實的景象寫得十分眞實、自然、生動，才能使讀者產生許多聯想，從而使幻想的景象呈現出來。故而王國維在《人間詞話》中說：

境非獨謂景物也。喜怒哀樂亦人心中之一境界。故能寫真景物、真感情者，謂之有境界。否則謂之無境界。

王國維和笪重光一樣，也是強調一個「眞」字。不過，王國維和笪重光所說的「眞」，不是一般的「眞」，而是經過藝術家深思熟慮地研究、分析而提煉出來的最高度的「眞」。創作實踐表明，只是一般的普通的「眞」，是並不能構成藝術意境的，事實上不能說凡是寫了一般的普通的眞景物、眞感情，就有藝術意境。比如我們前所舉張籍的詩，其景物、感情不能說不眞，但卻沒有什麼意境。王國維所說的「眞」，乃是在「深知」基礎上的「眞」，實質上，也就是經過藝術家概括集中典型化了的「眞」。這一點，王國維在《人間詞話》中曾經說過：

大家之作，其言情也必沁人心脾，其寫景也必豁人耳目。其辭脱口而出，無矯揉妝束之態。以其所見者真，所知者深也。詩詞皆然。持此以衡古今之作者，可無大誤矣。

這種「眞景物、眞感情」，是以作者「所知者深」爲其前提的。知深然後方能懂得什麼最眞，因而這種「眞景物、眞感情」就有典型意義，由於這種典型意義，就能使讀者產生豐富的聯想，形成幻境和實境結合的藝術意境。因此，作品中所描寫的雖然是具體的、個別的藝術形象，只不過是局部的、有限的現實景象，但是它卻能引導人進入到一個更加廣闊無限的藝術境界中去。例如王維的《送元二使安西》：

渭城朝雨浥輕塵，客舍青青柳色新。勸君更盡一杯酒，西出陽關無故人。

詩人在這裡只是寫了勸飲一杯送別酒，然而它卻體現了主人對朋友遠使邊塞的無限關懷和深切感慨，它很自然的把讀者帶入了對邊塞黃沙漠漠、愁雲慘澹、荒無人迹、舉目無親的想像境界中去了。遠離家鄉，置身塞外，艱苦征戰，存亡未卜的感傷之情油然而生。這就是由一杯送別酒的具體的實的景象描寫而引出的想像中的境界。這樣勸飲一杯送別酒的景象和這一幅虛的景象緊密結合在一起，就使這首渭城曲的意境顯得特別的深遠。顯然，並不是隨便寫一個實的景象都能起到這樣的藝術效果，具有這樣耐人尋味的藝術意境的。藝術家只有抓住了現實生活景象中某個具有深刻典型意義的片斷，並對它作出了眞實而生動的描寫之後，才能借助於它的象徵、暗示作用而產生幻想中的景象，並構成藝術意境，把藝術家心靈最深處的情狀透徹地表達出來。

第三，是「化景物爲情思」，用景物來象徵情思。這裡所說的「景物」是廣義的，不是僅僅指山水花鳥宮室等具體物象，也包括了其他種種現實生活景象。藝術家在描寫現實生活景象時，不是純客觀地簡單復制，而是包括了自己對這種現實生活景象的認識和感情在內的。客觀現實生活景象，經過藝術家的筆一寫，就有了一種新的生命，具備了一副不同於它的自然形態的新穎獨特的面貌，構成了另外一種奇妙的境界，這就是我們所說的意境。在藝術作品中，只有當具體的景物不僅僅是它自己，而且成爲藝術家情思的一種象徵時，才能夠形成生動的藝術意境。況周頤在《蕙風詞話》中說：

吾聽風雨，吾覽江山，常覺風雨江山外，有萬不得已者在。此萬不得已者，即詞心也。

況周頤所說的「萬不得已者」，即是藝術家之情思。藝術家在自己的創作中，正是要使「風雨」、「江山」化爲「萬不得已」的情思，讓它們作爲「萬不得已者」的情思的象徵而出現，這樣的作品才有「興趣」、有「滋味」。作品雖然寫的是「風雨」、「江山」，然而讀者卻可以從中體會、領略藝術家那種「萬不得已」的情思，從而引導人產生無窮的遐想，這樣的作品方爲有意境。爲什麼說「紅杏枝頭春意鬧」著一「鬧」字而境界全出，「雲破月來花弄影」著一「弄」字而境界全出呢？就是因爲這個「鬧」字和「弄」字，把景物人化了，使景物化成了人的情思。用了這兩個字，使這兩句詞所表現的不只是客觀自然景象的本身，而主要是體現了詞人對春色、月夜的體會和感受，於是也就有了優美的藝術意境。宋代的米芾在《畫史》中提出繪畫「心匠自得處高也」，正是爲了說明有沒有藝術意境，關鍵是看藝術家能否從客觀現實景物中表現出「心匠自得處」，比如杜甫的《秋興》八首之二：

夔府孤城落日斜，每依北斗望京華。聽猿實下三聲淚，奉使虛隨八月槎。畫省香爐違伏枕，山樓粉堞隱悲笳。請看石上藤蘿月，已映洲前蘆荻花。

此詩末二句寫月光由石上藤蘿，轉移到了洲前蘆荻花上，表面看只是寫景，然而詩人在這裡借以表現由日落（「落日斜」）到月上，又到深夜，月光推移，而憂國憂民的詩人卻仍然在城樓上遙望京華，盼望著有國泰民安之日，能重返長安，爲蒼生效力。寫的是月光移動，然而並非僅僅爲了寫月光，而是借此抒發詩人憂之深情之切。月光成了詩人憂國憂民之心的象徵。清代的惲格在《南田畫跋》中說過了這樣一段話：

春風如笑，夏山如怒，秋山如妝，冬山如睡。四山之意，山不能言，人能言之。秋令人悲，又能令人思，寫秋者必得可悲可思之意，而後能為之。不然，不若聽寒蟬與蟋蟀鳴也。

客觀景物包括著各種各樣不同的含義，但是它自己「不能言」，而「人能言之」。藝術家必須首先有「可悲可思之意」，然後帶著這種「意」去描寫景物，使景物成爲自己「意」之所寄托，於是，這種景物的描寫就有了生命，就能耐人尋味，從而構成生動的藝術意境。如果僅僅爲寫景而寫景，不能「化景物爲情思」，那就很難構成藝術意境。所以，藝術家必須選擇好客觀景象，善於把它化爲自己情思的象徵，然後描寫出來，「因心造境，以手運心」，「於天地之外，別構一種靈奇」。（方士庶《天慵庵筆記》）這樣，讀者接觸到的是具體景物描寫，而他所體會到的則是藝術家「靈想之所獨辟」的境界。要化景物爲情思，決不可矯揉造作、生硬雕琢，必須是「即景會心」，「自然湊泊」，方能情景兩洽，意與境合。司空圖在《與王駕評詩書》中所說的「思與境偕，乃詩家之所尙」，即是從這一個角度來說的。景物只有化爲藝術家情思之象徵以後，才能夠啓發人豐富的聯想，產生使讀者感到含蓄不盡的意境。

第四，是「超絕言象」。意境的重要特徵之一，是可以把那種無法用具體的語言、色彩、聲音等來表達的境界，生動地展示出來，使人們通過藝術意境而具體地領略和體會。南齊謝赫的《古畫品錄》

所錄第一品第一人爲陸探微，謝赫說他的作品之妙即在「窮理盡性，事絕言象」。南朝劉宋時斯著名的畫家宗炳在《畫山水序》中說：「夫理絕於中古之上者，可意求於千載之下；旨微於言象之外者，可心取於書策之內。」繪畫如能創造出豐富的藝術意境來，則就可以表達出「超絕言象」的某種情狀。文學創作也是如此。我國古代藝術受道家和佛家影響很深，不少藝術家常常要通過藝術來表現佛老之道，它主要就依靠藝術的意境。道家和玄學家所提倡的「道」的境界，是無法具體用語言文字來敍說的，莊子就認爲「道」是超乎「言意之表」的。輪扁斫輪之所以有那麼高的技巧，也是因爲他有「道」，而這種「道」是無法言傳的，所以連他自己的兒子也無法傳授，只好「行年七十而老斫輪」。但是，這種「道」的境界，卻可以通過藝術意境而體現出來。比如嵇康的《贈秀才入軍》其二中所描寫的「目送歸鴻，手揮五弦。俯仰自得，遊心太玄。」就有這種特點。它通過「目送歸鴻，手揮五弦」這樣一個藝術意境，體現了作者對於「道」的領悟，而這種對「道」的具體內容的領悟，是很難用具體語言文字表達出來的。王士慎在《古夫於亭雜錄》中對這一段作過如下的比較分析，他說：

宋景文（宋祁）云：左太冲「振衣千仞崗，濯足萬里流」，不減嵇叔夜「手揮五弦，目送飛鴻。」愚案：左語豪矣，然他人可到。嵇語妙在象外。六朝人詩如「池塘生春草」，「清暉能娛人」，及謝朓何遜佳句多此類。讀者當以神會，庶幾遇之。顧長康云：「手揮五弦易，目送歸鴻難。」兼可悟畫理。

左思的詩也寫得很好，但是和嵇康的詩相比，左思詩的內容是可以通過語言具體敍述清楚的，而嵇康詩的內容，則是無法用語言具體敍述出來的，只能由讀者到詩的意境中去「神會」。謝靈運的詩也是如此。「清暉能娛人」，便是著重在表現詩人對玄學家那種「慮澹物自輕，意愜理無違」的精神境界，它的具體內容也是難以用語言來表述的。故而王士愼說這些詩句之妙是在「象外」。佛教的「至理」也是不能用語言文字來具體闡述的，尤其是禪宗強調「不立文字，教外別傳」，所以，也講究借助於藝術意境來體現禪理。比如著名的「拈花微笑」故事，就是通過世尊拈花、迦葉微笑來說明佛理要靠領悟，是無法言說的。當釋迦牟尼在靈山上講佛法時，聽衆有上千人，但他不發一言，只是拈花示衆。大家都不知是什麼意思，獨有摩訶迦葉見了之後就微笑了，釋迦牟尼認爲他是眞正領悟佛法了，就傳位給了他。這種借具體形象來象徵和暗示一種難以具體言說的境界的方法深刻地影響了藝術創作。比如王維的詩歌就常常通過塑造一個藝術意境來體現禪理。像他的名句：「行到水窮處，坐看雲起時」，就象徵著佛教徒那種超然物外，心無掛礙的心境。而他的《輞川集》中的許多詩歌所描寫的自然景色，往往在寂靜的意境中，體現著禪家空無寂滅的禪理。由於佛老思想及其藝術觀的影響，我國古代詩歌中這種借藝術意境來描寫玄理、禪趣的創作日益發展，這對藝術意境的形成又產生了深刻的影響。通過創造藝術意境來表現藝術家那種難以言喻的複雜心靈境界，成爲藝術意境的一個十分重要的特徵。特別是因爲藝術的各種物質手段（如語言文字、色彩線條、聲音節奏等）都在反映現實生活、表達人們思想感情上，有一定的局限性，因此，利用具體藝術形象的比喻、象徵、暗示作用造成虛實結合的藝術意境，以突破藝術的各種物質手段的局限性，擴大藝術表現的範圍，就可以使藝術作品更有力地反映豐富多彩的現實生活，並使之具有更大藝術魅力。

第三章　論創作方法

文學的創作方法是作家藝術地認識現實和反映現實的基本原則，它是客觀地存在於文學創作的實踐之中的。一個作家不管他是自覺還是不自覺，總是遵循一定的原則來創作的。世界各國的文學儘管千姿百態，絢麗多彩，然而從創作方法的角度來看，總還是有那麼幾種基本類型。高爾基說：「在文學上，主要的『潮流』或流派共有兩個：這就是浪漫主義和現實主義。」（《談談我怎樣學習寫作》）這是一個具有普遍意義的概括。文學理論批評總是反映創作實際的，是對創作經驗的總結，因此，關於浪漫主義和現實主義的創作方法特點，也必然會在文學理論批評的發展中有所表現。我國古代文學理論批評的發展歷史上，雖然沒有用過浪漫主義和現實主義的概念，但是卻有很多關於浪漫主義和現實主義創作方法特點的論述，這是我們絕對不可忽視和棄置不問的。我們承認浪漫主義和現實主義是我國古代文藝發展中的兩個基本潮流，並不否認它們有和我國具體歷史條件、文學特點相適應的民族特色，相反地，我們正是要研究清楚我國古代浪漫主義和現實主義的這種民族特色。爲此，我們必須認眞地總結我國古代的現實主義和浪漫主義文學理論遺產。

我國古代的浪漫主義和現實主義文學藝術主要發達在封建社會，這和歐洲的浪漫主義和現實主義文學主要發達於資本主義社會有很大的不同。由於社會背景的差異，我國古代的現實主義和浪漫主義與歐洲相比，在思想基礎和表現特點上都有明顯的不同。我國古代的現實主義文藝和現實主義文藝思想，主要是受儒家思想的影響和史學寫作原則的影響而發展起來的，而浪漫主義文學則往往較多地和道、佛思想有著密切的聯繫。而在浪漫主義的發展過程中，又有兩大類型，一是主要由《楚辭》這條線上發展下來的，另一類主要是由《莊子》這條線上發展下來的。以古典詩歌爲例，如果說杜甫和白居易是現實主義詩歌創作代表的話，那麼，李白和李賀等則主要是受《楚辭》影響的浪漫主義詩歌創作代表，而陶淵明和王維等則主要是受《莊子》以及佛教禪宗文藝思想影響的浪漫主義詩歌創作代表。我國古代的現實主義文學理論是以儒家思想作爲指導思想的，對於神話、傳說以及後來受佛老思想影響的超現實的幻想、誇張，採取一種排斥態度，它是強調要「入世」，要積極地干預現實的。而以《楚辭》爲代表的這一種浪漫主義文藝，往往兼有儒家和佛老思想的影響，它也是主張「入世」，干預現實的，但由於在現實生活中不能達到目的，因此只好把它寄託於浪漫主義的幻想之中，故亦常以超現實的幻想和浪漫主義的誇張，來抒發憤恨和歌頌理想。可是，以《莊子》爲代表的這一條線上的文藝創作，由於受《莊子》的「得意忘言」、「言爲意筌」的文藝思想和佛教崇尚「象外之趣」的文藝思想的影響，在對待現實的態度上抱「出世」主張，對儒家思想採取排斥的態度，常常注重於運用象徵方法，來表現超現實的理想，所以，和以《楚辭》爲代表的浪漫主義文學藝術，是有很大不同的。從藝術上說，《楚辭》這條線上的浪漫主義是以比喻、誇張手法爲其主要特點的，而《莊子》這條線上的浪漫主義則以「寄言出意」的象徵手法爲主。

我們把我國古代文學藝術和文藝理論分爲這樣三種既有聯繫又有區別的不同類型，主要是考慮到我國文藝發展歷史的實際，確是客觀地存在著這樣三股不同的文藝思潮和創作傾向，它在詩歌發展中特別鮮明，而在小說、戲劇和其他類型藝術中也是存在著的。這是我國古代文藝發展中的特點。現實主義和浪漫主義是人類文藝發展史上的兩個主要流派，但是它在各個不同的國家和民族中，具體表現是不同的。必須從我國古代文藝發展的實際出發，來研究我國古代現實主義和浪漫主義的特徵。黑格爾在《美學》第二卷中，曾經把藝術的種類分爲象徵型、古典型、浪漫型三種，他所說的古典型藝術實際上也就是現實主義的藝術。黑格爾是以藝術形象的精神內容和物質形式的不同結合方式來劃分這三種不同類型的藝術的。黑格爾指出，象徵型和浪漫型藝術有共同的地方，即都是以藝術形象的精神內容和物質形式不諧調爲其特徵的。然而，其不諧調的狀況又並不相同。象徵型藝術中，形象的具體物質形式並不直接體現精神內容，而是對精神內容起一種象徵作用，如埃及之金字塔。它只是利用物質形式上的某一方面特點來象徵一定精神內容，故朱光潛先生把它概括爲「物質溢出精神」。浪漫型的藝術不像象徵型藝術那樣除了象徵一定精神內容外，物質形式本身還有很多自己的內容和特點，浪漫型藝術是用物質形式來比喻精神內容，精神內容遠遠超出物質形式本身的意義，比它要廣闊和豐富得多。所以，朱光潛先生概括爲「精神溢出物質」。其實，從反映理想這個角度上說，象徵型藝術也可以說是浪漫主義的。黑格爾所說的古典型藝術亦即現實主義藝術，則是以精神內容和物質形式的和諧統一爲其特徵的。因此它和象徵型、浪漫型藝術有根本的不同。當然，黑格爾在論述這三種藝術類型過程中，也表現出了許多形而上學的錯誤，比如他認爲人類藝術的發展是按照象徵型——古典型——浪漫型的方向發展的，這是他的從理念到物質再到理念的理論體系影響的結果。這些，朱光潛先生的《西方美學史》一書中已作了分析批判。但是，藝術可以物質形式和精神內容的結合方式而分爲三種類型，這是黑格爾總結人類文藝發展實際而提出來的，對於我們認識我國古代文藝發展的特點，也是有參考價值的。它和我國古代文藝發展的實際有類似之處。

現實主義和浪漫主義並不是絕對地彼此不相關的，而是相互之間可以交叉溝通的。對於一個作家來說，可以是幾種方法都有所運用，也可以主要運用一種方法。對於一種具體作品來說，一般以一種方法爲主，但也並不排斥對其他方法某種程度上的並用。因爲一個作家並不是先想好了創作方法才創作的，而是按照自己的思想和認識以及藝術經驗，怎樣最有效，就怎樣寫的。但是總結不同的創作方法的特點，總結這些創作方法的歷史經驗，仍是很必要的。

一　實錄寫眞

我國古代存在著優秀的現實主義文學藝術，這是大家所公認的。這種文藝創作實踐反映到理論批評中，就有強調按現實的本來面目眞實地反映現實的現實主義文學理論。我國古代的現實主義文學與現實主義文學理論，和歐洲的現實主義文學和文學理論是不同的，因此，不能用西歐的現實主義理論來硬套。當然，現實主義文藝理論是有它的普遍的共同原則的，但僅僅局限於這一點是遠遠不夠的，問題是要找出中國古代現實主義文藝理論的特點來。

我國古代現實主義文藝理論的中心是強調實錄寫眞，即眞實地按照現實生活的本來面目來進行創作。早在《易經》中所體現的模擬客觀物象的思想，就已經有了現實主義文藝思想的萌芽因素。《易經》後來成爲儒家的哲學經典。以孔子爲代表的儒家思想的發展，對現實主義文藝思想的萌芽與產生，有著極其重要的作用。孔子主張對現實採取積極入世的態度，強調要敢於面對社會和人生，具體地去干預它和改造它，而不像老莊那樣採取消極態度。孔子十分重視文藝作品對社會現實生活的具體而眞實的描寫，認爲像《詩經》中許多現實主義作品那樣如實地反映了現實本來面目，就「可以觀」，能夠從中了解「風俗之盛衰」（鄭玄），「考見得失」（朱熹），由於孔子看到了《詩經》中許多現實主義作品反映現實生活的具體性和眞實性，因此，他強調可以用文藝來作爲進行思想品德修養和參予政治外交活動的必要手段。他說：「不學詩，無以言。」並告誡他的兒子伯魚說：「人而不爲《周南》、《召南》，其猶正墻面而立也歟？」又說：「誦詩三百，授之以政，不達；使於四方，不能專對；雖多，亦奚以爲？」孔子這種對文藝的現實的功利的觀點，也必然要求文藝必須眞實地反映現實的本來面目，同時對浪漫主義文藝採取排斥和否定態度。孔子是不講怪、力、亂、神的，也根本不相信神話、傳說。他對許多神話、傳說作了完全現實化的解釋。比如《韓非子·外儲說左下》中曾經記載了這樣一個故事：

> 魯哀公問于孔子曰：「吾聞夔一足，信乎？」曰：「夔，人也。何故一足？彼其無他異，而獨通于聲。堯曰：『夔有一，足。』非一足也。」

原來是神話中一隻脚的夔，經過孔子的解釋，變成了非常現實的堯的樂官，不再是一隻脚的怪物了。據《大戴禮記·五帝德》及《太平御覽》卷七九引《尸子》，孔子對黃帝這個神話人物的傳說，也作過類似的解釋。當子貢問他說：傳說黃帝有四張臉，是這樣的嗎？孔子回答他說：「黃帝取合己者四人，使治四方，不計而耦，不約而成，此之謂四面。」有四張臉的黃帝，經孔子一解釋，成了黃帝派四個人去治四方了。這種故事的可靠性如何，是值得懷疑的，但是它所表現的思想傾向，是和孔子的思想一致的。注重現實，鄙棄幻想，這是孔子文藝思想的基本特徵，它對我國古代現實主義文藝思想的萌芽與產生，是有極爲重要的作用的。

但是，孔子並沒有從正面論述到文藝創作的現實主義問題，更沒有對它從理論上加以總結。一直到漢代班固提出「實錄」問題，才開始對現實主義創作原則從理論上作了概括。我國古代文藝理論批評家經常用「實錄」來評價優秀的現實主義文學藝術，「實錄」可以說是我國古代現實主義文學理論的核心。當然，並不是所有提倡現實主義的文藝家都用「實錄」這一概念，但是，作爲一個文藝思潮來看，提倡「實錄」，可以反映出我國古代現實主義文藝思潮的主要內容。「實錄」，這是我國古代史學著作寫作的原則，它是東漢的班固總結司馬遷《史記》寫作特點時提出來的。班固在《漢書・司馬遷傳贊》中說：

> 劉向、揚雄博極群書，皆稱遷有良史之才，服其善序事理，辨而不華，質而不俚，其文直，其事核，不虛美，不隱惡，故謂之實錄。

班固是從寫歷史著作的角度來講「實錄」的，然而。《史記》雖是一部偉大的歷史著作，由於當時文史界限不清，司馬遷在寫作某些本紀、世家、列傳時，也運用了不少神話傳說材料，還在記敘人物事迹時，採取了一些文學的寫作方法，所以有不少人物傳記富有文學色彩，我國古代很多人把文學和歷史相混淆，所以也把《史記》當作文學作品來看，並且學習《史記》的「實錄」方法來進行文學創作。因此，「實錄」的原則也被運用到了文學創作中，成爲文學的一種創作原則。歷史著作的寫作和文學創作是有原則區別的，因而，文學上的「實錄」應該怎樣去正確地理解，就是一個很大的問題，它對現實主義文學的發展有很大的影響。

我國古代文學和歷史關係特別密切。我國古代許多文藝家都以寫歷史的要求來要求文學創作，並且把最優秀的現實主義文學稱爲歷史。比如在詩歌中稱杜甫的作品爲「詩史」，這是對杜甫現實主義創作的崇高評價。我國古代還把小說稱爲「稗官野史」，認爲它可以「補正史之不足」，同時還創作了大批歷史演義小說。對於把文學看作歷史這樣一個長期以來影響深刻的文藝思潮，我們不能像有些先生那樣採取一種簡單化的態度加以否定，認爲它只是強調事實眞實，排斥虛構，因此對文學發展起了不好的作用。這種評價顯然是片面的、不公正的。以寫歷史的要求來要求文學創作，把優秀的文學作品看作是歷史教科書，這種文藝思潮有積極的一面，這就是要求文學創作必須按照現實生活的本來面貌，眞實地反映現實，揭示現實的本質方面，並把它作爲衡量文學作品優劣的基本原則。這種思想包含著現實主義文學創作的主要精神，對現實主義文學創作的發展，是起了重大的積極作用的。歐洲的一些偉大的現實主義作家也都作過這樣的論述。巴爾扎克說：「法國社會將要作歷史家，我只能當它的書記。」（《人間喜劇前言》）托爾斯泰說他創作的意圖「就是要表現歷史」。（《致阿·阿費特》，引自《文藝理論譯叢》一九五七年第三期）當然，我國古代文藝家把文學比作歷史遠沒有巴爾扎克、托爾斯泰認識得那樣深刻，而且有些人還有忽視歷史和文學差別，甚至否定虛構的作用等缺點，但是，決不能因此而把這種普遍的文藝思潮一筆抹殺。而且，更應當看到，我國古代不少文藝家在把文學比作歷史、主張「實錄」的同時，又肯定藝術虛構，已經對「實錄」作了符合文學創作本身規律的理解，而不是簡單地只是把歷史著作寫作上的「實錄」不加分析地運用於文學創作。因此，我們必須對文學上的「實錄」原則作具體的分析。

現實主義在不同國家、不同歷史時期有很不同的思想基礎。古希臘羅馬的現實主義是以奴隸主民主精神爲其思想基礎的；文藝復興時期以莎士比亞爲代表的現實主義是以人文主義思想爲基礎的；十九世紀法國以巴爾扎克爲代表的批判現實主義是以人道主義思想爲基礎的；俄國十九世紀的現實主義是以農民民主主義思想爲基礎的。而我國長期封建社會的現實主義文學思想則是以儒家的民本思想爲基礎的。「實錄」的原則就是建立在民本思想上的。「實錄」原則的一個基本出發點是要嚴格地做到「不虛美，不隱惡」，而要做到這一點在封建社會裏是很不容易的。所謂「不虛美，不隱惡」，實質上其矛頭就是針對封建統治階級的。「不虛美」，即是不要對統治階級阿諛奉承、歌功頌德，反對用文學作品去對統治階級進行吹捧、美化。「不隱惡」，即是要敢於暴露封建統治階級的罪惡，不爲尊者諱，不爲賢者諱，要敢於去眞實地揭發社會政治上的黑暗、腐朽，如實地把它們呈現在自己的作品中，讓廣大人民群衆都能了解。當然，「不虛美，不隱惡」的原則也適用於對人民群衆的描寫，但是，它所體現的進步的民主精神主要是在對封建統治階級的態度上。這種「不虛美，不隱惡」的原則是我國古代現實主義文學創作和現實主義文藝思想的十分重要的指導思想。這種「不虛美，不隱惡」的精神，是司馬遷對傳統儒家民本思想的積極方面的一個重大發展。儒家的民本思想起源於孔子「仁者愛人」的「仁」的觀點。孔子重視人的地位和作用，主張「節用而愛人，使民以時」，反對「苛政猛於虎」的弊政，反對對百姓的過份剝削，認爲只有使百姓能生活下去，政治方能鞏固，統治才能長治久安。因此，孔子肯定下層人民可以批評政治的弊端，對上層統治階級進行諷諫，在文藝上提出「可以怨」。後來，孟子進一步發展了孔子「仁」的觀點，提出了系統的「民爲貴，社稷次之，君爲輕」的仁政主張和民本思想。民本思想本身有兩面性，它一方面強調「民貴君輕」，要求統治階級注意人民疾苦，不能過份壓迫、剝削人民群衆；另一方面，它的出發點還是爲了鞏固封建統治秩序，所以不允許徹底否定封建統治，不允許推翻封建政權，還是要維護它的尊嚴。後來許多進步的思想家和文學家則主要是強調和發揮民本思想的積極方面，主張要有清明的政治，讓人民能安居樂業。爲此，要求文藝應該如實地揭露和批判現實的黑暗，政治的腐敗，要如實地反映人民群衆的疾苦，不能粉飾現實，美化醜惡的統治階級。司馬遷在《史記》寫作中所貫穿的「不虛美，不隱惡」的「實錄」精神，和他在《史記·屈原傳》中強調《離騷》「蓋自怨生」一樣，正是儒家民本思想積極方面的進一步發揮。班固肯定司馬遷這種「實錄」精神，也是從民本思想出發的。所以，他在評論漢代樂府民歌時說，它乃是「感於哀樂，緣事而發」的產物，認爲可以起到「觀風俗，知厚薄」的作用。（《漢書藝文志·詩賦略論》）說明樂府民歌乃是對現實生活的眞實描寫和記錄。實質上，這也就是講的文學創作的「實錄」精神。「實錄」的意義就是要「寫眞」，要對現實生活作符合其本來面目的眞實描寫。

「實錄」，寫眞的原則和民本思想積極方面的聯繫，我們可以從杜甫的創作思想和白居易的詩歌理論中看得非常清楚。杜甫和白居易是我國封建社會前期現實主義文學和現實主義文學理論的主要代表人物。民本思想的積極方面對現實主義文學理論的影響和作用，在他們的創作和理論中得到了最集中最突出的反映。因此，我們要研究分析我國古代現實主義文學理論的思想基礎，就必須具體地闡述杜甫和白居易的創作實踐和理論批評。杜甫的詩歌歷來被認爲是以「實錄」精神寫作的「詩史」。杜甫一生都是堅定地信奉儒家思想的。他說：「法自儒家有，心從弱歲疲。」（《偶題》）從小就辛苦地學習和研究儒家有關文學創作的原則和精神。他的政治理想是「致君堯舜上，再使風俗淳」。（《

奉韋左丞丈二十二韻》）希望有像堯舜那樣的開明政治，使人民能夠過「稻米流脂粟米白」、「男耕女桑不相失」的平安富裕生活。他始終把解除人民群衆的痛苦和災難放在第一位，「窮年憂黎元，嘆息腸內熱。」（《赴奉先咏懷五百字》）「再光中興主，一洗蒼生憂。」（《鳳凰臺》）一直到他臨死之前，還擔憂「戰血流依舊，軍聲動至今」，爲百姓的苦難深深地嘆息。「文章千古事，得失寸心知。」（《偶題》）杜甫的詩歌就正是安史之亂前後動亂的唐代歷史的實錄。杜甫是「忠君」的，這一點不應該爲他諱避，他對唐玄宗也有過幻想：「生逢堯舜君，不忍便永訣。」「葵藿向太陽，物性固難奪。」但是，當他看到唐玄宗荒淫誤國，使社會矛盾加劇，危機四伏的時候，他並沒有掩蓋它，而是眞實地描寫了它，並且對它作了尖銳的揭發和批判。「惜哉瑤池飲，日晏崑崙丘。」（《同諸公登慈恩寺塔》）直截了當地暴露了唐玄宗的昏庸和腐朽。他又說：「彤庭所分帛，本自寒女出。鞭撻其夫家，聚斂貢城闕。」正是統治階級的橫征暴斂，對人民的殘酷剝削，造成了「朱門酒肉臭，路有凍死骨」的悲慘現實。杜甫總是把國家興亡放在君之上，而他之所以如此關心國家興亡，又正是爲了使人民能夠安居樂業。唐肅宗即位之後，杜甫原先對他曾抱有很大希望：「君誠中興主，經緯固密勿。」「不聞夏殷衰，中自誅褒妲。周漢獲再興，宣光果明哲。」但是，杜甫不是爲了對他表示愚忠，而是期望他能夠改變「乾坤含蒼痍，憂虞何時畢」的局面。然而當杜甫希望破滅，他看到唐肅宗並不是一個能夠繼承唐太宗事業的英明君主時，就不再對他有什麼讚美了，而是帶著更加深沉的憂國憂民之情，把他的筆鋒轉向了人民，進一步尖銳而深刻地揭露了統治階級的腐敗，具體而眞實地描寫了人民群衆的悲慘遭遇，寫出了著名「三吏」、「三別」等光輝詩篇。這就是杜甫對孟子所說的「民爲貴，社稷次之，君爲輕」思想的具體發揮。他的詩歌創作中「不虛美，不隱惡」的「實錄」精神，正是這種民本思想的體現。杜甫是一個詩人而不是理論家，他的創作中所體現的這種現實主義特徵，白居易在自己的詩歌理論中作了比較深刻的總結。

白居易以「實錄」爲中心的現實主義文學思想，是直接從儒家民本思想的基礎上引發出來的。他在《策林》裏說：三皇五帝之所以賢明，是因爲「以天下心爲心」，「以百姓欲爲欲」；後來的帝王之所以不及三皇五帝，即是因爲「以己心爲心，抑天下以奉一人之心也。以己欲爲欲，咈百姓以從一人之欲也。」從清明政治必須以民爲本出發，白居易十分自覺地要求通過文學來爲民請命。他說《秦中吟》的創作是：「是時兵革後，生民正憔悴；但傷民病痛，不識時忌諱；遂作《秦中吟》，一吟悲一事。」又說《新樂府》的創作是：「不能發聲哭，轉作樂府詩」，「唯歌生民病，願得天子知。」所以他堅決反對掩蓋現實矛盾，歪曲現實眞實的「虛美」之作。他說：「洎作之間，久而生弊。書事者罕聞直筆，褒美者多其虛辭。」（《策林》）於是，「郊廟登歌讚君美，樂府艷辭悅君意；若求興諭規刺言，萬句千章無一字。」（《采詩官》）其結果就是「貪官害民無所忌，奸臣蔽君無所畏」。白居易提出要「直書其事」，以「救濟人病，裨補時闕」，主張通過文藝作品來反映人民病痛，揭露時政的黑暗。這樣，白居易就極大地發展了儒家民本思想的積極方面，提出了在封建社會上升時期最進步的文藝綱領，把現實主義文藝思想發展到一個新的高峰。白居易在一定程度上突破了民本思想消極方面給文藝發展造成的障礙，針對《毛詩大序》強調文學創作不能越出封建禮義規範和對統治階級的批評必須委婉曲折、溫柔敦厚的要求，大膽地打破了「發乎情，止乎禮義」，以及「主文而譎諫」的框框束縛，提出了「意激」和「言切」的原則，認爲對黑暗現實揭發批判必須尖銳而激烈，不受封建倫理道德局限，爲此要「不懼權豪怒，亦任親朋譏」，以便使「下人之病苦聞於上」，「欲聞之者深誡也」。白居易把「實錄」的原則與「救濟人病，裨補時闕」的進步文藝綱領結合了起來。

從杜甫和白居易的創作實踐和理論批評中，我們可以清楚地認識到現實主義文藝思想的政治思想基礎正是儒家民本思想的積極方面。但是，杜甫和白居易所生活的時代，還是封建社會的前期。自從宋元以後，封建社會開始走下坡路了。隨著封建社會的衰落，作爲以「實錄」爲中心的現實主義文學思想基礎的民本思想也有了新的發展。民本思想的積極方面和程朱理學「存天理，滅人欲」的反動綱領之間發生了尖銳的矛盾。這時，打碎封建禮教的枷鎖，衝破理學的牢籠，深刻地揭露現實的矛盾，批判封建統治的黑暗腐朽，表現人民的眞誠願望和要求，眞實地描寫他們的生活和思想感情，就成爲進步的民本思想的主要內容。元人雜劇中一些著名的現實主義作品，都表現了對封建禮教的大膽叛逆精神，這在《竇娥寃》、《西廂記》等作品中都有鮮明的表現。竇娥不僅喊出了「官吏每無心正法，使百姓有口難言」的正義呼聲，而且對天地也作了公開指責：「地也，你不分好歹何爲地；天也，你錯勘賢愚枉做天！」批判了封建社會的重要支柱——神權。王實甫則對被封建正統認爲是大逆不道、淫賤不肖的鶯鶯和紅娘給予了熱烈讚揚與歌頌！而元明之交的《水滸傳》則更進一步歌頌了敢於武裝反抗封建統治的農民起義英雄。這種變化，在明代李卓吾的文藝思想中得到了重要的概括和總結。李贄（卓吾）文藝思想的核心是提倡寫「眞」，而反對虛假。所謂「眞」，即是指要表現人們內心深處眞實的思想感情，反映現實生活的眞實；所謂「假」，即是指宋明理學那一套僞善的封建說教。李贄的這個思想集中反映在他的《童心說》一文中，他嚴厲地斥責了宣揚「天理」的假人假言假事假文章，大力讚揚了反映「人欲」的眞人眞言眞事眞文章，認爲《水滸》、《西廂》等之所以是「天下之至文」，即因爲它們「眞」而不「假」。關心老百姓的「日用」，反對道學家的「天理」，是李贄民本思想的重要特點。有人把李贄爲首以反理學爲中心的文藝思潮說成是浪漫主義思潮，是對以前後七子爲代表的古典主義的反動。其實，這並不完全符合實際，多少有點拿歐洲的浪漫主義反對古典主義來硬套，其根據是十分不足的。我國明代中葉以後這個反理學爲中心的文藝思潮是既包括了現實主義，也包括了浪漫主義的。而就李贄本人來說，主要還是傾向現實主義的。他所認爲的抒寫「眞情」，表現了「童心」的代表作即是《水滸》與《西廂》，而這正是我國古代現實主義小說、戲劇的最重要的代表作。特別是我們應該看到，李贄所說的「童心」、「眞心」，是爲了反對理學家虛假的「聞見道理」，亦即「天理」，其目的是要求以「百姓日用」爲重，文學能表現「百姓日用」，即是「眞言」、「眞事」、「眞文章」。也就是說，「童心」、「眞心」的具體體現，就在於眞實地反映百姓的生活實際和思想願望。他說：「穿衣吃飯，即是人倫物理；除卻穿衣吃飯，無倫物矣。」（《焚書．答鄧石陽》）他說要使「童心」能失而復得，主要是在於「好察」「百姓日用之邇言」。（《焚書．答鄧明府》）故而，李贄在《焚書・答耿司寇》一文中說：道學家耿定向的言行「反不如市井小夫，身履是事，口便說是事，作生意者但說生意，力田作者但說力田。鑿鑿有味，眞有德之言，令人聽之忘厭倦矣。」反對道學「天理」之虛假，而提倡百姓日用之眞實，這是李贄現實主義文藝思想的主要內容。

以李贄爲首，以焦竑、公安三袁、馮夢龍、湯顯祖等爲骨幹的，提倡表現「眞情」的文藝思想流派，顯然是受到當時資本主義思想萌芽因素的影響的。但是，由於中國資本主義發展的緩慢，又極爲軟弱，且和封建勢力有十分密切的聯繫，在當時還不足以形成特殊的思想體系，而主要是對傳統的民本思想給以新的發展和推進。這一點比較集中地表現在他們對君、對民的態度上，從對「民」的方面來說，他們不僅是同情人民、反映人民疾苦，而且進一步肯定了人民反抗鬥爭的合理性，認識到了「官逼民反」的眞理。李贄是不讚成用武力來推翻封建統治的。但是，他對人民的反抗鬥爭給予了道義上的同情和支持。對於當時在福建沿海武裝反抗官府的漁民領袖林道乾，李贄認爲他本人是英雄豪傑，只是被官家逼迫，不得不爲盜耳。他說：「唯舉世顚倒，故使豪傑抱不平之恨，英雄懷罔惜之戚，直驅之使爲盜也。」（《因記往事》）在《忠義水滸傳序》中也充份表現了這種思想。這些，在傳統的民本思想中顯然是找不到的。在對待「君」的態度上，這時期君權絕對化的思想也有所動搖。比如《封神演義》中所宣傳的「仁政」就已經包含了某些民主主義思想因素。它肯定「臣伐君」，認爲「天下非一人之天下，乃天下人之天下」，君不正，則「天下人皆得而伐之」。它讚揚了殷紂王的大臣黃飛虎一家反商投周的正義行動，並通過姜子牙之口批判了伯夷、叔齊的「扣馬而諫」，指出他們恪守

「君爲臣綱」，是在這「天翻地覆之時，四海鼎沸之際」，違逆「天怒」、「民怨」的「一得之見」。《封神演義》主要是一部浪漫主義小說，但其中反映的這種民本思想的新特點有代表意義，是和現實主義作品中所體現的民本思想新特點相一致的。它和後來黃宗羲在《明夷待訪錄》中對「君爲臣綱」的批判是完全一致的。黃宗羲說：「今也天下之人，怨惡其君，視之如寇仇，名之爲獨夫，固其所也。而小儒規規焉以君臣之義，無所逃於天地之間，至桀紂之暴，猶謂湯武不當誅之，而妄傳伯夷、叔齊無稽之事，使兆人萬姓崩潰之血肉，曾不異夫腐鼠。豈天地之大，于兆人萬姓之中獨私其一人一姓乎？是故武王聖人也。」黃宗羲明確指出，對於殘暴的帝王，臣民百姓是可以推翻他的。由此可見，這一時期民本思想已經有了新的民主主義的色彩了。這是我們在研究以「實錄」爲中心的現實主義文學理論的思想基礎時，必須清楚地看到的。但是在整個封建社會階段，現實主義文學理論的思想基礎始終是儒家民本思想的積極方面。

「實錄」的創作原則從藝術表現方面來說，它的核心是要求按照現實的本來面目去眞實地反映現實。這裡的關鍵是要對歷史和文學加以區別，要認清歷史著作寫作上的「實錄」和文學創作上「實錄」的不同。文學創作上的「實錄」可以吸取歷史著作寫作上「實錄」的精神，即要表現歷史的眞實面貌，但是又必須按照文學創作的特點和規律對它加以改造。我國古代文學理論批評中講的「實錄」，就經過了這樣一個逐漸從歷史著作的寫作那種「實錄」中分化出來，並且按照文學的特點和規律加以改造的過程。我們的任務正是要研究這個發展過程，闡明這個發展過程。

有人認爲文學上講的「實錄」是沒有自己的特點的，凡講「實錄」就是歷史著作寫作的「實錄」，因而不能肯定。那麼，還是讓事實說話吧。偉大的現實主義作家曹雪芹在《紅樓夢》第一回中就明確地宣布他所遵循的創作原則就是「實錄」。他首先批判了那些公式化、概念化的宣揚封建說教而違反現實眞實的創作傾向，認爲這種創作遠不如「按自己的事體情理」所創作的作品「反倒新鮮別緻」，那些「大不近情，自相矛盾」之作，「竟不如我半世親見親聞的這幾個女子，雖不敢說強似前代書中所有之人，但觀其事迹原委，亦可消愁破悶；至於幾首歪詩，亦可以噴飯供酒。其間離合悲歡，興衰際遇，俱是按迹循踪，不敢稍加穿鑿，至失其眞。」他說他的作品「大旨不過談情，亦只實錄其事」。這裡，曹雪芹所講的「實錄」，顯然和史學上的「實錄」是有原則不同的。曹雪芹此處所說的「實錄」，並非簡單地記錄生活中眞人眞事，而是強調了賈府的「興衰際遇」，寶黛的「離合悲歡」，都不是隨意編造，主觀臆想的，而是「按迹循踪」，反映了客觀現實中的規律性和必然性的。《紅樓夢》的創作，顯然不是「實錄生活，成爲信史」，而是曹雪芹「披閱十載，增刪五次」，付出了嘔心瀝血的精神勞動，是經過精心的虛構和典型化的作品。他所說的「實錄」，不失其眞，是指的不違背現實的本質眞實，而不是指全部是眞人眞事。他講的是文學上的「實錄」，文學創作的眞實，而不是歷史著作的「實錄」，歷史事實的眞實。《紅樓夢》不是按眞人眞事來寫的，這一點前人早已指出。甲辰本《紅樓夢》卷首夢覺主人序中就曾說：「今夫《紅樓夢》之書，立意以賈氏爲主，甄姓爲賓，明矣眞少而假多也。假多即幻，幻即是夢。書之奚究其眞假，惟取乎事之近理，詞無妄誕，說夢豈無荒誕，乃幻中有情，情中有幻是也。」至於梁恭辰《東北園筆錄》中則說得更爲肯定，其云：「此書全部中無一人是眞的，惟屬筆之曹雪芹實有其人。」由此，也可說明曹雪芹所說之「實錄」，不過是指它符合於生活之本質眞實而已。

不過，對於文學上的「實錄」的這樣一種認識，並不是一開始把「實錄」運用到文學創作上時，就已經具有了的。唐宋以前對文學上的「實錄」和史學上的「實錄」的區別是缺乏認識的。班固講「實錄」是指《史記》寫作，他講樂府詩產生雖也體現了「實錄」精神，但是他並未把文學和歷史混淆。王充是一位偉大的、進步的思想家，他在強調文章寫作的眞實性，反對讖緯神學的虛妄荒誕過程中，卻沒有注意區別文學和歷史、哲學等科學的不同，把藝術和非藝術的著作混淆了起來，用科學著作的眞實性來要求文學創作的眞實性。所以，他把除了經書以外的一切著作中的誇張和虛構描寫全部給否定了。雖然，王充提倡眞實，反對虛妄，對現實主義文藝思想的發展起了一定的積極的影響。但是，以科學的眞實來要求文學創作的眞實，否定誇張和虛構的錯誤思想認識，也給文學理論上現實主義的發展，帶來了消極的影響，起了不好的作用。王充在講經書中的誇張描寫時，基本上是正確的。他在《藝增》篇中說：「《詩》曰：『維周黎民，靡有孑遺。』是謂周宣王之時遭大旱之災也。詩人傷旱之甚，民被其害，言無有孑遺一人不愁痛者。夫旱甚，則有之矣；言無孑遺一人，增之也。」但是，「增益其文」，是爲了「欲言旱甚也。」可是，他認爲除了《尚書》、《易經》、《詩經》、《論語》、《春秋》之外，其他不管是否文學作品，所有的誇張描寫都是失實，而不能肯定的。這樣，就在實際上把藝術創作中的誇張描寫全部否定了，至於虛構那當然是更不允許的了。王充這種混淆藝術與非藝術，用科學眞實來要求藝術眞實的錯誤思想，對文學創作所起的作用是不好的，對現實主義文學理論的發展也是不利的。在這種思想影響下，就不可能把史學寫作上的「實錄」原則，按照文學創作的特點去認識和運用。比如左思對賦的創作的論述，就很明顯地可以看出王充這種錯誤思想的影響。左思在《三都賦序》中所提倡的「眞實」，就是王充所強調的那種科學的眞實，而非文學藝術的眞實。左思批評漢代辭賦創作中「失實」的情況道：

然相如賦《上林》，而引盧橘夏熟；揚雄賦《甘泉》，而陳玉樹青葱；班固賦《西都》，而嘆以出比目；張衡賦《西京》，而述以游海若。假稱珍怪，以為潤色。若斯之類，匪啻于茲。考之果木，則生非其壤；校之神物，則出非其所。於辭則易為藻飾，於義則虛而無征。

從科學眞實的角度來看，這確是不能允許的。「盧橘夏熟」、「玉樹青葱」，皆非西京之所有；「比目」、「海若」，均海中神物。然而，對於藝術作品來說，則是可以允許的，司馬相如設想上林苑中具備各方珍奇，揚雄、班固、張衡等則描寫西京作爲帝都，各種神物無所不有，這又有什麼奇怪呢？左思這種批評正說明他對藝術的誇張和虛構所持的否定態度。左思以歷史的和科學的眞實來要求藝術的眞實這種思想，在論述他創作《三都賦》的原則時講得更爲清楚。他說：

余既思摹《二京》，而賦《三都》，其山川城邑，則稽之地圖；其鳥獸草木，則驗之方志；風謠歌舞，各附其俗；魁梧長者，莫非其舊。何則？發言為詩者，咏其所志也；升高能賦者，頌其所見也。美物者，貴依其本；贊事者，宜本其實。匪本匪實，覽者奚信？且夫任土作貢，《虞書》所著；辯物居方，《周易》所慎。聊舉其一隅，攝其體統，歸者詁訓焉。

左思強調了文學創作的眞實性，要如實地描寫現實的本來面貌，這對現實主義文學理論的發展有一定的積極作用。但是，左思認爲的「眞實」，是科學的眞實，而非藝術的眞實，他要求文學創作要「稽之地圖」、「驗之方志」，不能有一點誇張想像，不允許虛構，說明他對文學本身的特點和規律是缺乏認識的。這對現實主義文學理論的健康發展又是不利的。因此，我們也必須對他這種「眞實」論作實事求是的分析，正確地估計它的功過。

唐代前期著名的史學家劉知幾是大力提倡「實錄」的。他在《史通》這部著作中，把「實錄」提到了極高的位置。他對史學著作所提出的一系列主張，對文學創作和文學理論批評也有很大的影響。劉知幾反對虛僞的溢美之辭，反對以主觀好惡去篡改歷史，提倡客觀的、不加任何主觀成份的眞正的「實錄」，主張「直書其事」，做到「事皆不謬，言必近眞」。這些對唐代以白居易爲首的詩人所倡導的新樂府運動，一直到後來明清時期的小說創作，都產生了非常深刻的影響。這種影響的主要方面是積極的，它促使文藝家要重視具體地眞實地反映現實的本來面目，具有歷史著作那種具體性、眞實性和深刻性。但是，它也有消極的方面，這就是使文學創作的眞實性也要以歷史、科學的眞實性爲標準，忽視甚至否定藝術虛構的重要性和必要性，使有些作家追求寫眞人眞事，而排斥虛構和想像，助長了以歷史著作寫作的「實錄」來要求文學創作的錯誤傾向。白居易以「實錄」爲中心的現實主義詩歌理論從藝術表現的角度來說，正好比較明顯地反映了劉知幾講「實錄」的這種優點和缺點。白居易主張詩歌創作必須「直書」、「核實」，一定要眞實地具體地、深刻地反映現實的眞實。他說自己創作新樂府詩的原則便是「其事核而實，其言直而切」。他說他創作《秦中吟》的情況道：「貞元、元和之際，予在長安，聞見之間，有足悲者，因直歌其事，命爲《秦中吟》。」（《秦中吟序》）他強調要選擇現實中那些「難於指言者」和「有足悲者」來寫，也就是說，要選擇那些在揭露現實黑暗和反映人民疾苦方面最有代表性、最尖端的人和事來寫，以便起到某種典型示範的作用。這些都表現了現實主義文學理論在當時所已經發展到的高度。但是，白居易的這種「實錄」，又明顯地可以看出還遠沒有擺脫史學著作寫作上的「實錄」那種局限性。他側重在寫親見親聞的眞人眞事，而沒有認識到虛構的重要意義。這種缺點也給他的創作實踐和理論批評帶來了不足之處，產生了片面的和簡單化的傾向。他對歷代詩歌發展的評價，否定過多，甚至認爲李白、杜甫詩歌可以肯定的也沒有幾首。《與元九書》中這種錯誤觀點，除了對政治和藝術關係認識上的絕對化這個原因之外，也和他用「實錄」眞人眞事的標準來要求文學創作有密切關係。這正說明他的現實主義文學理論還不太成熟。

宋代對「實錄」的認識，基本上還是停留在白居易那種認識上。直到元明時期，隨著對文學和歷史區別的認識逐漸加深，以及多種文學體裁，尤其是戲劇、小說創作的繁榮，人們對藝術的虛構及其重要作用，有了進一步認識，此後，才對文學上的「實錄」有了正確的認識。這一點主要反映在明清的文學理論批評中，特別是小說理論批評中。明代的楊愼和清初的王夫之，都明確提出要區分「詩」

和「史」。明代的小說理論批評中，許多人認眞地研究了小說和歷史的關係問題。張尙德在《三國志通俗演義引》中指出，歷史著作「事詳而文古，義微而旨深」，不如小說那樣通俗，能「入耳而通其事，因事而悟其義，因義而興乎感」。歷史和小說各有自己的作用，爲此，不能要求小說像正史那樣，事事翔實有據。熊大木《大宋演義中興英烈傳序》中說：「稗官野史實記正史之未備，若使的以事迹顯然不泯者得錄，則是書竟難以成野史之餘意矣。」他以西施的事迹爲例，說明文學創作完全可以不必拘泥於具體歷史記載。比如杜牧、蘇軾等詩中所寫之西施與《吳越春秋》這樣的史書中記載的就不同。他說：

《吳越春秋》云：「吳亡西子被殺。」則西子之在當時固已死矣。唐宋之問詩云：「一朝還舊都，靚妝尋若耶。鳥驚入松網，魚畏沉荷花。」則西子嘗復還會稽矣。杜牧之詩云：「西子下姑蘇，一舸逐鴟夷。」是西子甘心於隨蠡矣。及東坡題范蠡詩云：「誰遣姑蘇有麋鹿，更憐夫子得西施。」則又以爲蠡竊西子，而隨蠡者或非其本心也。質是而論之，則史書小說有不同者，無足怪矣。

文學作品即便是歷史小說，也不需要事事與史相合。甄偉在《西漢通俗演義序》中說：「若謂字字句句與史盡合，則此書又不必作矣。」文學創作的眞實性是在於作品中所體現的現實本質之眞實，而不是具體事實的眞實。這一點明代中葉以後的許多文藝家都是認識到了的。所以，他們所說的「實錄」是指「實錄」當時現實的某一方面本質眞實，而不是「實錄」具體的人物和事件。比如容與堂本《水滸傳》第五十五回回評中，就說到過這樣一種對「實錄」的理解。其云：

李和尚曰：宋公明凡遇敗將，只是一個以恩結之，所云知雄守雌也。的是黃老派頭。吾嘗謂他假道學、真強盜，這六個字，實錄也。即公明知之，定以為然。

這「假道學，眞強盜」六個字是說的宋江的本質，而說這六個字是「實錄」，那麼，這種「實錄」即是指人物的本質特徵的眞實，而非指其具體的行爲完全符合現實中眞事。我國古代對文學作品的一個很高的評價，是說它可以「進乎史」，這是指它的作用不下於史。這種評述非常之多，它顯然不是讚美文學像歷史一樣記錄了現實中具體的事實，這是文學作品做不到也不應該這樣做的。它主要是在說明文學作品可以像歷史一樣揭示現實的本質，能起到勸善懲惡的教育作用而言的。「進乎史」就要靠「實錄」，以便起到與史相類似的思想教育作用，同時又由於文學的形象性，它比歷史有更大的感染作用。比如閑齋老人的《儒林外史序》中說：

稗官為史之支流，善讀稗官者可進于史；故其為書亦必善善惡惡，俾讀者有所觀感戒懼，而風俗人心庶以維持不壞也。

因此，用「實錄」和「進於史」來要求文學作品，主要是爲了強調現實主義文學要以現實的本來面目，眞實地反映現實的本質，它和藝術虛構並不是矛盾而不能統一的。關鍵是要看評論者對「實錄」和虛構的關係如何理解了。

「實錄」作爲文學創作的現實主義方法，由於突破了作爲史學著作寫作原則的局限，而使之與虛構相統一，在明清之際就進一步認識到在小說、戲劇之中，不是要「實錄」現實生活中的眞人眞事，而是要「實錄」現實生活中的典型性格。這種文學創作上的「實錄」，主要不是寫眞人眞事，而是要創造眞實的典型性格，這才是最高的「實錄」。上面我們所舉容與堂本《水滸傳》評宋江性格特徵那一段話中就可以看出這種思想，而在金聖嘆對《水滸傳》的評論中則有了更進一步的發揮。金聖嘆在《讀第五才子書法》中說：「《水滸傳》方法，都從《史記》出來，卻有許多勝似《史記》處。若《史記》妙處，《水滸》已是件件有。」這實際上說的《水滸》也是運用的「實錄」方法。然而，《水滸傳》之「實錄」是有虛構的，《史記》的「實錄」是不允許虛構的。這就是《水滸》勝於《史記》之處。《史記》是「以文運事」，《水滸》是「因文生事」。《史記》之「事」是眞的，《水滸》之「事」是假的。《史記》要求的是事實眞實，《水滸》要求的是性格眞實。《水滸》「實錄」之妙，即在塑造出了符合現實眞實的人物性格。這正是對「實錄」在文學創作上意義的進一步認識，也可以看到現實主義文學理論發展的高度。

「實錄」作爲文學創作的現實主義方法，它還有一個重要特點，是要求作家通過具體而眞實的描寫，比較客觀地把現實生活展現在讀者面前，而作家的觀點和傾向則是通過這種客觀的描寫流露出來的，並不是由作家在作品中進行直接的說教。作家的觀點和傾向通過對現實的眞實描寫而自然地流露出來，這是我國古代以「實錄」爲中心的現實主義文學的一個重要特點。這是受史學著作寫作中「春秋筆法」影響的結果。孔子修《春秋》，講究「微言大義」，所謂一字褒貶，甚於誅伐，就是指在客觀的敍述中寓主觀褒貶之意。劉勰在《文心雕龍・史傳》篇中說：「夫子閔王道之缺，……因魯史以修《春秋》，舉得失以表黜陟，徵存亡以標勸戒；褒見一字，貴踰軒冕；貶在片言，誅深斧鉞。」後來在文學創作中就稱爲「皮裏陽秋」。在以「實錄」爲原則的文學創作中，一般都通過客觀地描寫現實眞實，來寄寓作家的觀點和傾向。比如葛立方有《韻語陽秋》，他在序中說：

> 書成，號《韻語陽秋》。昔晉人諸裒為皮裏陽秋，言口絶臧否，而心存涇渭，余之為是也，其深愧于斯人哉！

「口絶臧否，而心存涇渭」，這是「春秋筆法」在人物品評中的表現，而運用到文學創作理論上，就是要通過對現實生活的眞實而客觀的描寫，從中流露出作家的思想傾向來。我國古代文學創作理論中很重視這一點。這種特點在一些著名的現實主義作品，尤其是現實主義小說中非常突出。金聖嘆在批評《水滸傳》的過程中，就曾多次指出《水滸傳》的這種「皮裏陽秋」的創作特點。第二十一回在宋清陪宋江出去避難，宋太公送別，「灑淚不住，又吩咐道：『你兩個前程萬里，休得煩惱。』」在此處，金聖嘆批道：「無人處卻寫太公灑淚，有人處便寫宋江大哭。冷眼看破，冷筆寫成，普天下讀書人，愼勿忽《水滸》無皮裏陽秋也。」所謂「冷眼」即指作家要有客觀的態度，所謂「冷筆」，即指作家的客觀描寫。要使讀者從「冷眼」、「冷筆」之中體會到作家的愛憎褒貶。臥閑草堂本《儒林外史》第四回回評中說：

> 張靜齋勸堆牛肉一段，偏偏說出劉先生一則故事，席間賓主三人侃侃而談，毫無愧怍，閱者不

問而知三人為極不通之品。此是作者繪風繪水手段，所謂直書其事，不加斷語，其是非立見也。

「直書其事」即是指「實錄」，亦即眞實的客觀的描寫。「不加斷語」，是說明不由作者自己來對所描寫的內容作是非褒貶的判斷，闡明觀點。「是非立見」，指客觀的眞實描寫本身已經流露出了作者的觀點和傾向。這裡，臥閑草堂本說的是第四回的末尾，寫湯知縣宴請門生范進，南海縣張師陸作陪。席間湯知縣被小廝叫出去說了一件事，接著作者寫道：

（湯知縣）回來又入席坐下，說了失陪，向張靜齋（即張師陸）道：「張世兄，你是做過官的，這件事正該商之於你，就是斷牛肉的話。方才有幾個教親，共備了五十斤牛肉，請出一位老師夫來求我，說是要斷盡了，他們就沒有飯吃，求我略鬆寬些，叫做『瞞上不瞞下』，送五十斤牛肉在這裡與我，卻是受得受不得？」張靜齋道：「老世叔，這話斷斷使不得的了。你我做官的人，只知有皇上，那知有教親？想起洪武年間，劉老先生——」湯知縣道：「那個劉老先生？」靜齋道：「諱基的了。他是洪武三年開科的進士，『天下有道』三句中的第五名。」范進插口道：「想是第三名？」靜齋道：「是第五名。那墨卷是弟讀過的。後來入了翰林。洪武私訪到他家，就如『雪夜訪普』的一般。恰好江南張王送了他一壇小菜，當面打開看，都是些瓜子金。洪武聖上惱了，說道：『他以為天下事都靠著你們書生！』到第二日，把劉老先生貶為青田縣知縣，又用毒藥擺死了。這個如何了得！」知縣見他說的口若懸河，又是本朝確切典故，不由得不信，問道：「這事如何處置？」張靜齋道：「依小侄愚見，世叔就在這事上出個大名。今晚叫他伺候，明日早堂，將這老師夫拿進來，打他幾十板子，取一面大枷枷了，把牛肉堆在枷上，出一張告示在傍，申明他大膽之處。上司訪知，見世叔一絲不苟，升遷就在指日。」知縣點頭道：「十分有理。」當下席終，留二位在書房住了。

第二天湯知縣按張靜齋說的一辦，把老師夫枷在縣前，牛肉堆在枷上堵住頸臉，到第三天就把老師夫枷死了。結果鬧出一場風波，差點把官也丟了。在這段描寫中，張靜齋所舉的劉基之事，全是張冠李戴，一派胡言。劉基乃元末進士，輔助朱元璋而爲開國功臣，怎麼說是明朝洪武進士？他與范進還爭論什麼第三名、第五名，實際根本就沒有這樣的事。至於說洪武（即朱元璋）夜訪，遇張王送瓜子金更是瞎扯。那是趙匡胤雪夜訪趙普，碰到吳越王錢俶派人送海味給趙普，裏面全是瓜子金。趙匡胤對趙普說：「你不妨收下，他不過以爲國事都由你們書生作主罷了。」此事見《宋史・趙普傳》。可是張靜齋卻說成是張士誠給劉基送瓜子金，而且朱元璋大怒，貶劉基爲青田知縣，這根本也是沒有的事。至於劉基之死，乃是奸臣胡惟庸在朱元璋叫他請醫生給劉基看病時，暗下毒藥，並非朱元璋毒死劉基。可是，張靜齋亂編的這些東西，進士范進和湯知縣卻都信以爲眞，認爲是「本朝確切典故」，可見他們三人愚蠢無知、不通之極。然而，作者對此，並無一字斷語，完全是如實描寫，但其是非褒貶卻已異常鮮明地流露了出來。這就是「實錄」的「皮裏陽秋」特點在小說中的典型表現。臥閑草堂本《儒林外史》在評語中說「作者以史漢才作爲稗官」，故其描寫有如「鑄鼎象物」一般，也是說的這種特點。第三回回評說《儒林外史》的描寫「此如鑄鼎象物，魑魅魍魎，毛髮畢現。」當然，「鑄鼎象物」

不一定是現實主義之作，此處是就其通過客觀描寫來流露作者的觀點與傾向而言的。「實錄」所具有的這種「皮裏陽秋」的特點，是現實主義文學理論的一個十分重要的內容，也是和我國古代現實主義文學創作的實際相符合的。

二　奇幻誇誕

我國古代有十分豐富的浪漫主義文學藝術。在總結這些浪漫主義文學藝術的創作特徵和藝術經驗的過程中，我國古代的文藝理論批評家提出了許多重要的有關浪漫主義創作方法的見解。我國古代對浪漫主義創作特徵的概括，用過許多不同的概念，比如奇、幻、誇、誕、虛、怪、異等等。其中也有某些區別，例如詩文中一般用「奇」爲多，而小說、戲劇中則用「幻」較多，幻不常用於詩文。我們這一節以「奇幻誇誕」爲題，是舉其中主要的、常用的幾個概念爲代表，並非說我國古代對浪漫主義特徵的概括只用這幾個概念。

屈原是我國古代第一個偉大的浪漫主義詩人。對於屈原作品的浪漫主義特徵，劉勰在《文心雕龍·時序》篇中曾有一段扼要的概括。其云：

> 屈平聯藻於日月，宋玉交彩於風雲。觀其艷說，則籠罩雅頌，故知煒燁之奇意，出乎縱橫之詭俗也。

所謂「煒燁之奇意」，即是指《楚辭》的浪漫主義藝術構思和形象塑造的特色。在《辨騷》篇中，劉勰說：「自風雅寢聲，莫或抽緒，奇文郁起，其《離騷》哉！」這個「奇」，雖然不全是指浪漫主義之「奇」，而具有高超、傑出之意，但其含意與浪漫主義的「奇意」也是分不開的。我國古代文藝家對浪漫主義的小說、戲劇，則不僅講「奇」，而且同時講「幻」，或著重講「幻」如睡鄉居士《二刻拍案驚奇序》中就說《西遊記》的特點是以幻爲奇。張書紳《新說西遊記》中在指出《西遊記》寫的是「奇地」、「奇人」、「奇事」、「奇想」的同時，還著重說明「其事極幻，其旨又極隱」的特點，這個「幻」即是《西遊》「奇」之所在。袁于令以「幔亭過客」爲名寫的《西遊記題詞》中，亦以「極幻」來概括《西遊記》的浪漫主義特徵。張無咎的《綉像平妖傳敍》中認爲「幻奇」是浪漫主義作品區別於現實主義作品的「眞正」之所在。他說：

小說家以真為正，以幻為奇。然語有之：「畫鬼易，畫人難。」《西遊》幻極矣，所以不逮《水滸》者，人鬼之分也。鬼而不人，第可資齒牙，不可動肝肺。《三國志》人矣，描寫亦工，所不足者，幻耳。然勢不得幻，非才不能幻，其季孟之間乎？嘗辟諸傳奇：《水滸》，《西廂》也；《三國志》，《琵琶記》也；若《西遊》，則《牡丹亭》之類矣。

張無咎在這裡對現實主義和浪漫主義的不同特徵作了對比概括，這是相當深刻的見解。

「奇」和「幻」雖然經常用來概括浪漫主義文學的創作方法特徵，但是，並不是凡講到「奇」和「幻」，即是指浪漫主義，尤其是「奇」，作爲高超、傑出的含義來理解時，也可以用來泛指優秀的作品，從這個角度，則現實主義作品亦可稱「奇」。王充《論衡》中有《超奇》篇，他認爲文人中那種「能精思著文，連結篇章者爲鴻儒」，「鴻儒」即是文人中之「超而又超」、「奇而又奇」者。王充所說的「鴻儒」雖然也包括像屈原那樣的浪漫主義詩人在內，但主要說的不是文學家，而是指有獨到見解、論說精辟的政治家、哲學家，如桓譚等人，因此，他說的「奇」是廣義的、泛指的。他說：「文由胸中而出，心以文爲表，觀見其文，奇偉俶儻，可謂得論也。」「夫射以矢中效巧，論以文墨驗奇，奇巧俱發於心，其實一也。」王充認爲，能夠寫出有眞實內容，發自胸中的好文章，即爲「奇」。劉勰論「奇」，有些地方是和王充所論「奇」的含義一致的，或對王充所論之「奇」作了某些發揮，比如《神思》篇中講的「意翻空而易奇」，是指藝術構思之巧妙、奇特，非專指浪漫主義。《定勢》篇中講的「辭反正爲奇」，則是指語言文辭風格上之「奇」。《風骨》篇所謂「孚甲新意，雕畫奇辭」，也是指瑰瑋的辭藻。當然它也可以包括浪漫主義作品的文辭特徵在內。因此，這種一般意義上的「奇」，和特定的浪漫主義之「奇」，是應該加以區分，而絕不可混爲一談的。浪漫主義之「奇」，往往是和誇、誕、怪、幻等聯繫在一起的。比如劉勰在《文心雕龍・辨騷》中提出的「酌奇而不失其眞」之「奇」，實際上即是指《楚辭》中的「誇誕」內容。「奇」具體地落實到了「誇誕」上。他說的「論其典誥則如彼，語其誇誕則如此」，即是「酌奇而不失其眞」中的「眞」與「奇」兩方面內容。我國古代論李賀詩的浪漫主義特徵，則比較多地強調了他在「奇」中有「怪」的方面。如周紫芝《古今諸家樂府序》中云：「李長吉語奇而入怪。」姚文燮《昌谷集注序》中說李賀之詩「幽深詭譎，較騷爲尤甚」。杜牧《李長吉歌詩敍》中則說他的詩中有「虛荒誕幻」之特色。「幻」雖然有時也用以指藝術的虛構，但在多數情況下，是指浪漫主義創作特徵。即使是著重指藝術虛構，也是指浪漫主義的虛構，基本上不用於對現實主義作品的評論中。比如胡應麟《少室山房筆叢》中說的「幻設」問題，誠如魯迅《中國小說史略》中解釋的，是「意識之創造」，主要是說虛構。但胡應麟指六朝志怪與唐人傳奇，主要也是說的浪漫主義作品虛構之特點。而小說、戲劇中之「幻」，亦常常與怪僻荒誕等聯繫在一起。如湯顯祖《點校虞初志序》中說：

《虞初》一書，羅唐人傳記百十家，中略引梁沈約十數則，以奇僻荒誕，若滅若沒，可喜可愕之事，讀之使人心開神釋，骨飛眉舞。雖雄高不如《史》、《漢》，簡澹不如《世說》，而婉縟流麗，洵小說家之珍珠船也。

湯顯祖這裡的論述，就比胡應麟更進了一步，「奇僻荒誕，若滅若沒」，這是對浪漫主義作品創作特徵的一個概括。被馮鎮巒稱爲「千古奇書」(《讀聊齋雜說》)的《聊齋志異》，是一部以浪漫主義爲主的古代文言短篇小說集。沈烺在《聊齋題辭》中說：

《聊齋志異》若干卷，鬼狐仙怪紛幽明。踸梁載車已誕幻，海樓山市尤支撑。諦觀命意略不苟，直與子史相抗衡！中藏勸懲挽澆薄，外示詼詭欺縱橫。浸淫穠郁出變態，雕鏤藻繢窮奇情。

可見，「誕幻」與「奇情」，乃是《聊齋》的重要特點。

與現實主義相比，我國古代對浪漫主義創作的論述，更加強調作家才能的作用。例如白居易在《

與元九書》中就曾對李白作過這樣的評價：

詩之豪者，世稱李杜。李之作才矣，奇矣，人不逮矣。

又如詩人錢起在《江行無題》一詩中也說：

筆端降太白，才大語終奇。

李商隱在《李長吉小傳》中評李賀之詩云：

噫！又豈世所謂才而奇者，不獨地上少，即天上亦不多耶？

現實主義以實錄寫眞爲中心，有現實生活的原型，是「有法可循」的；浪漫主義則奇幻誇誕，更強調作家的幻想，無法可循。誠如顧璘《息園存稿》中所說：「文至莊，詩至太白，草書至懷素，皆兵法所謂奇也。正有法可循，奇則非神解不能及。」所以，我國古代許多文藝家認爲，作家的才能，在浪漫主義文學創作中的地位是更爲突出的。

一般地說，現實主義的文藝思想與儒家思想的聯繫十分密切，而浪漫主義文藝思想，則往往知道、佛思想有更多的聯繫。儒家注重入世，面對現實，不講「怪、力、亂、神」，因此往往把浪漫主義視爲荒誕不經之作。受儒家文藝思想影響較深的文藝家，對浪漫主義文學常常表現出貶斥，甚至否定的態度。班固就說屈原的作品「多稱昆侖冥婚宓妃虛無之語，皆非法度之政、經義所載」。（《離騷序》）王充在《論衡》中提倡眞實，反對讖緯之學的「虛妄」，這是正確的，但由此而對經書以外的著作中一切誇張都加以否定，顯然也是不利於浪漫主義文藝的發展的。劉勰雖然對屈原的作品給予了較高的評價，但基本上也還是從儒家思想出發，肯定其中合於經典的方面，而對其「誇誕」的內容是不無微詞的。

我國古代文學理論批評中所說的以奇幻誇誕爲中心的浪漫主義，其具體內容主要表現在三個方面，這就是：幻想的超現實的內容，豪邁憤懣的激情和奇特誇張的藝術表現手法。由於我國古代浪漫主義作家受道、佛出世思想影響比較深，所以它常常是通過神話、傳說、童話等方式，或是花妖狐鬼等幻想的超現實內容，來寄托作家的愛憎好惡和理想願望的。劉勰在《文心雕龍・辨騷》篇中總結《楚辭》內容上的特徵有同乎經典的四條和異乎經典的四條，後者就正是說的「誇誕」之奇的具體表現。其云：

至于托雲龍，說迂怪，豐隆求宓妃，鴆鳥媒娀女，詭異之辭也；康回傾地，夷羿彈日，木夫九首，土伯三目，譎怪之談也；依彭咸之遺則，從子胥以自適，狷狹之志也；士女雜坐，亂而不分，指以為樂，娛酒不廢，沉湎日夜，舉以為歡，荒淫之意也。摘此四事，異乎經典者也。故論其典誥則如彼，語其誇誕則如此。

劉勰所說這四條中的前兩條，是指《楚辭》中神話、故事、傳說等所體現的幻想的超現實內容；而後兩條主要是講屈原那種極度憤慨，乃至以酒樂消愁的強烈激情。這就是屈原作品中在描寫內容方面的浪漫主義特徵。而《楚辭》中奇特誇張的藝術表現手法，正是爲表達這樣的內容服務的。王逸在《離騷經序》中所說的，「善鳥香草，以配忠貞；惡禽臭物，以比讒佞；靈修美人，以媲於君；宓妃佚女，以譬賢臣；虯龍鸞鳳，以托君子；飄風雲蜺，以爲小人。」這正是指的《楚辭》中浪漫主義的藝術表現手法，亦即劉勰所說的「自鑄偉辭」的內容。

我國古代文藝家對李白浪漫主義詩作的內容的分析，雖然具體說法與評價屈原不同，然而基本精神則是一致的。他們認爲李白之「奇」，突出地體現在兩個字上，這就是：「仙」和「豪」。「仙」是說的李白詩歌以抒寫理想爲主的超現實的幻想內容；「豪」，則是指李白作品中那種不滿黑暗現實、蔑視權豪貴戚的憤懣激情而言的。杜甫在《送孔巢父謝病歸遊江東兼呈李白》一詩中說：

自是君身有仙骨，世人那得知其故。

當塗縣令李陽冰在《草堂集序》中說李白的詩歌特點是：

其言多似天仙之辭。

魏顥《李翰林集序》中說：

賓客賀公（賀知章）奇白風骨，呼為謫仙子。

裴敬《翰林學士李公墓碑》中也說：

且曰：先生得天地秀氣耶？不然何異于常之人耶？或曰：太白之精下降，故字太白。……故為詩，格高旨遠，若在天上物外，神仙會集，雲行鶴駕，想見飄然之狀。

把李白說成是仙人下凡，未免太玄了，自然是不可信的，可是李白爲了在詩歌中充份地抒寫理想，確實有皮日休所說的「言出天地外，思出鬼神表」的特點。（見《劉棗強碑文》）他所描寫的內容：「麟游龍驤，不可控制。粃糠萬物，甕盎乾坤。狂呼怒吼，日月爲奔。或入金門，或登玉堂。東游滄海，西歷夜郎。心觸化機，噴珠誦璣。」（方孝儒《李太白贊》）確實是超乎現實世界之外的。恰如釋齊己所說，李白覺得人間之物象已不夠他寫詩所用了：「人間物象不供取，飽飲游神向玄圃。鏘金鏗玉千餘篇，膾炙嚼人口傳。」（《讀李太白集》）在描寫這種超現實的幻想內容時，李白也和屈原一樣，注入了自己對汚濁現實的憎恨和追求純潔美好理想的強烈激情。劉世教《合刻李杜分體全集序》中說李白之詩是「出於情之極而以辭群者也」。劉鑒在序中說李白的詩是「情從憤入」這都是很深刻的評論。李白這種激憤之情尤其突出地表現在對權貴的輕蔑上。任華《雜言寄李白》中說李白是「身騎天馬多意氣，目送飛鴻對豪貴」。「平生傲岸其志不可測，數十年爲客未嘗一日低顏色。」可見，李白這種「仙」與「豪」，和屈原之「誇誕」在精神實質上是完全一致的。

我國古代文藝史上，稱李白爲「仙才」，稱其詩爲「仙辭」，而與之相對的是稱李賀爲「鬼才」，稱其詩爲「鬼語」。李賀的浪漫主義作品的奇幻誇誕之處，就在「鬼才」、「鬼語」上，而從根本上看，也是指其超現實的幻想內容與強烈的憤激之情。只是在表現形式上，李白以描寫天上之「仙辭」爲其特色，李賀以描寫地下之「鬼語」爲其特色。姚文燮《昌谷集注序》說：

> 唐才人皆《詩》，而白與賀獨《騷》。白近乎《騷》者也；賀則幽深詭譎，較《騷》為尤甚。後之論定者以仙予白，以鬼予賀，吾又何能不為賀惜！

姚文燮指出了李白和李賀都是從屈原這條線上發展下來的，都是我國古代傑出的浪漫主義詩人，但是具體表現特點又不相同。王思任《昌谷詩解序》中曾經對李賀詩歌以「鬼語」寫「孤憤」的特點，作了很好的分析。他說：

賀既孤憤不遇，而所為嘔心之語，日益高渺。寓今托古，比物征事，大約言悠悠之輩，何至相嚇乃爾！人命至促，好景盡虛，故以其哀激之思，變為晦澀之調。喜用「鬼」字、「泣」字、「死」字、「血」字，如此之類，幽冷溪刻，法當夭乏。……

「鬼語」、「冥境」，是李賀詩歌藝術表現上的特點，然而在其浪漫主義基本精神上，則都是和屈原、李白一致的。

我國古代浪漫主義詩歌的這種基本特徵，同時也在浪漫主義的戲劇、小說中有所反映。浪漫主義戲劇、小說的奇幻誇誕，也是在通過對超現實的幻想內容描寫中，來寄托作家的理想和抒發對黑暗現實的忿忿不平之情的。比如余集在《聊齋志異序》中說，《聊齋》之作，乃是蒲松齡「平生奇氣，無所宣渫，悉寄之於書，故所載多涉諔詭荒忽不經之事，至於驚世駭俗，而卒不顧」。蒲松齡自己在《聊齋自志》中也非常明確地說他的《聊齋》是繼承了屈原、李賀的傳統而寫作的。他說：「披蘿帶荔，三閭氏感而爲騷；牛鬼蛇神，長爪郎吟而成癖。」他的《聊齋》正是在他們的啓發之下，「集腋爲裘，妄續幽冥之錄；浮白載筆，僅成孤憤之書。」余集在序中還進一步發揮了此點，指出《聊齋》不僅是繼承了屈原的浪漫主義精神，而且還受到佛教思想及其宗教藝術表現特點的影響。他說：

昔者三閭被放，仿徨山澤，經歷陵廟，呵壁問天，神靈怪物，琦瑋僑佹，以泄憤懣，抒寫愁思。釋氏憫眾生之顛倒，借因果為筏喻，刀山劍樹，牛鬼蛇神，罔非說法，開覺有情。然則是書之恍惚幻妄，光怪陸離，皆其微旨所存，殆以三閭侘傺之思，寓化人解脫之意歟？

借花妖狐鬼之幻事，抒作者幽憤之激情，寄善良美好之願望，這正是《聊齋》之「奇幻詭誕」之內容所在。呂熊在《女仙外史》自跋中也說過，要在「仙靈幻化之情，海市樓臺之景」中寓「善善惡惡」之意，這是我國古代浪漫主義小說的基本特點。

然而，對於優秀的浪漫主義作品來說，僅僅看到它的「奇幻詭誕」這一面，還是遠遠不夠的。我國古代對浪漫主義文學的批評中，特別強調和重視「奇」中要有「正」，「幻」中要有「眞」，雖然「詭誕」不稽，卻能體會到其合乎「人情物理」之深意，也就是說，十分注意浪漫主義的現實基礎問題。所謂「眞」、「正」，所謂「人情物理」，即是指浪漫主義作品中包括和反映的現實生活內容。浪漫主義作品以抒寫理想爲主，因此，它往往要通過一些超現實的、幻想的題材與內容來表達，要表現自己的激情，常常運用誇張而奇特的藝術形式。浪漫主義作品所寫的常常是天庭、地府而非人間所實有，然而，浪漫主義在描寫這些超現實的內容時，仍是有現實生活依據的，並非任意的荒誕之作。離開了現實生活的基礎，這種浪漫主義也就沒有任何積極意義了。我國古代優秀的浪漫主義作品既翱翔於現實之上，又是深深地扎根於現實生活土壤之中的。高爾基在《蘇聯的文學》一文中說：

神話是一種虛構。虛構就是從客觀現實的總體中抽出它的基本意義並用形象體現出來，——這樣我們就有了現實主義。但是，如果在從客觀現實中所抽出的意義上面再加上——依據假想的邏輯加以推測——所願望的、可能的東西，並以此使形象更為豐滿——那末，我們就有了浪漫主義。這種浪漫主義是神話的基礎，而且是極其有益的，因為它有助于喚起人們用革命的態度對待現實，即以實際行動改造世界。

高爾基對現實主義和浪漫主義所下的定義是否合適，我們不詳論，但他指出了不管是現實主義還是浪漫主義都要有現實生活的基礎，並且對現實的改造起一種積極的作用，這一點是非常重要的。我國古代浪漫主義文學理論中最可貴的一點也正是在這裡。劉勰對《楚辭》的評論中曾經說道：

觀其骨鯁所樹，肌膚所附，雖取熔經意，亦自鑄偉辭。

這裡的「取熔經意」自然是指其中和儒家經典相一致的思想內容。但是由於儒家是強調文藝要反映現實眞實的，劉勰所說《楚辭》「取熔經意」的方面就其具體內容來看，亦即《楚辭》所反映的現實生活內容。比如，劉勰說《楚辭》中「同乎經典」之四事云：

故其陳堯舜之耿介，稱湯武之祗敬，典誥之體也；譏桀紂之猖披，傷羿澆之顚隕，規諷之旨也；虬龍以喻君子，雲蜺以譬讒邪，比興之義也；每一顧而掩涕，嘆君門之九重，忠怨之辭也。

這些雖然是從與經典相同的角度提出的問題，但實質上也是《楚辭》的浪漫主義之現實基礎。劉勰在《辨騷》一篇最後，總結了《楚辭》的創作經驗，他說：

若能憑軾以倚雅頌，懸轡以馭楚篇，酌奇而不失其真，翫華而不墜其實，則顧盼可以驅辭力，欬唾可以窮文致，亦不復乞靈于長卿，假寵于子淵矣。

劉勰這裡所提出的「酌奇而不失其眞，翫華而不墜其實」，前一句是就《楚辭》的經驗而強調浪漫主義藝術必須有現實生活基礎，後一句說的是必須做到華美的形式和充實的內容相統一的問題。「貞」，據唐寫本及翻宋本當作「貞」，「貞」即「正」之意。我國古代一些從儒家觀點出發的文藝家，都強調對現實生活的描寫必須符合儒家觀點，故稱爲「正」。「正」和「奇」也常分別用來指《詩經》和《楚辭》的不同特點。劉勰此處即有此意。《詩經》，特別是其中的雅頌，劉勰依據傳統觀點，認爲是「正」的代表。《詩經》和《楚辭》相比，顯然更注意以現實的本來面目來反映現實，現實主義色彩較爲鮮明。「酌奇而不失其貞」，即有重視浪漫主義創作要有現實生活基礎之含義。

我國古代重視浪漫主義文學的現實生活基礎問題，也表現在重視寫天上地下和寫現實人間相結合的問題上。我國古代優秀的浪漫主義文藝家，他們寫的雖然是天庭地府，然而並不忘記現實人間，並且正是爲了回答現實人間所提出的問題。晚唐詩人皮日休在《七愛詩·李翰林》中說李白的詩歌創作是：「五岳爲辭鋒，四海作胸臆。」「口吐天上言，迹作人間客。」認爲李白的詩歌雖然寫的是天仙之語，但他的思想和行爲，仍然是扎根於人間的。他並沒有使自己的言行脫離開現實，而是和現實休戚相關的。比如他的《古風十九》中所寫，一方面是「西上蓮花山，迢迢見明星。素手把芙蓉，虛步躡太清」；另一方面則又「俯視洛陽川，茫茫走胡兵。流血塗野草，豺狼盡冠纓」。這種特徵貫穿在李白所有的浪漫主義詩歌之中。李陽冰說李白的詩歌，「凡所著述，言多諷興」，也是指的這些詩歌所反映的具體現實生活內容。李賀寫的是地府之言，然而也不是隨意而爲，同樣是針對現實人間的。宋琬《昌谷集注序》云：

> 賀，王孫也。所憂，宗國也，和親之非也，求仙之妄也，藩鎮之專權也，閹宦之典兵也，朋黨之畔成而戎寇之禍結也。以區區奉禮之孤忠，上不能達之天子，下不能告之群臣，惟崎嶇驢背，托諸幽荒險澀諸咏，庶幾後之知我者。而世不察，以為神鬼悠謬不可知。其言既無人為之深繹，而其心益無以自明，不亦重可悲乎！

宋琬說得太實了，也可能有某些牽強之處，然而他指出李賀之詩都有一定的現實生活基礎，則是不錯的。姚文燮《昌谷集注序》中也說：

> 賀不敢言，又不能無言。于是寓今托古，比物徵事，無一不為世道人心慮。……故賀之為詩，其命辭、命意、命題，皆深刺當世之弊，切中當世之隱。

他們這些分析，不能說都非常確切，但是，強調李賀的「鬼才」、「鬼語」並非純屬荒誕不稽，而深深地包含著作者對現實人生的憤激不滿和對改造黑暗現實的理想願望，這一點是很有價值的。

在戲劇和小說中，我國古代很強調浪漫主義作品必須「幻中有眞」，也就是說，作品中的人物、情節雖然是虛幻不實的，然而，從它所表現的思想內容來看，又是很現實的，是針對現實有所爲而發的。我國古代小說理論中，把能不能做到「幻中有眞」，作爲評價浪漫主義作品有沒有價值的基本標準之一，作爲衡量浪漫主義作品優劣的首要條件。比如明代睡鄉居士《二刻拍案驚奇序》中說：

> 即如《西遊》一記，怪誕不經，讀者皆知其謬。然據其所載，師弟四人，各一性情，各一動止，試摘取其一言一事，遂使暗中摹索，亦知其出自何人，則正以幻中有真乃為傳神阿堵，而已有

不如《水滸》之譏，豈非真不真之關，固奇不奇之大較也哉！

把「眞不眞」作爲「奇不奇」的關鍵，這就說明我國古代的浪漫主義文學理論是把有沒有現實生活基礎，看作是浪漫主義創作的成敗關鍵的。明人謝肇淛在《五雜俎》中曾說：「小說野俚諸書，稗官所不載者，雖極幻妄無當，然亦有至理存焉。」這個「至理」就是說的浪漫主義作品中所體現的客觀現實生活眞理。《聊齋志異》中所寫的花妖狐鬼，都是「幻設」的，然而它們又都有人性，誠如高珩《聊齋志異序》中所說的，它具有「馳想天外，幻迹人區」的特點。心馳天外，而足立人寰，這正是蒲松齡《聊齋志異》的最可貴之處。余集在《聊齋志異序》中說：

嗟夫！世固有服聲被色，儼然人類；叩其所藏，有鬼蜮之不足比，而豺虎之難與方者。下堂見蠆，出門觸蠭，紛紛沓沓，莫可窮詰。惜無禹鼎鑄其情狀，鐲鏤決其陰霾，不得已而涉想于杳冥荒怪之域，以為異類有情，或者尚堪晤對；鬼謀雖遠，庶其警彼貪淫。嗚呼！先生之志荒，而先生之心苦矣！

余集在這裡指出蒲松齡正是由於對現實中的醜類的極度不滿，而又無法改變這種黑暗現實的面貌，因而不得不借精靈鬼怪來抒寫自己的理想、願望，發泄自己內心的憤恨。馮鎮巒說《聊齋》是「文奇義正」，又說「先生意在作文，鏡花水月，雖不必泥於實事，然時代人物，不盡鑿空。」也正是指的這種特點。

我國古代文藝理論中，不僅強調要「奇」中有「正」，「幻」中有「眞」，而且還提出了「極幻極眞」、「愈幻愈眞的觀點。也就是說，浪漫主義作品運用奇幻誇誕的形式，有時比現實主義那種如實地描寫現實本來面目的方式，更能深刻地反映現實的眞實，揭示其本質方面。幔亭過客《西遊記題詞》中說：

文不幻不文，幻不極不幻。是知天下極幻之事，乃極真之事；極幻之理，乃極真之理。

其所以會極幻極眞，原因就在於它不僅可以通過幻想的方式把現實的眞實體現出來，而且可以通過幻想的方式把理想的境界描繪出來，這樣就能更加深入而透徹地反映現實的某些本質方面。同時，在當時的社會中，有些現實中的尖銳問題，直接地如實地描寫是很困難的，作家在那種環境下往往只能借助於浪漫主義的幻想方式來表現。例如《西遊記》中所寫車遲國王敬仰道士，致使妖魔殘害百姓的故事，就是有現實針對性的。吳承恩在嘉靖年間寄居京師之時，正是明世宗朱厚熜喜好道術，而陶仲文之流炙手可熱之時。吳承恩痛恨帝王之腐朽，道士之可惡，但他在那個時代怎麼能直接諷刺和批判皇帝呢？所以「愈幻愈眞」的觀點，在那個時代顯然是有現實意義的。這正是對浪漫主義文學反映現實特點的一種更爲深刻的認識。寓眞實於奇幻誇誕之中，這是我國古代浪漫主義作品的最基本的也是最主要的認識。

浪漫主義文學寫的是虛幻的內容，然而在具體藝術描寫上也並不是任意落筆的，必須要做到合情合理。馮鎭巒說過一句很有意思的話，叫做「說謊亦要說得圓」，這是就《聊齋》中的「幻中有眞」原則在具體藝術描寫上的表現而說的。他在《讀聊齋雜說》一文中道：

昔人謂：莫易於說鬼，莫難於說虎。鬼無倫次，虎有性情也。說鬼說到不來處，可以意為補接；若說虎說到不來處，大段著力不得。予謂不然。說鬼亦要有倫次，說鬼亦要得性情。諺語有之：說謊亦須說得圓。此即性情倫次之謂也。試觀《聊齋》說鬼狐，即以人事之倫次，百物之性情說之。說得極圓，不出情理之外；說來極巧，恰在人人意願之中。雖其間亦有意為補接，憑空捏造處，亦有大段吃力處，然卻喜其不甚露痕迹牽強之形，故所以能令人人首肯也。

說鬼易，說虎難，這和我國古代繪畫上講的畫鬼魅易，畫犬馬難，是一樣的，都屬於現實主義文藝思想範疇。從現實主義的角度來看，則必然要求文藝能如實地按照現實的本來面目去描寫，所以繪犬馬也好，說虎也好，就不容易了，因爲這都是現實中存在的，描寫得不像，人們就會感覺出來。而鬼魅是藝術家幻想的產物，現實中沒有，誰也沒有見過，所以怎麼描寫都可以。然而，從浪漫主義的角度來說，那就不一定描寫鬼魅比犬馬虎等容易了。藝術家要通過幻想的內容來反映現實的某些本質方面，那也是很不容易的。要以「人事之倫次，百物之性情」來說鬼，從某種意義上說，甚至比描寫現實中所有的事物，比說虎畫犬馬要更難。比如歐陽修在《題薛公期畫》中說：「善言畫者，多云：鬼神易工。以爲畫以形似爲難，鬼神人不見也。然至其陽威慘澹，變化超騰，而窮奇極怪，使人見輒驚絕；及徐而定視，則千狀萬態，筆簡而意足，是不易爲難哉！」馮鎮巒的看法與歐陽修有比較接近的地方，即都認爲說鬼、畫鬼不是很容易的，要描寫得好也是極難的。不過歐陽修和馮鎮巒在說鬼、畫鬼爲什麼也並不容易的看法上，又是不大相同的。歐陽修說的是要畫出鬼之神態不易，馮鎮巒則認爲說鬼也要說得符合人情物理不容易。但歐陽修之所以強調要畫出鬼之神態的不易，其原因正是在於鬼之神態也要符合於某種現實人的神態，所以不容易。《聊齋志異》中的花妖狐鬼，確有馮鎮巒所說的這種特點：一方面它們是精靈，可以來無影去無踪，忽隱忽現，可以辦人所辦不到的事情；然而，另一方面它們又要在思想上、行動上受人的感情的支配，它們的一舉一動，都不是與人無關，而是按照現實人的指導思想去展開。它們既符合現實生活的邏輯，「不出常情之外」，又能較好地體現理想願望，「在人人意願之中」。

能夠以「人事之倫次，百物之性情」說狐鬼，不但《聊齋志異》有此特點，其他的浪漫主義作品也有此特點。以《西遊記》來說，孫悟空、豬八戒的形象既有現實的人的典型思想性格特徵，同時又具有猴子、豬的特徵，兩者融和統一在藝術形象之中。對於許多幻想中的事件描寫，超現實的情節安排，也都要具有合情合理的特點。張書紳《新說西遊記》第十回回評云：「龍王之犯天條，秦王之遊地府，皆非人世之事，魏徵以人臣而上奉天命，下通冥吏。極其幻渺，讀之入情入理，如聞如見，不啻出諸信史，眞乃妙想天地外，下筆鬼神驚。」因此，浪漫主義之奇幻誇誕決不是任憑主觀臆想，隨意瞎編，其中應該都是含有深意在內的。恰如張書紳所說：「殊不知所謂奇書者，原是借題寫景，言在此而意卻不在此。其中別有一種奇妙，實與他書不同，若必拘而執之，一字不可讀矣。」這「別有一種奇妙」，正是指它所寫的虛幻之內容均有合乎一般的人情物理之妙。它寫的似乎不是現實人間的事，但是又能相當深刻地揭示現實的「人情」、「世態」。故蒲松齡之孫蒲立德在《聊齋跋》中說：

其事多涉于神怪；其體仿歷代志傳；其論贊或觸時感事，而以勸以懲；其文往往刻鏤物情，曲盡世態，冥會幽深，思入風雲；其義足以動天地、泣鬼神，俾畸人滯魄，山魈野魅，各出其情狀而無所遁隱。此《山經》、《博物》之遺，《遠遊》、《天問》之意，非第如干寶《搜神》已也。

這樣的浪漫主義決不是荒誕不經，也並非虛無飄渺，而是對現實有相當深刻的反映的。「說謊」又要「說得圓」，這確實是並不容易的。因此，我國古代對浪漫主義作品藝術描寫的要求是能夠做到「備人鬼之態，兼眞幻之長」。（《繡像平妖全傳敍》）要能在「海市蜃樓」般的描寫之中，給人以「似幻似眞」的感覺。所以，我國古代的浪漫主義文學非常豐富，而且絕大多數是積極的，這與我國古代文學理論批評中一貫重視浪漫主義的現實生活基礎，是有密切關係的。

以上我們所說的主要是由《楚辭》這條線上發展下來的浪漫主義文藝思想的特徵。但是，要全面地探討我國古代浪漫主義文藝思想的特徵，還必須涉及到我國古代浪漫主義文藝思想的另一個重要方面，即以《莊子》爲代表的具有濃厚象徵色彩的浪漫主義文藝思想的特點問題。

我國古代的浪漫主義文學有兩個源頭，一是「騷」，一是「莊」，「騷」即指《楚辭》，「莊」即《莊子》，這是大家所公認的，也是反映了我國古代文學發展的實際狀況的。但是，「騷」和「莊」雖然都屬於浪漫主義的大範圍之內，它們在文藝思想和創作特徵上又有什麼區別呢？這一點，我們過去從理論上研究得比較少，其實，這是我國古代文藝思想發展中的一個很重要的問題。它涉及到對許多受莊子影響的文藝創作的評價和對其藝術特徵的認識問題。莊子的文藝和美學思想對我國古代文藝和美學有極其深刻的影響。以詩歌而言，我國古代的山水田園隱逸詩派，主要就是受莊子思想及其變種玄學思想的影響而發展起來的。這一流派不僅有大量創作，產生過像陶潛、謝靈運、王維、韋應物等許多著名詩人，而且還有一批理論批評家，如司空圖、王士禎等等。自從六朝玄佛合流之後，他們又受到佛教文藝思想的很深的影響。從而形成爲我國文藝史上與《楚辭》相區別的另一個重要的浪漫主義文藝流派。爲了研究這一派浪漫主義文藝思想的特點，首先就要研究《莊子》和《楚辭》在文藝思想和創作特徵上的聯繫與區別。

莊子是一部哲學著作，然而，由於當時文、史、哲不分的歷史條件的影響，《莊子》這部書也有很濃厚的文學色彩。《莊子》和《楚辭》相比，有共同的一面，即它們都是以表現理想爲主的，而不是以具體描寫現實眞實爲主的。從這個角度說，可以認爲它們都是浪漫主義的。但是，《莊子》所體現的文藝思想和創作特徵，和《楚辭》相比又有很大的不同。它集中表現在以下三個方面：首先，從對現實的態度上看，《楚辭》採取的是一種積極入世的態度。屈原雖然對現實的黑暗異常憤恨，堅決不與它同流合汚，上天入地地追求美好的理想，表現對它的憧憬，然而，他並不忘記現實，而且是時時刻刻關切地注視著現實的。在《離騷》中他雖然遨遊天上，但是，最後還是「陟升皇之赫戲兮，忽臨睨夫舊鄉；仆夫悲余馬懷兮，蜷局顧而不行。」屈原的宗旨是：「路漫漫其修遠兮，吾將上下而求索。」莊子對黑暗的現實也是非常之不滿的，他說：「彼竊鈎者誅，竊國者侯；諸侯之門，而仁義存焉。」（《胠篋》）楚王拿了千金請他爲官，他也不幹。然而，莊子對現實採取的是一種棄絕態度，而醉心於超然物外的出世樂趣。屈原的理想是很具體的、現實的，「彼堯舜之耿介兮，旣遵道而得路；何桀紂之猖披兮，夫唯捷徑以窘步！」「舉賢而授能兮，循繩墨而不頗。」「長嘆息以掩涕兮，哀民生之多艱！」他希望有清明的政治，能夠達到濟世安民的目的。這和儒家的民本思想是接近的。但是，莊子的理想則是抽象而超現實的「道」，是使自己在精神上與「道」合一，與「自然」同化，清靜無爲，復歸於朴。他說：「古之畜天下者，無欲而天下足，無爲而萬物化，淵靜而百姓定。」（《天地》）因此，莊子的理想和屈原的理想以及對待現實的態度是很不同的。

其次，由於莊子和屈原的理想不同，所以在藝術地表現這種理想時所運用的方法也不同。《楚辭》在藝術表現上的主要特點是通過超現實的方式來體現現實的內容。它借助於神話、傳說等來抒寫自己現實的政治理想，以及對現實中美醜的鮮明愛憎態度，雖心遊天外，而立足現實，在藝術上運用的是誇張、幻想的比喻手法。它盡管充滿了濃厚的浪漫情調，可是作品所顯示的思想意義仍然是十分現實的。《莊子》則不同，它所要表達的是玄妙而抽象的「道」，這個「道」是無形無象、不可言喻的，故而常常運用一些具體的現實的形象或故事來象徵。當然，「道」也可以用一些幻想的神話傳說來象徵，但那樣就更不易使人領悟，所以，莊子更多的是通過很多人們所習見的、平常現實中的事物來象徵「道」這種境界。比如庖丁解牛、輪扁斲輪、梓慶削木爲鐻、呂梁丈夫蹈水、津人操舟、痀僂者承蜩等等，講的都是一些小生產者的故事，內容是非常具體而現實的，但是莊子的目的是要從中象徵理想的「道」的境界，「以天合天」的境界。莊子要求人們能從具體的現實生活現象中去悟出超現實的、理想的與「道」合一境界。莊子認爲，不管是夢爲蝴蝶，還是觀魚之樂；是死了妻子，還是見到空髑髏，都可以從中悟「道」。同時，一切現實的具體的生活景象，在莊子看來也都可以用來象徵「道」。因此，莊子和屈原在藝術地表現理想的方法上，就體現了很不同的特點。屈原是借超現實的形象來表現現實的內容，而莊子則是借現實的形象來象徵超現實的理想。

第三，由於理想的內容和表現特點不同，所以，屈原的浪漫主義以幻想奇特的比喻爲主，而莊子的浪漫主義主要是運用象徵的方法。《莊子》的象徵方法，從歷史淵源上看，大概是和《周易》有關係的。《周易》的八卦（易象）就是一種用象徵方法創造的符號形象。老莊學說受《易經》影響，這一點章學誠在《文史通義·詩教》篇中曾經說過：「老子說本陰陽，莊列寓言假象，易教也。」所謂「寓言假象」，即是指象徵的方法，而這正是受《易經》影響的產物。羅根澤先生也指出過在模擬自然這一點上，道家受《易經》啓發的問題。（見《中國文學批評史》㈠）老莊從「道」之無形無象、不可言喻的角度出發，認爲言是不能盡意的，語言不能把人的思維內容都表達出來，意是只能默會而無法言傳的，輪扁說斫輪的奧秘他也不能傳授給他的兒子，故「行年七十而老斫輪」。莊子強調「言不盡意」，可是他這種學說也還是要通過語言文字表達出來的，這中間就有了矛盾。怎麼解決這個矛盾呢？莊子提出言雖不能盡意，但可以作爲象徵意的工具，使人們由此而獲得意。《莊子·外物》篇中說：

筌者所以在魚，得魚而忘筌。蹄者所以在兎，得兎而忘蹄。言者所以在意，得意而忘言。吾安得忘言之人而與之言哉。

按照這種觀點，言只是筌和蹄，而意則是魚和兔，言和意之間不是等同關係，而是象徵關係，爲此要「得意」必須「忘言」。「言爲意筌，得意忘言」，遂成爲莊子美學和文藝創作的理論基礎。到了魏晉時期，以王弼爲代表的玄學家又進一步發揮了這種學說，使之成爲玄學的核心思想，隨著玄學的泛濫而產生了巨大影響。在這個過程中佛教思想發展起來了，而佛教哲學也是利用玄學的言意關係來宣傳其學說的，他們認爲佛教的至理和道家的「道」一樣，也是不可言傳的，只能用一些具體形象來象徵，如我們上一章中講的拈花微笑故事即是如此。在「言爲意筌，得意忘言」這一點上，玄佛合流了。「言爲意筌，得意忘言」的實質就是用言來象徵意，它在六朝被廣泛地運用到了藝術創作中，在文學、繪畫、書法等的創作和理論中都有很突出的表現。繪畫中顧愷之的「以形寫神」論即是用言和意的象徵關係來說明形對神的象徵作用。而書法則基本上就是一種象徵的藝術。在文學上，特別是對詩歌創作的影響最爲突出。「言爲意筌，得意忘言」的思想反映在文學創作中就是通過具體的形象來象徵作者所要表達的意思。作者所要傳達的內容不是直接體現在形象之中，而是借助於形象的某種特點象徵出來的。比如深受玄學思想影響的詩人阮籍和嵇康，在詩歌創作中就具有這種藝術特徵。阮籍在他的《咏懷》詩中，常常通過對現實中許多具體事物的形象描寫，來象徵在殘酷的政治迫害和黑暗的社會現實下那種憂傷、憤激、悲涼、寂寞的心情。如第三首「嘉樹下成蹊」，即是借植物的夏盛秋衰，被無情的風霜所吹折，來象徵世道的險惡，榮悴之無常。第十九首「西方有佳人」，則是借男女相悅無由得遂，來象徵自己理想不能實現的憂愁與悲傷。由於用的是象徵方法，言在此而意在彼，故其詩旨不易爲人所解。過去有些文藝家曾經指出過他這種創作特徵。例如鍾嶸在《詩品》中說他的詩「厥旨淵放，歸趣難求」，其特點是「言在耳目之內，情寄八荒之表」。也就是說，他的詩中所描寫的具體內容一般都是「耳目之內」的現實景象，然而它所象徵的內容卻極爲深遠，出於「八荒之表」。故而李善說他的詩「百代之下，難以情測」。這就是「得魚忘筌」、「得意忘言」的妙處所在。

這種「言爲意筌，得意忘言」的象徵方法，在山水田園詩派的創作中運用得更爲明顯和普遍。晉宋之際的大詩人陶淵明，就有許多主要以象徵方法來創作的浪漫主義詩歌。陶淵明不肯爲五斗米折腰，隱居鄉村，他對當時爾虞我詐的黑暗腐朽現實十分厭惡，決心與之棄絕，通過對田園山水的樸素、自然、純潔、無暇景色的描寫，來象徵自己所理想的境界，也就是那種人與人之間眞誠相待、和睦相處、安寧恬靜、無憂無慮的桃花源般的社會生活。陶淵明在他的詩中一再表現了對園林的羨慕與讚美，把它和現實的「人間」、「世情」對立起來。他說：「園田日夢想，安得久離析。」（《乙巳歲三月爲建威參軍使都經錢溪》）「詩書敦夙好，園林無世情。」（《辛丑歲七月赴假還江陵夜行塗口》）他要遠離汚濁現實，而投身清靜的「園林」。他說：「靜念園林好，人間良可辭。」（《庚子歲五月中從都還阻風於規林》）「久在樊籠裏，復得返自然。」（《歸田園居》）他把「園林」當作了理想的世界，而認爲「人間」就是一個「樊籠」，只有「園林」才是廣闊的「自然」。其實，園林不也是在

「人間」嗎？「田園」難道就沒有「世情」嗎？問題是陶淵明筆下的田園已經不是現實中的田園，而是他的理想世界之象徵了。他說：「結廬在人境，而無車馬喧。問君何能爾？心遠地自偏。」（《飲酒》）宋代的陳巖肖《庚溪詩話》說：「寄心於遠，則雖在人境，而車馬亦不能喧之。」道理就在這裡。田園雖在人間，但是作者把它當作是理想世界，它也就變得不像是人間所有的了。陶淵明不是像屈原一樣，通過描寫天上地下的神話傳說內容去體現自己的理想，而是要從對田園山水的現實生活景象的描寫中，來象徵自己所理想的世界。「人境」本來是喧嚷鬥爭，極不平靜的，但陶淵明偏要從中寫出一個平靜無波的理想「人境」來。因此，陶詩中所寫的雖然是極爲平常的田園生活、勞動情況、山水清景、雲霧月色，然而呈現在讀者面前的不僅僅是這些景色本身，還有它們所象徵的那個遠離濁世、美好誘人的桃花源中人們的純樸自然、與世無爭的精神境界。陶詩的這種特點非常集中地反映在他的「採菊東籬下，悠然見南山」兩句名詩中。清人溫汝能《陶詩滙評》評此兩句云：「境在寰中，神遊象外。」這是頗能說明這兩句詩的象徵特色的。詩人借現實中的極其普通的田園生活景象，用以象徵生活在桃花源般的理想社會中的人們那種精神和情趣。前人論陶詩，多說他重在「意趣」，這是不錯的。這種「意趣」，正是詩人理想的生活、精神、情操的表現。以平常之境來象徵理想之「趣」，這是陶詩在藝術表現上的一個很重要特點。明人許學夷在《詩體辨源》中評道：

晉宋間，……唯陶靖節超然物表，遇境成趣，不必泉石是娛，烟霞是托耳。其詩如「曖曖遠人村，依依墟裏烟。狗吠深巷中，鷄鳴桑樹顚。」「春秋多佳日，登高賦新詩。過門更相呼，有酒斟酌之。」「平疇交遠風，良苗亦懷新。雖未量歲功，即事多所欣。」「孟夏草木長，遶屋樹扶疏。衆鳥欣有托，吾亦愛吾廬。」「藹藹堂前林，中夏貯清陰。凱風因時來，回飆開我襟。」「春秫作美酒，酒熟吾自斟。弱子戲我側，學語未成音。」「蕤賓五月中，清風起南颸。不駛亦不遲，飄風吹我衣」。「日入群動息，歸鳥趨林鳴。嘯傲東軒下，聊復得此生」等句，皆遇境成趣，趣境兩忘，豈嘗有所擇哉！

從許學夷這一段分析中所引用的陶詩來看，正可比較典型地反映陶淵明的目的是要從現實的田園生活中創造出一個超脫現實的理想世界來。他不是用「仙境」來比喻「人境」，而是用「人境」來象徵「仙境」。這也就是顧愷之所主張的「以形寫神」，也即是莊子和玄學的「言爲意筌，得意忘言」的美學原則在詩歌創作中的具體運用。

唐代山水田園詩派的代表作家王維，在他的詩歌創作中也很明顯地表現出這種用象徵方法來描繪理想境界的浪漫主義特色。王維早年也曾經有過建功立業的政治抱負，想好好幹一番事業，但是隨著唐代政治的逐漸腐敗，經濟的轉向衰落，特別是在安史之亂後一蹶不振的局面下，使他變得心灰意冷，只好到佛老思想中去尋求精神上的解脫，從田園山水中去創造一個理想的世界。他成爲一個篤信佛教的虔誠的佛教徒。他在後期的許多田園山水詩中，努力通過塑造恬靜、自然的優美意境，來象徵空靜寂滅、超塵絕俗的佛老精神境界，使詩境和理想的精神境界融合爲一。過去有很多文藝家曾經指出王維善於通過描寫山水田園景色，來體現禪趣和禪境。而這種所謂的禪趣和禪境，本身是具有宗教神秘色彩，無法具體言說的，即所謂「心行處斷」，「言語路絕」，（慧皎《高僧傳・義解論》）它只能靠具體的形象來象徵。王維正是善於借山水田園的藝術意境來象徵空無寂滅的禪宗佛理境界。故清代的王士禎曾說：「王、裴《輞川絕句》，字字入禪。」（《蠶尾續文》）在《香祖筆記》中他又說：「唐人五言絕句，往往入禪，有得意忘言之妙，與淨名默然，達磨得髓，同一關捩。觀王、裴《輞川集》及祖咏《終南殘雪》詩，雖鈍根初機，亦能頓悟。」王士禎把他們的詩說得過於玄妙，似乎可以從中頓悟而成佛，這當然是荒謬的。但是，他看到了王維等人正是通過寫山水田園來象徵禪境，這是不錯的。例如王維《輞川集》中的《鹿柴》一詩寫道：

空山不見人，但聞人語響。返景入深林，復照青苔上。

又如《辛夷塢》一詩寫道：

木末芙蓉花，山中發紅萼。澗戶寂無人，紛紛開且落。

這些自然界的風光寂靜無聲，自生自滅，它正好象徵著老莊與物俱化、佛教禪宗所理想的空寂境界。在運用這種象徵性的藝術表現方法時，王維比陶淵明更進了一步。如果說陶淵明是通過對田園風光的描寫，表現了對超現實的桃花源式理想世界的羨慕和憧憬的話，那麼，王維則已經使自己完全置身到了一個空寂的禪境之中。陶詩側重於寫主觀的感受，而王維的詩主要是一種客觀的描寫，把自己完全融化到了這種客觀描寫之中。按照王國維在《人間詞話》中的說法，陶詩寫的當是「有我之境」，而王維寫的則以「無我之境」爲主。在這種「無我之境」中，象徵者與被象徵者，達到了更加完美的、天衣無縫的融合。

我國古代的文學理論批評家對於這種以象徵方法爲主要手段的浪漫主義文學，作過許多理論上的分析和論述，其中最突出的就是司空圖、嚴羽和王士禛。司空圖的詩歌理論主要在總結唐詩的藝術成就，而其中主要就是總結王維、韋應物一派山水田園詩的藝術成就。他所強調的「象外之象，景外之景」，主要是講詩歌意境的特點的，但其中也包含著對象徵的藝術方法的理論總結。他所說的「象外之象，景外之景」的第二個象和景，一般說都是由第一個象和景的比喻、象徵、暗示作用而產生的。象徵方法在創造「象外之象」的過程中起著十分重要的作用。他的《二十四詩品》是對二十四種不同風格的藝術意境的描繪，大多是通過藝術意境來象徵佛老的精神境界和理想世界的。後來嚴羽以禪喩詩，歸於妙悟，其中很重要的一點就是要求詩人能夠體會到藝術形象所象徵的內容和意義。王士禛則進一步發揮了司空圖、嚴羽的論述，更加集中地對這種以象徵方法爲特點的浪漫主義文藝從理論上作了闡述。他在《香祖筆記》中說：「舍筏登岸，禪家以爲悟境，詩家以爲化境，詩禪一致，等無差別。」佛學上的「舍筏登岸」，與老莊的「得魚忘筌」是一樣的。「舍筏」即「忘筌」，「登岸」即「得魚」，目的都在說明工具與所要達到的目的之間關係，工具並非目的，只是象徵目的的一種手段。「舍筏登岸」，是佛家用以說明如何獲得佛理的方法，「筏」只是渡到彼岸世界的工具，它並不是「岸」。這種原理運用在詩歌創作中，說明用語言塑造的形象，僅僅是象徵作者所要表達意思的一種工具，而並不是所要表達意思的本身。世尊拈花，迦葉微笑，這都不是佛理本身，但它卻可以象徵世尊和迦葉對佛法的領悟。王士禛認爲正是在這種象徵方法的運用上詩禪是一致的，沒有差別的。他在《蠶尾續文》中說：

嚴滄浪以禪喻詩，余深契其說，而五言尤為近之。如王裴《輞川絕句》，字字入禪。他如「雨中山果落，燈下草蟲鳴」；明月松間照，清泉石上流」；以及太白「郤下水精簾，玲瓏望秋月」；常建「松際露微月，清光猶為君」；浩然「樵子暗相失，草蟲寒不聞」；劉慎虛「時有落花至，遠隨流水香」；妙締微言，與世尊拈花、迦葉微笑等無差別，通其解者，可語上乘。

從王士禛的這一段論述中，我們也可以看出這種象徵手法的運用確在山水田園詩派中帶有一定的普遍性，同時也反映了佛老思想對這一派創作的深刻影響。

當然，我們在說明以「騷」爲主和以「莊」爲主這兩種不同的浪漫主義文藝的不同藝術特徵時，也必須看到它們畢竟同屬於浪漫主義，因此互相之間又是有密切聯繫的。從文學發展實際看，以「騷」爲主的作家也有不少象徵手法的運用，如李白就有接近王維《山居秋暝》一類的詩歌。李賀、李商隱的創作則更多象徵方法的運用，而且主要不是表現在山水田園詩中。而陶淵明、王維也有不少優秀的、接近於「騷」的創作。這是我們不應該忽視的。

第四章　論藝術表現的辯證法

我國古代有極爲豐富的藝術辯證法思想。

任何藝術作品的內部都包含著許多矛盾因素的對立統一。例如我國古代文藝理論中所說的形與神、假與眞、一與萬、虛與實、情與理、情與景、意與勢、文與質、通與變等等。每一件藝術品，每一個藝術形象，都是這一組組矛盾關係的統一，是它們的綜合產物。因此，如何正確地認識和處理好這一系列複雜的矛盾關係，對藝術創作的成敗有著十分重大的關係。是辯證地去認識和處理這些矛盾關係，還是形而上學地去認識和處理這些矛盾關係，甚至能直接影響到一個時代藝術發展的方向，這在我國古代文藝思想發展史上是可以找到無數例證的。

從我國古代文藝思想發展的實際狀況來看，由於封建統治階級的政治需要，宗教迷信思想的泛濫，錯誤的文藝思想等因素的影響，在不同的歷史發展階段，曾經出現過各種形而上學的、絕對化的創作傾向。比如六朝唐初有文勝於質、「爲文造情」的傾向；宋代由於理學發達，出現了重道輕文、理多情少的傾向；明代前期則只講「通」，不講「變」，強調繼承過頭，而忽略創新，等等。從各個重要的文學理論批評家來說，也往往在某些問題上有偏激觀點。比如王充在文藝上有提倡絕對的眞，忽略虛構、誇張必要性的缺點；司空圖、嚴羽則有偏重藝術的審美特徵，而輕視藝術作品理性內容的偏向；以袁宏道爲代表的公安派和清代的袁枚重視文學要表現感情、抒寫性靈，卻又忽略情感的社會內容，甚至肯定宮體色情東西；王士禛強調文藝的傳神，但又過份貶低了形似作用，因而流於玄虛神秘，給人以不可捉摸之感。凡此等等，也是非常多的。但是，我國古代文藝思想發展的主流是健康的。每當出現某種形而上學的文藝思想傾向時，總有不少人出來對之進行批評，克服這種片面性，促使文學創作的發展，走上正確的道路。每一次爭論和鬥爭，都使我國古代的文學創作和理論批評向前邁進一大步。所以，也可以說，我國古代文藝思想發展的歷史，也就是辯證的藝術觀和形而上學的藝術觀鬥爭的歷史。

在反對形而上學的藝術思想的鬥爭過程中，我國古代的文藝家積累了豐富的生動的藝術辯證法思想。這是在長期的歷史發展中，總結了正反兩方面藝術創作經驗的產物，因而是十分珍貴的。它不僅對我國古代藝術創作的健康發展，起了重大的積極作用，而且對我們今天的藝術創作仍然有著重要的借鑒作用。根據我國古代文學理論批評的實際，我們覺得我國古代的藝術辯證法思想比較集中地反映在以下一些方面：

1.形與神——藝術地眞實描寫客觀現實中的現象和本質的關係；

2.假與眞——藝術創作中的虛構與眞實的關係；

3.一與萬——藝術形象塑造中的個別和一般的關係；
4.實與虛——藝術形象塑造中的有形描寫和無形描寫的關係；
5.情與理——藝術創作中的感情和思想的關係；
6.理與趣——藝術形象的理性內容和審美特徵的關係；
7.情與景——藝術形象塑造中的主體和客體的關係；
8.意與勢——藝術作品中作者的主觀意圖和創作對象的內在客觀規律的關係；
9.文與質——藝術作品中內容和形式、文華和質樸的關係；
10.通與變——藝術創作中的繼承和革新的關係；
11.風骨與辭采——藝術形象的精神風貌美和物質形式美的關係；
12.自然與法度——藝術創造中的天然和人工的關係。

這裡，我們只是舉出我國古代最主要的幾個方面的藝術辯證法思想，決不是說只有這十二個方面。在我國古代文學理論批評史上，有些問題還有相類似的提法，比如幻與眞、似與不似等也和假與眞一樣，都是講的虛構和眞實的關係。情和景的問題，有時也從情和物、情和境的角度說，其含義是一致的。有些屬於風格的問題，如陽剛與陰柔等，我們將在論藝術風格的部份再談。

一　形與神

形神關係問題，是我國古代藝術形象塑造中的核心問題，以傳神爲主，形神兼備，這是我國古代文學理論批評中的基本標準，也是一個十分重要的美學原則。形神問題的實質是要解決藝術地反映現實的眞實性問題。我國古代非常重視藝術反映現實的眞實性，即以明清的小說、戲劇評點來說，到處都可以見到「逼眞」、「肖物」、「如畫」一類的批語，其實就是對藝術反映現實眞實性的讚美。那麼，怎樣才能達到「逼眞」、「肖物」、「如畫」呢？我國古代傳統的看法認爲僅僅是形似，顯然是不夠的，還必須做到神似。神似是主要目的，但神似又不能完全離開形似；根本不要形似，也就談不上神似了。

文學藝術中的形神論，來源於哲學和美學上的形神論。我國古代最早從哲學和美學高度提出系統的形神關係說的是莊子。莊子哲學的中心是把「自然之道」看作是宇宙萬物的本源，同時又是宇宙萬物變化發展的規律。莊子把抽象的形而上的「道」看得高於一切，貶低和否定具體的形而下的「物」。他崇尚自然，反對人爲。「道」是無形的，「物」是有形的。「道」和「物」的關係，實際上即是神和形的關係。莊子從這個基本的哲學思想出發，提出了重神輕形的主張。莊子認爲對於一個人來說，形體是生是死、是存是滅、是美是醜，都是無關緊要的，重要的是他的精神能否與「道」合一，達到與自然俱化的境界。所以，莊子「以生爲附贅懸疣，以死爲決疣潰癰」（《大宗師》），主張人應該做到「外其形骸」，不拘泥於物。莊子認爲形神是可以分離的，提出了「形殘而神全」、美在神不在形的美學觀。尤其是在《莊子·德充符》篇中，他比較集中地論述了這個問題。他說衞國有一個形貌極端醜惡可怕的人叫哀駘它，可是，他雖然以「惡駭天下」，卻能在精神上與「道」相合，一切任其自然，故而人人都非常喜歡他。男子見了離不開他，希望做他的朋友；婦女見了，甚至情願做他的妾而不做別人的妻；國君見了他，竟至於想要「授以國」。他們爲什麼會這樣呢？原因就是：「非愛其形也，愛使其形者也。」成玄英說：「使其形者，精神也。」說明哀駘它雖然形貌很醜，但內在精神是很美的，所以誰都喜歡他。莊子還舉了畸形殘廢的「闉跂支離無脤」和長著大瘤子的「甕㼜大癭」受到衞靈公、齊桓公歡迎的故事，反覆說明美在神不在形的觀點。美在神不在形，也即是美在道不在物、美在自然不在人爲思想的具體表現。因此，在莊子看來，凡是具體的、有形的藝術都不是最美的藝術，而藝術美的最高境界是在無形的抽象的神上。音樂一形諸具體的聲音，就不是最美的了，最美的音樂藝術境界要從「無聲」中去體會。繪畫一形諸具體的畫，就有局限性了，最美的畫是存在於想像中的「解衣般礴」式的畫，對文學來說，最好的作品是超乎言意之表的，如果執著於具體的言意，就不是最美的作品了。莊子在形神關係上也表現了一種形而上學的片面性。他重視了神，但過份貶低了形，這顯然是錯誤的。神總是要通過一定的形才能體現出來的，如果根本否定了形，神也就變得玄虛而不可捉摸了。

莊子在形神關係上所表現的美學觀點，在西漢前期淮南王劉安主編的《淮南子》中得到了進一步的發揮。《淮南子》強調神乃是形之君，形是受神所主宰的。《原道訓》云：「故以神爲主者，形從而利；以形爲制者，神從而害。」《精神訓》云：「故心者，形之主也；而神者，心之寶也。」《淮南子》在形神關係上和莊子一樣強調了以神爲主，但又比莊子論述得更全面，它不否定形的作用，只是認爲它和神相比，是處於從屬地位的。《泰族訓》云：「太上養神，其次養形。」這樣就在某種程度上克服了莊子的片面性，而發揮了其合理因素。更可貴的是把注重傳神的思想具體地運用到了藝術上。《說山訓》云：

畫西施之面，美而不可說；規孟賁之目，大而不可畏，君形者亡焉。

西施是吳越的美女，孟賁是戰國時的勇士。畫美女的面貌、英雄的眼睛，關鍵是要把他們的神態傳達出來，否則，雖然西施外形畫得很美，孟賁的眼睛畫得很大，總還是缺少「君形者」，不能傳神，這樣就無法把美的精髓表現出來。《說林訓》提出「畫者謹毛而失貌」的問題，也是指的這一點。高誘注道：「謹悉微毛而留意於小，則失其大貌。」所謂「微毛」，即指形似，而「大貌」則正是指神似。「君形者」，據高誘注即「精神也」。繪畫是如此，音樂也是如此。《說林訓》云：「使但吹竽，使氏厭竅，雖中節而不可聽，無其君形者也。」「但」，是古時候不懂音樂的人，高誘注說是「古不知吹人」。「氏」，是指懂得音樂的專業人員。讓不懂音樂的人吹竽，即使有懂音樂的人給他按音孔，儘管節奏合拍，也不能傳達出君音之形的神，還是不會使人喜歡聽的，因爲它只有合節奏的音之形，而無眞正美的音之神，不能造成動人心魄的音樂藝術境界。《淮南子》關於形神關係的論述，已經反映出了以傳神爲主、形神兼備的藝術思想。但是，《淮南子》中所反映的道家文藝和美學思想，在漢代並沒有得到充份的發展。由於漢武帝「罷黜百家，獨尊儒術」，文藝思想主要是在儒家思想影響下發展的。因而從漢代創作的主流來說，還是重形似的，這在漢賦中反映得相當清晰。

傳神思想在藝術領域中的廣泛流行，是在六朝，主要是受玄學思想影響的結果。玄學家把莊子重神不重形的思想用來作爲品評人物的依據。品評人物的風氣在漢末就非常盛行了，它是爲封建統治階級選拔人材服務的。湯用彤先生在《魏晉玄學論稿》中說：「漢代相人以筋骨，魏晉識鑒在神明。」「筋骨」還比較重在形的方面，而「神明」則很明顯是以「神」爲主了。鑒別人物重在神鑒，這是從劉劭的《人物志》開始的。劉劭說：「物生有形，形有神精。能知精神，則窮理盡性。」但是，神是抽象的，它還是要借具體的形來體現。「夫色見於貌，所謂徵神。徵神見貌，則情發於目。」劉昞注云：「貌色徐疾，爲神之徵驗」，「目爲心候，故應心而發。」劉劭並不否定形，但認爲主要是在借形而見神。由於玄學的泛濫，魏晉時期遂提出了許多有關品評人物神鑒的新概念，如神氣、神情、神姿、神雋、風神、風韻、風骨、氣韻、生氣等等。神、氣、風、韻、骨都是指人的「神」的特徵，而不是「形」的特徵。魏晉以後講的「骨」，角度與漢人也不同，不是指骨骼之形，而是指由骨骼所顯示的人的神氣。由品評人物到品評文藝，這是很自然的發展。品評人物中這些神鑒的新概念，亦被運用來品評文藝作品。六朝文藝批評中所用的神、氣、風、韻、骨等概念，也都側重在指作品的「神」

而不是作品的「形」的特點。曹丕講「文以氣爲主」，劉勰、鍾嶸講「風骨」，謝赫論畫講「氣韻」，王僧虔評書法講「神彩」，都是體現了重神似、不重形似的特徵的。但是他們也並不否定形似，而是主張以神似爲主，形神兼備的。像劉勰、鍾嶸就是既講「風骨」，也肯定「辭采」的。謝赫重在「氣韻」，但也讚揚「形妙」。王僧虔則明確指出：「神彩爲上，形質次之。」（《筆意贊》）

那麼，文藝上的形似和神似究竟指的是什麼呢？概括起來說，形似的實質是指藝術創作對象的外形或表象的眞實描寫；神似的實質是指對藝術創作對象的內在本質特徵的眞實描寫。我國古代的文藝家強調神似爲主，這正是重在對客觀事物的本質特徵作眞實描寫這一方面。文藝上的形神關係說，首先是在人物畫中發展起來的，然後擴展到了整個繪畫領域，同時也影響到文學、書法等領域。宋代的鄧椿在《畫繼》中說：「世徒知人之有神，而不知物之有神。」這就是把形和神看作是事物的現象和本質的代稱了，即是說，宇宙萬物都有形和神兩個方面。事物的本質總是要通過一定的現象來體現的，因此，神似離不開形似。現象不一定都能典型地反映事物的本質，所以藝術上只講形似，不講神似，就不能眞實地反映事物的本質。形似，在人物畫中是指對人物的臉形、五官、身材、衣著等的描繪，在其他畫中則是對繪畫對象外在形態的描繪。文學上的形似也類似於此。比如沈約《宋書．謝靈運傳論》中說：「相如工爲形似之言。」指的是司馬相如辭賦創作中對城閣、山水、花鳥、樹木等等的形狀的具體摹寫。劉勰《文心雕龍．物色》篇中說：「自近代以來，文貴形似，窺情風景之上，鑽貌草木之中。」則是指對風景花草形狀的刻劃。鍾嶸《詩品》中評張協詩云：「文體華淨，少病累。又巧構形似之言。」陳延杰《詩品注》引《何義門讀書記》云：「張景陽《雜詩》『朝霞』首，『叢林森如束』；鍾記室所謂『巧構形似之言』。」形似，鍾嶸又稱爲「巧似」。如評謝靈運詩云：「其源出於陳思，雜有景陽之體。故尚巧似，而逸蕩過之。」評顏延之云：「尚巧似，體裁綺密，情喻淵深。」又評鮑照云：「善制形狀寫物之詞。得景陽之諔詭，含茂先之靡嫚。……然尚巧似，不避危仄，頗傷清雅之調。」顏之推《顏氏家訓・文章》篇中也說：「何遜詩實爲清巧，多形似之言。」鍾嶸所說的「善制形狀寫物之詞」可以說是對「形似」在文學上具體表現的概括。蘇軾所說物之「常形」，王夫之所說「物態」，也都指的是「形似」描寫。在小說、戲劇中，由於主要是塑造人物形象，「形似」主要是指對人物的外形、衣著、行爲、動作等的具體描寫。神似，是比形似更高的一種要求，其目的是要形象地反映事物的內在本質特徵。我國古代講的「神」，有各種不同的含義。它除了指有意志有性格的宗教神和指人的內心精神之外，還可以指對客觀事物的內在本質和規律的透徹了解。比如《周易・繫辭》中說：「知幾其神乎。」稱能懂得事物最微妙、最深奧的道理爲神。莊子講技藝的神化，亦是從這個角度說的。神，具有掌握客觀事物本質特徵的意思。神似的精神實質也即在此。然而，更爲重要的一點是，藝術上的神似，並不是對事物本質特徵的一種抽象的描寫，而是對事物本質特徵的一種具體的形象的把握。這一點很重要，這也是哲學上的形神論和文藝上的形神論之分歧所在。《世說新語・巧藝》篇記載，晉代著名的畫家顧愷之在給謝鯤畫像時，爲了傳神，說：「此子宜置丘壑中。」因爲謝鯤是亂世隱士，「一丘一壑，自謂過之。」要突出這樣一個人物的本質特徵，畫出他的精神面貌，就應該把他置於丘壑中。可見，我國古代繪畫藝術家已約略體會到了環境描繪對突出人物思想性格特徵的重要作用。而傳神很重要一點正是要充份體現人物的思想性格特徵。此點後來在小說理論批評中表現得非常突出。唐末的司空圖在《詩品》中提出「離形得似」的原則，主要即是強調藝術描寫的著眼點應該放在對創作對象內在精神實質的刻劃上，而決不能夠泥於形迹。以詩歌來說，不應只是在詞藻華艷、模山範水上下功夫，而要著重在意境的創造上。「離形」，不是不要「形」，而是不要受「形」的束縛，這樣才能得到眞正的「似」，具有傳神之美。所以他又說：「脫有形似，握手已違。」要求做到「不知所以神而自神。」（《與李生論詩書》）重在神似，方能使藝術作品具備化工造物之「眞態」，達到最高度的藝術眞實。故皎然在《詩式》中說：詩歌必須「得若神表」，這樣，「天眞挺拔之句，與造化爭衡，可以意冥，難以言狀。」嚴羽在《滄浪詩話》中說，詩歌最高境界是「入神」。「入神」之作，毫無人工斧鑿痕迹，如「羚羊挂角，無迹可求」，「如空中之音，相中之色，水中之月，鏡中之象，言有盡而意無窮。」嚴羽的說法有點神秘化傾向，但其精神實質仍在說明傳神之作要害是在形象化地反映事物的本質特徵。

對於藝術傳神的特點，作了比較科學的深刻分析的是蘇軾和王夫之。他們指出了要傳神必須描寫出客觀事物內在的「理」來。這個「理」不是抽象的概念的「理」，而是指人情物理之「理」，即是說的事物內部的本質和規律。蘇軾在《淨因院畫記》中說：

余嘗論畫，以為人禽、宮室、器用皆有常形，至于山石、竹木、水波、烟雲，雖無常形而有常理。常形之失，人皆知之；常理之不當，雖曉畫者有不知。……世之工人或能曲盡其形，而至于其理，非高人逸才不能辨。與可之于竹石枯木，真可謂得其理者矣。如是而生，如是而死，如是而攣拳瘠蹙，如是而條達遂茂。根莖節葉，牙角脈縷，千變萬化，未始相襲，而各當其處，合于天造，厭于人意。蓋達士之所寓也歟！

蘇軾這裡所說的「常形」和「常理」，實際上就是形似和神似的問題。客觀事物之形，有的有「常」有的無「常」。對於有「常形」的事物來說，畫得像不像，人們一眼就可以看出來；對於無「常形」的事物來說，很難有一個形狀方面的標準，來考察其畫得像不像。但是，客觀事物內在的「常理」，則是更高一籌的問題，「雖曉畫者有所不知」，並非每個藝術家都能表現出來的。蘇軾以文與可的畫竹為例，說明只有「得其理」，才能使繪畫由「必然的王國」，進入「自由的王國」，揮筆自如，傳神寫照，「合於天造，厭於人意」。所以，僅僅「曲盡其形」，還只是「形似」，必須畫出「常理」，方為傳神高作。這種「常形」、「常理」，王夫之在《薑齋詩話》中稱之為「物態」與「物理」。他說：

蘇子瞻謂「桑之未落，其葉沃若」，體物之工，非「沃若」不足以言桑，非桑不足以當「沃若」，固也。然得物態，未得物理。「桃之夭夭，其葉蓁蓁」，「灼灼其華」，「有蕡其實」，方窮物理。夭夭者，桃之稚者也。桃至拱把以上，則液流蠹結，花不榮，葉不盛，實不蕃。小樹弱枝，婀娜妍茂，為有加耳。

從這個具體例子的分析中，王夫之指出《詩經・周南・桃夭》之所以寫得生動傳神，正是因爲作者不僅描繪出了桃的「物態」，而且能夠按照桃樹之開花結實過程中各個階段的特點，寫出其葉、華(花)、實之不同特徵，抓住了桃樹的本質特徵，寫出了「物理」，故而能描繪得栩栩如生。我國古代文學理論批評中經常運用「神理」這個概念，它雖然最初是從佛教中借用過來的，但是早已沒有了宗教神學上的神理含義，而是指在藝術描寫上能自然地體現神似的意思，亦即指能寫出事物之「常理」，反映其內在精神本質。比如王夫之在《唐詩評選》中評杜甫《石壕吏》云：

片斷中留神理，韻脚中見化工，故刻畫愈精，規模愈雅。

又評杜甫《千秋節有感》云：

杜于排律，極為漫爛，使才使氣，大損神理。庸目所驚，正以是為杜至處。

從這一褒一貶中，可以看出「神理」即是指自然物理而言，亦即傳神之意。王國維於《人間詞話》中說道：

美成《青玉案》(當作《蘇幕遮》)詞：「葉上初陽乾宿雨。水面清圓，一一風荷舉。」此真能得荷之神理者。

此「神理」亦是指傳神而能得物理之意。

傳神要害在寫出「常理」、「物理」，這一點在我國古代小說理論中也有很突出的表現。比如容與堂本《水滸傳》評和金聖嘆《水滸傳》評，在分析武松打虎一段之所以傳神時，都指出其關鍵在對武松的描寫能夠得其「神理」，不是僅寫其勇武，而能描繪得入情入理。容與堂本評道：

人以武松打虎到底有些怯在，不如李逵勇猛也。此村學究見識，如何讀得《水滸傳》？不知此正施、羅二公傳神處。李是為母報仇，不顧性命者；武乃出于一時，不得不如此耳。俗人何足言此！

正因爲寫武松「有些怯在」，這才符合他打虎是「出於一時，不得不如此」的情狀，而後寫他雖不免有怯，但仍能打死猛虎，更顯出其神威和眞本事。這就是既寫了他的勇武，又符合情理，所以才能傳神。金聖嘆在具體評點中進一步發揮了容與堂本這一分析，指出《水滸傳》中武松打虎一段在藝術描寫上有「三折」：一是武松上景陽岡時，原先不相信有虎，待到山神廟前見了官府印信榜文，「方知端的有虎。欲待轉身再回酒店裏來，尋思道：『我回去時，須吃他耻笑，不是好漢，難以轉去』。」金聖嘆於此處批道：「有此一折，反顯出武松神威。」在大風過後，樹背後跳出吊睛白額大蟲來時，「武松見了，叫聲：『啊呀！』從青石上翻將下來。」金聖嘆於此又評道：「有此一折，反顯出武松神威。不然，便是三家村中說子路，不近人情極矣。」等武松把老虎打死後，「就血泊裏雙手來提時，那裡提得動？原來使盡了氣力，手脚都蘇軟了。」金聖嘆批道：「有此一折，便越顯出方才神威。」在寫「武松再來青石上坐了半歇」一句下又批道：「寫出倦極，便越顯出方才神威。」這些都說明藝術上的傳神其關鍵在充份體現「物理」，能「神理自然」，則必定可以收到傳神寫照之妙。

文學藝術中的形神問題，其核心在如何辯證地處理好形似和神似的關係。旣不能只講形似，不講神似；也不能只講神似，否定形似。在我國古代文學創作實踐和文藝思想發展過程中，這兩種偏向都曾經反覆地出現過，但是，主流是在強調兩者的辯證結合。從創作上來看，漢代的大賦偏重於形似，建安文學則較重神似，六朝總的傾向在形似，但也有一些作家如陶淵明等是重神似的。唐初的詩歌創作也以形似較多，自「貞觀來，標格漸高。景雲中，頗通遠調。開元十五年後，聲律風骨始備矣。」（《河嶽英靈集序》）殷璠此說也可以用以說明唐詩由形似到神似的轉變。傳神特色在盛唐詩歌中發展到了一個高峰。由於人們對唐詩傳神藝術的嘆服，也在文藝思想上出現過偏向，把神似強調得過於絕對化，而貶低和否定形似。然而，絕大多數文藝家是主張以傳神爲主，而形神兼備的。

在文藝領域中最早提出比較完整的形神結合、以傳神爲主的創作理論的是東晉著名的畫家顧愷之。顧愷之所總結的一個十分重要的創作原則是「以形寫神」。他從自己的創作實踐中認識到了傳神是不能離開具體的形似描寫的，而形似描寫的目的則不是爲了形似，而是爲了傳神。比如《世說新語》記載，顧愷之畫裴楷的像，爲了傳神，就在他臉頰上添了三筆，於是使人感到「益三毛如有神明」。顧愷之說：「裴楷儁朗有識具，此正其識具。」這「三毛」當然是「形似」的問題，它本身不是「神」，但是這「三毛」之「形」卻可以傳裴楷之神。這是由於顧愷之研究了裴楷的本質特徵，並且找到了可以象徵他「儁朗有識具」的神態特徵的頰上三毛，把這個「形」一突出出來，裴楷的像就傳神了。顧愷之畫人物還特別重視畫眼睛，傳說他畫人物畫有時幾年也不點眼睛，他說：「傳神寫照，正在阿堵中。」點眼睛是一個形似問題，但也是一個神似問題，眼睛畫得如何，對能否傳神有重要作用。神總是要借一定的形來表現的，根本不要形，也就無法達到神似。顧愷之的「以形寫神」論是建立在玄學家王弼的「言爲象蹄，象爲意筌」的理論基礎上的，他不是把「形」看成是「神」的某種具體的表現，而是把「形」看作是象徵「神」的工具，如同蹄之於兔，筌之於魚一樣。從這一點上看，有過於玄虛之處，但是，顧愷之確實看到了形和神之間有不可分離的辯證關係，懂得寫形是爲了傳神，傳神要依賴寫形，他要求在創作中把兩者結合起來，這是有極大貢獻的，也爲後來文藝家正確認識和處理形神關係奠定了基礎。我們也可以說，我國古代藝術傳統上所主張的以傳神爲主、形神兼備的思想，正是從顧愷之開始的。

顧愷之這種形神並重，以傳神爲主的思想後來又得到了許多文藝思想家的進一步闡述與發揮，而逐漸有了更加完備的內容。唐代前期的著名詩人張九齡在《宋使君寫眞圖贊並序》中就提出了「意得神傳，筆精形似」的主張，明確指出神似和形似兩者都是不可缺少的。中唐時著名的文藝理論家和詩人白居易在形神關係問題上的主張也和張九齡是一致的。他一方面很注重傳神，在《畫竹歌》中曾經讚美蕭郎畫竹「枝活葉葉動」，「下筆獨逼眞」，「舉頭忽看不是畫，低耳靜聽疑有聲」。他在《畫記》中明確提出了傳神的重要性。另一方面他又不否定形似，認爲兩者都不能偏廢。他要求繪畫達到「形眞而圓，神全而和」，既要有形似，又不可見斧鑿痕迹；更要有神似，並且應當全面反映其神態。他說：「畫無常工，以似爲工；學無常師，以眞爲師。」這「似」和「眞」都是包括了形和神兩方面的。唐代著名的繪畫理論家張彥遠在《歷代名畫記》中說：「象物必在於形似，形似須全其骨氣。」

這「骨氣」即是指「傳神」。他又說：「古之畫或能移其形似而尙其骨氣，以形似之外求其畫，此難可與俗人道也。今之畫縱得形似而氣韻不生，以氣韻求其畫，則形似在其間矣。」張彥遠並不否定「形似」，但是，比較強調有了神似，形似也就在其中了；而沒有強調神似又必須依賴於某種形似才能體現出來。從這一點說，認識又不如顧愷之等深刻。明代的董其昌在《畫旨》中對此有比較清晰的論述，他說：「傳神者必以形，形與心手相湊而相忘，神之所托也。」這可以說是對張彥遠的一個很好的補充。

在形神關係問題上，我國古代歷來反對形而上學的片面性，反對只講形似，或只講神似的絕對化傾向，主張應當對兩者關係作辯證的認識。宋代著名詩人蘇軾寫了一首關於神似和形似問題的詩，曾經引起了一場持續幾個朝代的爭論，從中我們可以看到我國古代文藝家對形神之間辯證關係的認識，以及對這個問題上的形而上學觀點的尖銳批評，蘇軾在《書鄢陵王主簿所畫折枝》一詩中說：

論畫以形似，見與兒童鄰。作詩必此詩，定知非詩人。

蘇軾在這裡著重提出了傳神的主導地位，其實他是並不否定形似作用的。然而單從這四句詩看，對形似就貶得低了一些。所以當時就有人提出了不同看法。與蘇軾差不多同時的晁說之說：

畫寫物外形，要物形不改。詩傳畫外意，貴有畫中態。

這當然是爲了說明形似的重要，以糾正蘇軾詩論之偏，但說得比較委婉。清代方薰《山靜居畫論》中說：「以道（晁說之字）特爲坡老下一轉語。」明代楊愼則直接了當的指出蘇詩之論「有偏」，「非至論也」，認爲晁詩出而「論始爲定」。（見《升庵詩話》）不過，蘇軾實際上並不是主張根本否定形似的。葛立方《韻語陽秋》中說：

> 歐陽文忠公詩云：「古畫畫意不畫形，梅詩寫物無隱情。忘形得意知者寡，不若見詩如見畫。」東坡詩云：「論畫以形似，見與兒童鄰。賦詩必此詩，定知非詩人。」或謂：「二公所論，不以形似，當畫何物？」曰：「非謂畫牛作馬也，但以氣韻為主耳。」謝赫云：「衛協之畫，雖不該備形妙，而有氣韻，凌跨雄傑。」其此之謂乎？

葛立方的解釋是比較符合歐、蘇之本意的。不過，蘇軾之論在客觀上確實容易使人誤解，從而產生一種忽視形似的傾向。此點金代的王若虛在《滹南詩話》中也說道：

> 夫所貴于畫者，為其似耳；畫而不似，則如勿畫。命題而賦詩，不必此詩，果為何語！然則，坡之論非歟？曰：論妙于形似之外，而非遺其形似；不窘于題，而要不失其題。如是而已耳。世之人不本其實，無得于心，而借此論以為高。畫山水者，未能正作一木一石，而託雲烟杳靄，謂之氣象；賦詩者，茫昧僻遠，按題而索之，不知所謂，乃曰格律貴爾。一有不然，則必相嗤點，以為淺易而尋常。不求是而求奇，真偽未知，而先論高下，亦自欺而已矣。豈坡公之本意也哉！

王若虛此論對於蘇詩所論在客觀上所產生的流弊作了較爲具體的分析，也給那些曲解蘇詩之論爲自己錯誤創作傾向找根據的人以尖銳的批評。相比之下，晁說之、楊慎之說反而顯得有些對神似重視不夠的缺點，認爲畫就是寫物「外形」，沒有看到形似之目的應該是爲了傳神，對神似的主導地位有些忽略。爲此，明代王紱在《書畫傳習錄》中說道：「東坡此詩，蓋言學者不當刻舟求劍，膠柱而鼓瑟也。然必神游象外，方能意到圜中。」李卓吾在《詩畫》一文中專門針對晁、楊之說而補充道：「畫不徒寫形，正要形神在。詩不在畫外，正寫畫中態。」從這場爭論中我們可以清楚地看到，我國古代關於文學藝術中形神關係認識的主流，是旣突出傳神的主導地位，又看到兩者之間的辯證關係。在我國文藝思想史上，一般地說，浪漫主義的文藝家往往強調神似更突出一些，有時也有忽略形似的傾向；現實主義的文藝家則大多對形似比較重視，但有時也有重視神似主導地位不夠的傾向。然而，不管是浪漫主義還是現實主義文藝家，都沒有離開過以傳神爲主、形神兼備這條主線。歷來對那種過於偏向一方面的絕對化傾向，都是有所批評的。

顧愷之的「以形寫神」論，對文藝創作中如何使形神結合，更好地反映現實眞實，提出了一個基本原則。但是並不是任意的寫形都能傳神的。那麼，怎樣寫形，寫什麼形，才能傳神呢？這是掌握好「以形寫神」原則的關鍵。顧愷之對此沒有從理論上作進一步的闡述，不過他在繪畫實踐中倒是提供了一些有益的啓示的。對此蘇軾在著名的《傳神記》中作了重要的總結和發揮。蘇軾從顧愷之畫裴楷像時頰上加「三毛」中體會到了藝術家必須善於抓住事物的「形」中那些能夠鮮明突出地反映事物本質特徵的現象，通過對它的生動描寫，來形象地表現事物的本質特徵。這樣才能做到「以形寫神」。也就是說，藝術家要善於發現事物的典型特徵，用蘇軾的話說，即是必須抓住「得其意思所在」的形的特徵。他說：

> 凡人意思各有所在，或在眉目，或在鼻口。虎頭云：頰上加三毛，覺精采殊勝，則此人意思蓋在鬚頰間也。優孟學孫叔敖，抵掌談笑，至使人謂死者復生，此豈舉體皆似，亦得其意思所在而已，使畫者悟此理，則人人可以為顧陸。吾嘗見僧惟真畫曾魯公，初不甚似。一日往見公，歸而喜甚。曰：「吾得之矣。」乃于眉後加三紋，隱約可觀，作俯首仰視，眉揚而額蹙者，遂大似。

對於一個人來說，他的神態最突出地反映在那一個「形」的特徵上，不同的人是不一樣的，「或在眉目，或在鼻口」，裴楷在「鬚頰間」，曾魯公則在「眉後」。優孟學孫叔敖爲什麼能那樣像，也並非所有各處都像，而只是在反映其本質特徵之處，覺得特別像而已。所謂「得其意思所在」，即是要得其傳神之意思所在的形似特徵。人物是如此，推而廣之，凡宇宙間之萬物也都各有得其意思之所在處。作爲一個高明的藝術家就是要善於找到能得其意思之所在的形似特徵，這樣就可能做到使創作對象神態畢露地呈現在讀者面前。「使畫者悟此理，則人人可以爲顧陸。」使詩人能悟此理，則人人可以爲李杜了。蘇軾說僧惟眞畫曾魯公之像，起先一直畫不像，後來經過再次認眞觀察，發現他的神態最典型地反映在眉後三紋上，於是就畫出了傳神之作。這個故事說明要掌握創作對象的本質特徵，要想把最能反映創作對象本質特徵的形似之處描寫出來，必須作深入的觀察和研究。我國古代文學理論批評特別強調作家所必須具備的一個重要條件是「識」，即是對創作對象要有深刻的認識，要善於透徹地掌握創作對象內在的本質規律。清代的蔣濟在《傳神秘要》中說，畫家在未畫人物之前，「即留意其人行止、坐臥、歌咏、談笑，見其天眞發現、神情外露，此處細察，然後落筆，自有生趣也。」所謂「天眞發現、神情外露」處，即是指對象的本質特徵所流露之處。這種關鍵地方，藝術家必須敏感地覺察到，及時捕捉住。當然，這是不容易的，有時需要「從旁窺探」，「彼以無意露之。我以有意窺之，意思得，即記在心上。」要善於發現和抓住反映事物本質特徵的細節，並通過對它的生動逼眞描寫，來傳事物之神。這是我國古代講形神關係的最重要之處，也是我國古代塑造藝術典型的最重要藝術經驗之一。

我國古代小說理論中對「以形寫神」，「得其意思所在」的藝術經驗也有十分生動的總結。傳神是我國古代小說理論中評價人物形象塑造成功與否的最重要標準。在我國幾部優秀長篇小說的評點中，都十分重視通過對小說中人物描寫的分析，以具體生動的典型例子，來說明善於抓住有代表性的「形似」特徵，是創造傳神的人物形象，深入揭示人物性格特徵的重要手段。比如金聖嘆在《水滸傳》第三十七回曾經有這樣一段評論：當《水滸傳》在此回中寫李逵出場道：「戴宗便起身下去，不多時引著一個黑凛凛大漢上樓來。」金聖嘆批道：這「黑凛凛大漢」五字已把李逵「畫得出相」，「不惟畫出李逵形狀，兼畫出李逵顧盼，李逵性格，李逵心地來。」袁無涯刊本《水滸傳》在此下也評道：「只三字，神形俱現。」這「黑凛凛」三字是寫李逵之「形」，然而卻能傳李逵之神，因爲它比較典型地反映了李逵的本質特徵。李逵的性格具有粗鹵而蠻的特點，而「黑凛凛」三字正好能從「形」上顯出他這種「神」。「以形寫神」，「得其意思所在」，正是要求藝術形象的塑造要表現出它不同於其他人物性格的獨特特徵來。這種「以形寫神」，不僅僅表現在以人物的外形特徵來傳神，如寫李逵那樣，還可以通過寫人物某種具有特徵性的行爲、動作、處理事件的方式方法等等來傳神。比如《儒林外史》第五回「王秀才議立偏房，嚴監生疾終正寢」，寫嚴監生之妻將死、他的兩個小舅子王德、王仁二秀才勸他立偏房爲正室，以及後來嚴監生病死時伸著兩個手指頭不肯嚥氣一段，是非常傳神的。臥閑草堂本《儒林外史》評道：「看財奴之吝嗇，葷飯秀才之巧黠，一一畫出，毛髮皆動。」而嚴監生之吝嗇本質正是通過垂死之人還惦記著油燈裏有兩根燈芯太費油這個細節而充份表現出來的。這個細節就是傳嚴監生之神，能「得其意思所在」的「形」的特徵。又如第十一回寫書呆子楊執中，也是如此。臥閑草堂本評道：「楊執中是一個活呆子，今欲寫其呆狀、呆聲，使俗筆爲之，將從何處寫起？看此文只有摩弄香爐一段、敍說誤認姓柳的一段、闖進醉漢一段，便活現出一個老阿呆的聲音笑貌，此所謂頰上三毫，非絕世文心未易辨此。」這段評論告訴我們，吳敬梓正是抓住了楊執中沒有柴米，和老妻摩弄香爐過年三十；把老嫗說的婁公子誤聽爲姓柳的縣差，嚇得不敢與婁公子會面；以及把酒醉的兒子用火叉趕出去三件事，十分生動地刻劃出了這個書呆子的性格特徵。這三件事就如裴楷頰上「三毛」一般，通過它們傳了楊執中之神。

「以形寫神」這種塑造人物形象的方法，其實質就是要求突出人物性格的個性特徵，並通過這種特殊的個性特徵來反映人物的本質。所以，我國古代對於藝術典型是更著重在要寫出同中有異，方能傳神。容與堂本《水滸傳》第三回評道：「描寫魯智深，千古若活，眞是傳神寫照妙手。且《水滸傳》文字，妙絕千古，全在同而不同處有辨。如魯智深、李逵、武松、阮小七、石秀、呼延灼、劉唐等，衆人都是急性的。渠形容刻畫來，各有派頭，各有光景，各有家數，各有身份，一毫不差，半些不混，讀去自有分辨，不必見其姓名，一睹事實就知某人某人也。」只要抓住了每個人性格中的獨特處，把它寫充份，就必然能把人物寫活，生動傳神。爾後，金聖嘆又發揮容與堂本評中的這一思想，明確指出：「《水滸傳》只是寫人物粗鹵處，便有許多寫法：如魯達粗鹵是性急，史進粗鹵是少年任氣，李逵粗鹵是蠻，武松粗鹵是豪傑不受羈靮，阮小七粗鹵是悲憤無處說，焦挺粗鹵是氣質不好。」必須把能體現各個人「得其意思所在」之處找出來，才能逼眞傳神，把人物描繪得栩栩如生。《水滸傳》之所以能傳神，正是在此。故金聖嘆在《水滸傳讀法》中說：「獨有《水滸傳》，只是看不厭。無非爲他把一百八個人性格，都寫出來。」「《水滸傳》寫一百八個人性格，眞是一百八樣。」這種抓住人物性格的同中有異之處，使之達到傳神寫照的特點，毛宗崗在對《三國演義》的評點中，也作過總結，這可以說是對金聖嘆這種思想的進一步發揮。他在《三國演義》的《讀法》中說：

> 《三國》一書，有同樹異枝、同枝異葉、同葉異花、同花異果之妙。作文者以善避爲能，又以善犯爲能。不犯之而求避之，無所見其避也。惟犯之而後避之乃見其能避也。如紀宮掖，則寫一何太后，又寫一董太后；寫一伏皇后，又寫一曹皇后；寫一唐貴妃，又寫一董貴人；寫甘、糜二夫人，又寫一孫夫人，又寫一北地王妃；寫魏之甄后、毛后，又寫一張后，而其間無一字

相同。紀戚畹，則何進之後寫一董承，董承之後又寫一伏完；寫一魏之張緝，又寫一吳之錢尚，而其間則無一字相同。……

由於能寫出人物之獨特個性，因而盡管是同類人物，亦能個個傳神。重視描寫藝術典型的個性特徵，這在我國古代關於形神關係的辯證思想中反映得相當突出。這和西方在文藝復興之前，著重講典型的共性、類型性，是很不同的。

二 假與眞

藝術創作中的假和眞的關係，即是說的藝術的虛構和生活眞實的關係。藝術創作必須有眞實性，因爲不管是何種類型的作品，都是反映現實的。眞實與否是我們衡量藝術作品質量好壞的基本標準之一。然而藝術的眞實性不同於科學的歷史的眞實性，它不要求所描寫的內容事事皆是現實生活中所實有。藝術不僅不排斥虛構，而且必須要有虛構。藝術作品是藝術家審美理想的集中表現，它總是比實際生活要更集中更概括，更高更美。然而，藝術的虛構又必須要有現實生活的基礎，而不是隨便的主觀臆造。因此，我國古代的文藝家認爲藝術創作的基本特點之一是眞眞假假，這正是對藝術和現實的辯證關係的生動表述。

唐代著名的詩人元稹在《楊子華畫》一詩中說道：

> 真賞畫不成，畫賞真相似。

這兩句詩的意思是說，一個畫家如果過份欣賞眞實，一筆一劃都要按照現實的眞實情狀去畫，不敢越雷池一步，沒有一點「假」，那是一定畫不成的。而眞正懂得「畫理」的畫家，必然只是在他的作品裏表現和現實的「相似」之「眞」，而不是絕對之「眞」。宋人洪邁在《容齋隨筆》中從人們欣賞藝術品之美和欣賞自然美的評價之矛盾中，更加具體地提出了這個問題。他說：

> 江山登臨之美，泉石賞翫之勝，世間佳境也，觀者必曰「如畫」，故有「江山如畫」、「天開圖畫即江山」、「身在畫圖中」之語。至于丹青之妙，好事君子嗟嘆之不足者，則又以「逼真」目之。如老杜「人間又見真乘黃」（《書諷錄事宅觀曹將軍畫馬圖》）、「時危安得真致此」（《題壁上韋偃畫馬歌》）、「悄然坐我天姥下」（《奉先劉少府畫山水障歌》）、「斯須九重真龍出」（《丹青引贈曹將軍霸》）、「憑軒忽若無丹青」（《題李尊師松樹障子歌》）、「高堂見生鶻」（《畫鶻行》）、「直訝松杉冷，兼疑菱荇香」（《奉觀嚴鄭公廳事岷山沲江畫圖》）之句是也。以真為假，以假為真，均之為妄境耳。人生萬事如是，何特此耶？（按：以上杜詩出處，均為引者所加。）

洪邁所說的「妄境」以及他對人生的感嘆，我們且不去管它。這裡使我們感到興趣的是，人們爲什麼要把優美的江山勝景說成「如畫」，而又把優秀的藝術品讚美爲「逼眞」？這看來似乎是矛盾的，然而，這種「如畫」和「逼眞」的評論卻又是我們平常生活中經常碰到的。比如楊萬里《誠齋詩話》中說：

杜（甫）蜀山水圖云：「沱水流中座，岷山赴北堂。白波吹粉壁，青嶂插雕梁。」此以畫為真也。曾吉父云：「斷崖書韋樹，小雨郭熙山。」此以真為畫也。（按：韋偃、郭熙均為著名畫家。）

一幅四川山水圖掛在牆上，就好像進入了眞山眞水的境地；置身於眞山眞水之間，又好像見到了名畫家的畫一樣。爲什麼要「以眞爲假，以假爲眞」呢？這就涉及到了藝術和現實的關係問題。藝術是現實生活的反映，它必須要有眞實性。沒有現實生活基礎，虛假的、不眞實的作品是肯定要被人民唾棄、爲歷史所淘汰的。所以，我們總是運用「逼眞」的說法來評價優秀的作品，這是指它反映了生活的眞理、現實的本質。然而，藝術決不是現實的簡單復制，不是對現實的照相式反映，藝術創作是藝術家對現實進行集中、概括、加工、提煉的產物，它通過虛構而比普通的現實生活更高、更美、更典型，從這個角度說，普通的現實生活總是比不上優秀的藝術作品的，因此，我們又常常把現實生活中最美的景象稱爲「如畫」。一個「逼眞」，一個「如畫」，看來似乎是矛盾的，其實卻非常辯證地體現著藝術和現實的複雜關係，反映了藝術既要虛構又要眞實的基本特點。

藝術作品中的假和眞是緊密地聯繫在一起的，眞中有假，假中有眞，這兩者是難於截然分開的。故而，明代的楊愼在《畫品》中說他小時候回答「景之美者，人曰似畫；畫之佳者，人曰似眞，孰爲正」這個問題時，曾經寫了這樣一首詩：

會心山水真如畫，巧手丹青畫似真。夢覺難分列御寇，影形相贈晉詩人。

楊愼用《列子·周穆王》篇中記載的蕉鹿之爭故事和陶淵明寫的形、影、神互贈詩的事，來強調這種眞假難分的特點。列子講蕉鹿之爭故事是爲了說明夢覺難分。據說鄭國一樵夫在砍柴時得了一隻鹿，怕人知道，用蕉葉把它蓋了起來。打完柴後，他自己也忘了所藏之處，遂以爲是做了一個夢。別人聽他說此事後，就按他說的地區去找，果然找到了鹿，很高興地拿回家了。鄭人做夢時又夢見自己的鹿被別人拿走了，就去找到得鹿之人，要他歸還自己所得之鹿。二人爭吵不休，告到官府。官吏也斷不清什麼是「夢」，什麼是「覺」，就把鹿一分爲二給了他們兩人，楊愼就用這個故事來說明藝術創作中的眞和假猶如這夢覺一樣的難分。陶淵明的詩中所表現的影、形、神也是如此，孰眞孰假難以區別。這就是因爲藝術雖是虛構，但它是有現實生活依據的，因此雖假而眞。清初的賀貽孫在《答友人論文書》中曾以演戲和畫牛爲例對這一道理作過很精辟的分析。他說：

里中有老優者，嘗為不佞述其為優五十年，其視起居飲食，對妻子，酬賓友，無一事而非劇場；及其登場，則又如身在離合生死榮辱得失之內，自為悲喜啼笑，與觀劇者同為悲喜啼笑，不敢以輕心居之，怠氣應之也。吾友龍仲房，少以畫牛得名。嘗裸逐牛隊，學其鬥角磨癢，嚙草眠雲之勢，居然牛也。人皆知劇場非真境，畫牛非真牛矣，而不知優人不真則戲不成，畫牛不真則似不顯。天下極假之事，必以極真之功力為之，豈可以讀書作文極真之事，反視以為假，藐以為易乎？

藝術作品是虛構的，但是作者在創作過程中，是深入體驗了現實生活，觀察研究了現實生活才進入虛構創作過程的，因此藝術創作雖是「極假之事」，卻是以「極眞之功力爲之」，因此又是非常眞實的。他又說道：

> 世有至真之文疑于假者：國策設辨，有同係影；漆圓著論，譬諸畫風；龍見鳥瀾，初無定質；波詭雲譎，難以形求；然此幻筆空腸，皆依實相真體。……以是為文，則假乃即真之謂，而非反真之謂。

雖然像《戰國策》之詭辯，《莊子》之奇譎，亦非全假，而是「皆依實相眞體」的，都是以一定的現實眞實爲依據的。

藝術作品之妙，正好是在眞眞假假、假假眞眞這一點上。我國古代有許多文藝家都是看到了這個妙理的，並且從各個不同的角度作過分析和論述。比如明代謝榛在《四溟詩話》中說：

> 或問作詩中正之法。四溟子曰：貴乎同不同之間：同則太熟，不同則太生。二者似易實難。握之在手，主之在心。使其堅不可脫，則能近而不熟，遠而不生。此惟超悟者得之。

謝榛所說的「同」與「不同」，即是指藝術作品所描寫的內容與現實生活相同還是不相同。他認爲應當是旣同又不同，應該做到「近而不熟」，旣和現實生活相近，又不可完全等同；同時還要「遠而不生」，旣比現實生活更高，又不可脫離現實生活。「須半生半熟，方見作手。」虛構的目的是爲了典型化。謝榛這種「半生半熟」的主張，很自然的會使我們想起別林斯基提出的藝術典型應當是「熟悉的陌生人」(《論俄國中篇小說》)的著名論斷。他們講的角度不一樣，但是從本質上來看，其內容是接近的。藝術作品不是寫眞人眞事，它是有虛構的，故使人見了覺得生；藝術虛構又是依據於現實生活實際的，所以使人見了又覺得熟。這種假和眞的藝術辯證法，在我國古代畫論中也有很突出的反映，稱之爲似和不似的關係。如明代的王紱在《書畫傳習錄》中就提出了繪畫要達到「不似之似」，方爲高妙的看法。清代著名的畫家和繪畫理論家石濤，曾經寫過這樣一首詩，其云：

名山許游未許畫，畫必似之山必怪。變幻神奇懵懂間，不似似之當下拜。(見《大滌子題畫詩跋》)

又說：

天地渾鎔一氣，再分風雨四時。明暗高低遠近，不似之似似之。(同上)

所謂「不似似之」或「不似之似」，都是指藝術作品所描寫的內容，既要和現實生活相似，又要不相似，在「似」與「不似」之間，方是最佳之妙作。因爲藝術作品所反映的「自然」，已經不是原始形態的「自然」，而是按照藝術家的理想改造過的「自然」，恰如司空圖所說，是詩人的「妙造自然」(《二十四詩品》)，也即是高爾基所說的「第二自然」(《論「渺小的」人及其偉大的工作》)，它對原始的「自然」來說，必然是既似又不似。對於藝術作品來說，太似了反而不似，不太似反而更似。藝術的眞實不是事事皆實，否則反而會離現實的眞實更遠。必須是在現實基礎上的虛構，有似有不似，這樣才能更深刻地反映現實的眞實。清代的畫家兼繪畫理論家惲格在《題迂翁》中曾說到這個道理。他說：

> 迂翁之妙，全在不似處。其不似正是潛移默化，而與天游，此神駿滅沒處也。近人只在求似，愈似所以愈離，可與言此者，鮮矣！

惲格很深刻地指出，人們只知道「似」的必要，往往認識不到「不似」之妙，而藝術之眞，正需有「不似」處。因爲藝術必須捨棄掉一些沒有價值的、不能反映本質的偶然現象，而把能典型地反映現實本質的現象集中起來，按照現實生活的內在邏輯，大膽地進行虛構，這樣才能更深入地反映現實本質，達到更大眞實。他所說的「愈似所以愈離」，不是說愈眞實愈不好，而是在於強調不要囿於事實眞實的局限，而要重視借「不似」（利用虛構）來獲得更大的眞實。迂翁之畫正是由於注重了虛構，懂得了「不似」之妙，因此才達到了「潛移默化，而與天游」的水平。由「不似」而更「似」，藉「假」而更「眞」，這就是假和眞的深刻辯證關係之所在。

在小說和戲劇理論中，假和眞的關係經常又稱爲虛和實的關係。我國古代講虛和實有各種不同的含義，其他含義我們下面再專論，這裡主要介紹一下作爲虛構和眞實的虛和實。明人謝肇淛在《五雜俎》中曾說：「凡爲小說及雜劇戲文，須是虛實相半，方爲遊戲三昧之筆，亦要情景造極而止，不必問其有無也。」這裡所說的「虛實相半」，即是指小說和戲劇創作必須既要有虛構，又不脫離現實生活眞實。這種主張，清初著名的戲劇作家和戲劇理論家李漁在《閑情偶寄》的「審虛實」一節中曾作了更深入的闡述。戲劇創作要「審虛實」，即是說的戲劇創作中的假與眞的關係。李漁對藝術眞實和生活眞實關係有比較清楚的認識，因而對藝術創作中的假與眞也有很辯證的分析。李漁認爲凡是藝術作品都是有虛構的，必然有「假」。他說：「傳奇無實，大半皆寓言耳。」要考證藝術作品內容是否都眞有其事，這是可笑的。他說「凡閱傳奇而必考其事從何來，人居何地者，皆說夢之痴人，可以不答者也。」然而，藝術的虛構決非毫無現實根據的胡亂編造，其目的是爲了使藝術作品有更廣闊的概括性，反映更深刻的社會內容。比如「欲勸人爲孝，則舉一孝子出名，但有一行可紀，則不必盡有其事；屬孝親所應有者，悉取而加之。亦猶『紂之不善，不如是之甚也』，一居下流，『天下之惡皆歸焉』。其餘表忠表節與種種勸人爲善之劇，率同於此。」虛構的目的是爲了使藝術形象具有更大的典型概括性，它可以把許多人的「孝行」集中到一個「孝子」身上。比如《封神演義》中的殷紂王，和現實中的殷紂王相比，就很不同了。歷史上的殷紂王其實是不能一筆抹殺的，他在平定東夷，保衞黃河流域的進步文化等方面是有過一定歷史功績的。他的殘暴和腐朽，並不一定有小說中所寫那麼嚴重。然而，《封神演義》中的紂王寫的是一個暴君的典型，是作者把無數暴君罪惡集中概括到他一人身上的結果。虛構離不開現實生活的基礎，它是集中了現實中無數眞實現象而提煉出來的。虛中有實，實中有虛，這才符合於藝術的客觀規律。清人金豐《說岳全傳序》中說：「從來創說者不宜盡出於虛，而亦不必盡出於實。苟事事皆虛則過於誕妄，而無以服考古之心；事事皆實則失於平庸，而無以動一時之聽。」藝術作品是要起到應有的社會教育作用的，過於虛妄而失實，則不能使人心服；過於講究眞實，則類似於普通生活，使人覺得沒意思，打動不了讀者的心。金豐以《說岳全傳》爲例，指出這部小說中既有岳飛之「忠」、秦檜之「奸」、金兀朮之「横」，反映了現實眞實，而其書又以「上帝降災」、「大鵬臨凡」寫起，「其間波瀾不測，枝節紛繁，寃仇並結，忠佞俱亡，以及父喪子興，英雄復起，此誠忠臣之後，不失爲忠，而大奸之報，不恕其奸，良可慨矣。」這些虛構正是爲了更加突出「忠」、「奸」、「横」的。這樣，「實者虛之，虛者實之，娓娓有令人聽之而忘倦矣。」金豐在這裡比較辯證地說明了藝術創作中虛和實、假和眞相結合的重要性。

在關於假和眞的關係上，我國古代的文藝家清楚地認識到了藝術的眞實應當是情眞、理眞，而不是人眞事眞。藝術作品中所描寫的人物和事件都可以是虛構的，也可以是半眞半假的，但其中所體現的理和情，則必須是眞實的。容與堂本《水滸傳》第一回回評中說：「《水滸傳》事節都是假的，說來卻似逼眞，所以爲妙。」爲什麼事節都是假的，說來又卻似逼眞呢？第十回回評道此原委云：「《水滸傳》文字原是假的，只爲他描寫得眞情出，所以便可與天地相終始。」事是假的，情是眞的，這正是藝術眞實的要害之處。借假事訴眞情，所以就有眞眞假假的特點，使人有半生半熟之感覺，產生「不似之似」的印象。不僅是情眞，而且有理眞。這情中之理也是十分眞實的。馮夢龍在《警世通言敍》中說：

> 野史盡真乎？曰：「不必也。」盡贋乎？曰：「不必也。」然則，去贋而存其真乎？曰：「不必也」。……人不必有其事，事不必麗其人。其真者可以補金匱石室之遺，而贋者亦必有一番激揚勸誘，悲歌感慨之意。事真而理不贋，即事贋而理亦真，不害于風化，不謬于聖賢，不戾

于詩書經史，若此者其可廢乎？

人和事均可虛設，而情與理必須眞實，這就是小說的藝術眞實，也就是藝術眞實與生活眞實的區別之所在。

從對假和眞關係的這樣一種認識出發，我國古代的文學理論批評，在對待假和眞的關係上，一貫反對「假而不眞」和「眞而無假」這樣兩種形而上學的絕對化傾向。對「假而不眞」的問題，早在東漢的王充就作過尖銳的批評。漢代由於讖緯迷信思想的流行，也影響到文藝創作，出現了「虛妄之言勝眞美」的現象。王充對此作了堅決鬥爭。他說：「夫賢聖之興文也，起事不空爲，因因不妄作。」（《對作》）他說他的「《論衡》篇以十數，亦一言也，曰：疾虛妄。」（《佚文》）但是，王充又有以科學眞實要求藝術眞實的缺點，走向了另一極端，主張完全眞而無假。不過他對「虛妄之言」進行批判，強調「眞美」，是起過積極作用的。唐代白居易一再批判「虛美」「不實之辭」，就受到他的影響。這種「假而不眞」的傾向，在我國古代小說理論中稱爲「失眞之病」，它在古典小說創作中是有很多表現的。在一些浪漫主義作品中，「失眞之病」比較突出地表現在這樣一個方面，即沒有現實生活基礎，而瞎編一些毫無現實意義的仙魔鬥法、道佛幻化之類的荒誕不經之說。比如一些二、三流的神魔小說中所寫的許多魔法、寶貝的爭鬥，擺設許多仙陣、魔陣之類，枯燥無味，大同小異，既無現實社會內容，更無助於人物刻劃、性格描寫。像《封神演義》中這一類描寫就有不少，它使作品大爲減色。至於在那些末流的神魔小說中，占主導地位的就是這類東西。甚至於像《水滸傳》這類現實主義作品也有此種影響。容與堂本《水滸傳》第十回回評在指出《水滸傳》能以假事寫眞情的優點之後，接著又說：「若到後來混天陣處，都假了，費盡心機，亦不好看。」第八十八回回評又說：「混天陣竟同兒戲，至玄女娘娘相生相尅之說，此三家村裏死學究見識。」這些內容都是受宗教迷信思想影響而產生的不實之處，也正是《水滸傳》的敗筆之處。在一些現實主義作品裏，「失眞之病」還表現在千篇一律的公式化、概念化傾向上，它比較多地反映在明清的世情小說中。例如明末清初的許多才子佳人小說，故事情節大致雷同，無非是「後花園私訂終身」，「落難公子中狀元」之類。曹雪芹在《紅樓夢》第一回中曾對這種創作傾向作了尖銳的揭露和諷刺。他指出這些作品「開口文君，滿篇子建，千部一腔，千人一面」。「假捏出男女二人名姓，又必旁添一小人撥亂其間，如戲中小丑一般。」「大不近情，自相矛盾。」這顯然是受封建倫理道德毒害較深的緣故。

明代睡鄉居士《二刻拍案驚奇序》中曾經指出，「失眞之病，起於好奇」。「捨目前可紀之事，而馳騖於不論不議之鄉。」不去觀察研究現實生活，而光憑主觀主義的臆想，就必然會流於荒誕無稽的地步，而使這種虛構喪失了現實基礎，結果必然只能給藝術創造帶來失敗。《西遊記》之所以與其他二、三流神魔小說不同，就在於它的虛構幻想都是深深地扎根於現實生活土壤的。正如張書紳《新說西遊記》回評中所說的，它能於「神奇幻渺」之中寫出「一片至理」來。以孫悟空三打白骨精一段爲例可看到這一點，屍魔三變，雖然也是屬於精靈幻變一類內容，但作者借此要描寫出孫悟空之善於識別人妖，唐僧則糊塗到人妖不分，寓意極爲深刻，有廣泛的現實基礎。同樣，從《封神演義》來看，寫哪吒的部份雖然也有不少寶貝鬥法之類內容，但因爲他敢於鬥橫行霸道的龍王三太子，不把玉帝封敕的東海龍王放在眼裏，並背叛封建社會中「父爲子綱」的倫理道德，反對李靖之不分是非，唯玉帝之命是從，具有強烈的反抗精神，所以，這部份內容就和其他那些毫無意義的寶貝鬥法之類描寫大不相同，而長期以來爲群衆所喜愛。在我國古代的文藝理論批評中，對那種主觀主義的瞎編，是一貫持否定態度的。

「眞而無假」的創作傾向，在我國古代文藝創作和文藝思想發展史上，也是有過許多表現的，並且產生過不良的影響。這種錯誤創作傾向的出現，主要是由於不懂得文學藝術的特徵，把藝術作品和歷史著作、科學著作等同起來，混淆了他們之間的原則區別的緣故。這一點在我國古代文藝史上有深遠的歷史淵源。我國古代文史哲不分，到漢以後雖然大的方面區分開來了，但文的概念仍然很寬，包括了許多非藝術的應用文章在內。從文學創作上來看，往往以科學、歷史著作的要求來要求文藝創作。比如宋代以詩證史的傾向就非常嚴重。如黃徹《䂬溪詩話》卷一說道：

子美世號「詩史」，觀《北征》詩云：「皇帝二載秋，閏八月初吉。」《送李校書》云：「乾元元年春，萬姓始安宅。」又《戲友》二詩：「元年建巳月，郎有焦校書。」「元年建巳月，官有王司直。」史筆森嚴，未易及也。

這就簡直是把一部杜詩當作記事的歷史了。當然，從詩中引證某個歷史事實，也不是絕對沒有根據，但是，決不能認爲詩中所寫時時事事都是絕對眞實的。如宋人陳巖肖的《庚溪詩話》卷上中，更是借杜詩來考證歷史人物的親屬了。其云：

杜少陵子美詩，多紀當時事，皆有據依，古號「詩史」。頃見蔡絛《西清詩話》云：「唐史載王珪母盧氏，嘗謂其子：『汝必貴，但未見汝與游者。』珪一日引房玄齡、杜如晦過之。母曰：『汝貴無疑。』及質之少陵《送重表侄王砅》詩曰：『我之曾老姑，爾之高祖母。』則珪母杜氏，非盧氏也。又曰：『爾祖未顯時，歸為尚書婦。隋朝大業末，房杜俱交友。長者來在門，荒年自糊口。家貧無供給，客位但箕帚。俄頃羞頗珍，寂寥人散後。入怪鬢髮空，吁嗟為之久。自陳翦髻鬟，鬻市充杯酒。上云天下亂，宜與英俊厚。向竊窺數公，經綸亦俱有。次問最少年，虬髯十八九。子等成大名，皆因此人手。下云風雲合，龍虎一吟吼。願展丈夫雄，得辭兒女醜。秦王時在坐，真氣驚戶牖。及乎貞觀初，尚書踐臺斗。夫人常肩輿，上殿稱萬壽。六宮師柔順，法則化妃后。聖尊均嫂叔，盛事垂不朽。』其詩詳諦如此，而史謬誤之甚。」今以余考之云。然其詩曰：「爾祖未顯時，歸為尚書婦。」又曰：「及乎貞觀初，尚書踐臺斗。」尚書者，蓋指珪也。為尚書婦者，乃為珪妻也。然則少陵所稱杜氏，實珪之妻，而史所稱乃珪之母也。兩事自不同。想以其詩中有「翦髻鬟」、「充杯酒」事，與陶侃母同，故亦以為珪母也。余又以唐史珪傳考之，珪母乃李氏，亦非盧氏也。然則《西清詩話》非獨不詳考事實，又並姓氏亦誤也。嗚呼，以珪之賢，上稟訓于賢母，下得助于賢妻，宜其為一代宗臣也。少陵詩非特紀事，至于都邑所出，土地所生，物之有無貴賤，亦時見于吟咏。如云：「急須相就飲一斗，恰有青銅三百錢。」丁晉公謂：以是知唐之酒價也。

我們引這樣一大段話，爲的是可以從中看到宋代在文藝思想上把詩、史相混淆的具體情況。誠然，詩歌中寫到的某些內容，有時也未嘗不可以作爲史實之旁證，但是，詩歌不是歷史，把詩歌中涉及到的人和事，乃至於「都邑所出，土地所生，物之有無貴賤」都作爲眞實之史證是可笑的，這就抹殺了藝術的特徵，甚至會得出荒唐之結論。比如陳巖肖以杜詩定唐時之酒價即是如此。王夫之在《薑齋詩話》中曾以生動的事實揭示了這種說法的錯誤。他說：

杜詩：「我欲相就沽斗酒，恰有三百青銅錢。」遂據以為唐時酒價。崔國輔詩：「與沽一斗酒，恰用十千錢。」就杜陵沽處販酒，向崔國輔賣，豈不三十倍獲息錢耶？求出處者，其可笑類如此。

杜甫和崔國輔是同時人，而酒價在當時能差那麼多嗎？其實，杜甫和崔國輔詩中都不是實寫唐時酒價，而是用的典故。杜甫用的是北齊盧思道說的：「長安酒錢，斗價三百。」是借用成語。崔國輔則是用的曹植詩中之語。曹植《名都篇》云：「我歸宴平樂，美酒斗十千。」以詩證史，強調「詩史」，在創作上必然會要求「眞而無假」，扼殺藝術的虛構，使創作走上邪路。爲此明清時期許多人對「詩史」之說進行了批評，其中以王夫之爲最深刻。他明確指出，「詩不可以史爲」，並且嘲笑那種把詩當作史的人，是「見駝則恨馬背之不腫」。他是堅決反對那種「眞而無假」的創作傾向的。

詩歌是以塑造藝術形象、抒發感情爲主的，因此，它可以大膽虛構，不能要求事事皆實。甚至於詩中涉及到的地理問題，也不能按地理書的要求去對待。王士禛在《漁洋詩話》中說道：

香爐峰在東林寺東南，下即白樂天草堂故址。峰不甚高，而江文通《從冠軍建平王登香爐峰》詩云：「日落長沙渚，層陰萬里生。」長沙去廬山二千餘里，香爐峰何緣見之？孟浩然《下贛石》詩：「瞑帆何處泊，遙指落星灣。」落星灣在南康府，去贛亦千餘里，順流乘風，即非一日可達。古人詩祇取興會超妙，不似後人章句，但作記裏鼓也。

顯然，如果一切都要按實際地理情況來寫詩，就會把藝術想像扼殺掉了。王士禛在《池北偶談》中又說：

世謂王右丞畫雪中芭蕉，其詩亦然。如「九江楓樹幾回青，一片揚州五湖白。」下連用蘭陵鎮、富春郭、石頭城諸地名，皆寥遠不相屬。大抵古人詩畫只取興會神到，若刻舟緣木求之，失其指矣。

王士禛這裡說的是王維《同崔傅答賢弟》一詩，在王士禛所引兩句之後的幾句是：「揚州時有下江兵，蘭陵鎮前吹笛聲。夜火人歸富春郭，秋風鶴唳石頭城。」其中所寫到的地方，從地理上看確實是「寥遠不相屬」的，然而它並不影響詩歌的「興會神到」。文學藝術可以允許虛構、誇張、想像，只要能做到情眞、理眞，這些具體方面是可以不必「刻舟緣木求之」的。如果我們要從詩歌中來考證地理，那就太荒謬了。

反對「眞而無假」這種傾向的鬥爭，也反映在小說理論批評中，在關於歷史演義小說的評論中尤爲突出。我國古代所創作的大量歷史演義小說中，思想內容和藝術水平的高下相去甚遠。這裡除了作者的才能有高低之別外，還有一個很重要的原因是對假和眞，即虛構與眞實的關係的認識問題。在創作指導思想上是事事求實呢？還是允許「劈空捏造」只求情眞理眞？拿歷史演義小說中最有名的兩部著作《三國演義》和《東周列國志》作一番比較，就可以清楚地看出前者是正確的，後者是錯誤的。從作者駕馭語言文字的能力上來說，這兩部小說的作者相去是不太遠的。但是，這兩部小說在藝術魅力上則極爲懸殊。這裡有一個基本的創作指導思想問題。《三國演義》雖然基本上也是依據陳壽《三國志》所記史實來寫的，但它不要求事事與正史皆合，它廣泛收集各種記載上的有關傳說、故事，按照作者塑造形象的需要來加以剪裁選擇，要略去什麼，要突出什麼，不是以是否有確鑿歷史依據爲標準，不是以這些事情在歷史上重要不重要爲標準，而是以如何表現人物性格爲標準，以如何突出主題思想爲標準的。它是有作家的虛構、想像在內，是對現實生活進行概括、集中、典型化的結果。比如拿曹操這個人物形象的塑造來說，小說中的曹操和歷史上的曹操就很不一樣。作者不是爲了寫歷史人物曹操，而是要塑造一個「亂世奸雄」的典型。因此，作者在材料選擇上不是以是否確有其事爲準，而是以如何突出人物性格特徵爲準的。以曹操殺呂伯奢這一情節爲例，即可明白地看出這一點。這個情節在刻劃曹操那種寧可我負天下人，不可讓天下人負我的奸雄性格上是很典型的。此事不見於陳壽《三國志》，是根據裴松之注所引佚書記載來寫的。關於此事，裴注共引了三種佚書的材料。《魏書》云：

太祖（曹操）以卓終必覆敗，遂不就拜，逃歸鄉里。從數騎過故人成皋呂伯奢；伯奢不在，其子與賓客共劫太祖，取馬及物，太祖手刃擊殺數人。

又《世語》云：

太祖過伯奢。伯奢出行，五子皆在。備賓主禮。太祖自以背卓命，疑其圖己，手劍夜殺八人而去。

又孫盛《雜記》云：

太祖聞其食器聲，以為圖己，遂夜殺之。既而悽愴曰：「寧我負人，毋人負我。」遂行。

從這些記載中可以看出，呂伯奢本人當時根本不在家，曹操也沒有殺他。呂伯奢之子對曹操態度，《魏書》和《世語》、《雜記》講得截然相反，未知孰是。同時，即使如《雜記》所載，曹操殺呂伯奢家人後，內心是極爲悽愴的。然而，小說中所寫則大不相同了。呂伯奢不僅在家，而且還出去爲曹操打酒。當曹操殺其家人，到厨房發現捆有一豬，知道是錯殺後，在離呂家後路上又恰好碰到呂伯奢打酒回來。曹操明知錯殺，反而又誘伯奢回頭而殺之，則是知錯而更犯之。可見，作者正是從刻劃和突出「奸雄」性格的需要出發，改造了歷史材料，加上了作者的虛構和誇張的，和歷史實際已經大大不同了。因此，這是一個通過虛構而更加典型化了的細節。它充份說明羅貫中寫《三國演義》是假眞結合，虛實並存的。

可是，《東周列國志》則不同，它是嚴格地按照史實來寫的，沒有什麼虛構的成份。至多是因爲先秦時文史不分，有些史籍中也記載一些傳說故事，所以就某一小段看，《東周列國志》也有點小說味道。《東周列國志》雖然能給讀者不少歷史知識，但是沒有能夠塑造出一個經過了歷史考驗眞正能站得住的人物形象來，它的致命弱點就在「事事皆實」上，清人蔡元放是推崇這種「事事皆實」的創作傾向的，但我們從他的《東周列國志讀法》中，恰好可以看出《東周列國志》和《三國演義》等作品的區別之所在。他說：

《列國志》與別本小說不同。別本都是假話，如《封神》、《水滸》、《西遊》等書全是劈空撰出，即如《三國志》（按：即《三國演義》），非陳壽《三國志》）最為近實，亦復有許多做造在內。《列國志》卻不然，有一件說一件，有一句說一句，連記實事也記不了，那裡還有功夫去添造。故讀《列國志》全要把作正史看，莫作小說一例看了。小說是假的，好做，如《封神》、《水滸》、《西遊》諸書，因是劈空揑造，故可以隨意補裁，聯絡成文。《列國志》全是實事，便只得一段一段，各自分說，沒處可用補裁聯絡之巧了，所以文字反不如假的好看，然就其一段一段之事來看，卻也是絕妙小說。

蔡元放的這種觀點和我們完全不同，他是把小說當作歷史來寫，不允許有一點虛構，否定藝術的虛構作用。按他的路子去創作，也就沒有藝術了。但他的分析從客觀上也說明了《列國志》之不如《水滸》、《西遊》、《三國》等優秀小說的原因，正是因爲它「眞而無假」，「事事皆實」。像蔡元放這樣主張的人，在我國古代並非只他一個，而是有一批人的。我國古代歷史演義小說，除《三國演義》外，大都藝術水平不高，類似於通俗歷史，其主要原因之一，就是受這種文藝思潮的影響。然而，明清以來，我國小說理論的主流是反對這種傾向的，是充份肯定虛構的重要性和必要性的。睡鄉居士《二刻拍案驚奇序》中就提出過「若云贋也，不已勝於眞者乎」的問題，認識到只有充分肯定虛構，才能達到最大的眞實，而勝於事實之眞實。很多人看到沒有「假」就不成其爲藝術了。二知道人《紅樓夢說夢》中說：

盲左、班、馬之書，實事傳神也；雪芹之書，虛事傳神也。然其意中，自有實事，罪花業果，欲言難言，不得已而托諸空中樓閣耳。

歷史著作也可以寫得很好，甚至有文學色彩，但那總是「實事傳神」，而藝術作品之妙正是在《虛事傳神」上。這種「虛事」不是任意編造的，而是有「實事」藏於「意中」。《紅樓夢》如果沒有藝術家的精心虛構，是決不可能成爲如此偉大的現實主義巨著的。王希廉《紅樓夢總評》中說：「《紅樓夢》一書，全部最要關鍵是『眞假』二字。讀者須知，眞即是假，假即是眞；眞中有假，假中有眞；眞不是眞，假不是假。」這不僅是對《紅樓夢》中假與眞關係的深刻分析，也可以用來概括我國古代論藝術創作中假與眞辯證關係的論述。

三　一與萬

我國古代文藝理論中所說的一與萬的關係，其核心是講的藝術形象塑造中的典型概括問題。藝術形象總是具體的、個別的，按照黑格爾的話說是一個「這個」。但是，它又有普遍性、代表性，體現著一般的意義。對於這一點，我國古代的文藝家很早就有所認識，並且從實踐過程中總結出了不少具體生動的經驗。所謂「一」，即是指藝術形象的個別性；所謂「萬」，並非是說「一萬」，而是指「多」的意思，即指藝術形象的代表性。北宋的大詩人蘇軾在《書鄢陵王主簿所畫折枝》之一中寫過這樣兩句詩：

誰知一點紅，解寄無邊春。

蘇軾這首詩講的是繪畫問題，但是，「詩畫本一律」，其理是相通的。從「一點紅」來寫出「無邊春」，充分地體現了藝術的典型化特徵。在自然界，每當冬去春來之際，各種各樣的景象都發生了較爲顯著的變化，藝術家要通過自己的作品來表現春到人間的情狀，不可能把它們都描寫出來，也不必要把它們都描寫出來。但是，藝術家可以而且也必須抓住最有特徵的典型事物，通過對它的逼眞描寫，來顯示整個無邊的春色。雖然藝術家只描繪了「一點紅」，然而，它卻預示著無數「一點紅」即將隨之而出現，標志著一個桃紅柳綠、百花爭艷的時刻即將到來了。藝術家要善於以「一點紅」來表現「無邊春」，必須對現實生活作深入細緻的觀察和研究，他應該具有敏銳的藝術嗅覺，去找到能夠充分地反映「一般」的「個別」。宋代的《王直方詩話》中曾經記載了這樣一個故事：

荊公（王安石）作內相時，翰苑中有石榴一叢，枝葉茂盛，惟發一花。公詩云：「穠葉萬枝紅一點，動人春色不須多。」

王安石和蘇軾一樣，發現了「紅一點」所蘊藏著的言說不盡的「動人春色」。蘇軾說的是藝術作品，王安石說的是現實中的自然美，但是道理是一樣的。從這兩個例子中，我們也可以看到藝術上通過「一點紅」來體現「無邊春」，這在生活中本來就是存在的，問題是在於藝術家是否具有這種敏感，能不能從衆多的生活現象中去發現它。應該說，藝術典型化的源泉是在現實生活。藝術家懂得了要通過典型的個別來反映一般的道理，那麼，即是以「春色」來說，也不是只有描寫「一點紅」才能體現「無邊春」的。比如謝靈運《登池上樓》中的名句：「池塘生春草，園柳變鳴禽。」即是通過春草、園柳、鳴禽來體現春到人間、一片喜悅之景象的。宋代陳善在《捫虱新話》中說：

唐人詩有「嫩綠枝頭紅一點，動人春色不須多」之句。聞舊時嘗以此試畫工。眾工競于花卉上妝點春色，皆不中選。惟一人于危亭縹緲、綠楊隱映之處，畫一美婦人憑欄而立，眾工遂服。此可謂善體詩人之意矣。

用這兩句詩來試畫工，其意並不是讓畫工按詩意作畫，而是要求畫工能通過具體、生動、形象的個別來反映一般，創造一個具有高度典型概括性的優美藝術形象，來表現明媚的春光，這才是「詩人之意」之所在。所以，衆工競於花卉上妝點春色，進行模擬，其實並未眞正懂得這兩句詩的深刻含義。而於「危亭縹緲，綠楊隱映之處，畫一美婦人憑欄而立」的畫工，是眞正體會到了這兩句詩在藝術創造理論上的意義的。所以，他創造了另一個典型的「個別」來反映「一般」，終於獲得了成功，使衆工嘆服。藝術家的任務即是要善於把這種有典型意義的「個別」挖掘出來，經過加工改造，把它生動地再現出來。通過「一」來概括「萬」，「萬」又借「一」而體現出來。這裡包括著兩層意思：首先，「一點紅」必須是具體、生動、形象，而具有獨特性的；其次，它又能代表「萬」，反映一般，具有概括性。我國古代文藝理論中對這兩方面，都是十分重視的。

我國古代文藝理論中對「一」和「萬」關係的辯證認識受《周易》哲學思想的影響很深。《周易》中用八卦來摹擬和象徵客觀事物的時候，曾運用了同類相歸的方法。一個卦象並不只代表一個事物，而是代表著一類事物。《易傳》的《說卦》中就對卦象的含義和所象徵的事物作了具體分析。如乾卦是代表天、君、父等，坤卦代表地、母、后等，離卦代表火、日、電等，坎卦代表水、月、后等。《繫辭》總結易象這種特點，提出了「其稱名也小，其取類也大」的問題。一個形象符號可以象徵和代表一大類事物，這實質上也就是以「一」來表現「萬」的方法。在這裡「小」和「大」的關係也就是「一」和「萬」的關係。

漢代的《毛詩大序》正是運用這種認識來分析《詩經》的創作特徵的。其云：

是以一國之事，係一人之本，謂之風；言天下之事，形四方之風，謂之雅。

《毛詩大序》中這種對風、雅的解釋，雖然是從儒家政教觀點出發的，但是其中也包含著對文藝的典型概括作用的認識。《毛詩大序》作者認爲《詩經》中的各篇詩歌，都不只是詩人個人之言、個人之事、個人之情，而是體現了「一國之事」或「天下之事」的，也即是說，詩中所寫雖是個別的言、事、情，然而它卻是有代表性的，有廣泛的概括意義，是一國或天下之言、事、情的集中表現。唐代的孔穎達對《毛詩大序》中這幾句話，作了很具體的闡述和發揮。他說：

> 言詩人作詩，其用心如此。一國之政事善惡，皆係屬于一人之本意，如此而作詩者，謂之風。言道天下之政事，發見四方之風俗，如是而作詩者，謂之雅。言風雅之別其大意如此也。一人者，作詩之人。其作詩者，道己一人之心耳，要所言一人心，乃是一國之心。詩人覽一國之意以為己心，故一國之事係此一人使言之也。但所言者，直是諸侯之政，行風化于一國，故謂之風，以其狹故也。言天下之事，亦謂一人言之。詩人總天下之心，四方風俗，以為己意，而咏歌王政，故作詩道說天下之事，發見四方之風，所言者乃是天子之政，施齊正于天下，故謂之雅，以其廣故也。

孔穎達這段話，把《毛詩大序》的含義講得更加清楚明白了。《毛詩大序》講詩歌的產生是「在心爲志，發言爲詩」，而詩人之心並不是他個人之心，而是要「覽一國之意以爲己心」，詩人之所言，並非只是言個人之事，而是代表著「一國之事」的。而對於「雅」詩來說，是要以天下之心爲己心，使天下之事借一人而言之。這裡有受儒家傳統政教觀念影響之形而上學色彩，具體反映在對風、雅區別的論述上。其實，詩歌所具有的普遍意義是代表一國、還是代表天下，不是以風雅來分的。藝術作品的典型概括意義的寬和狹，主要應看它的內容所體現的現實意義之大小，而不是看它是寫地方(一國)的「風」，還是寫天下的「雅」。實際上，代表「諸侯之國」的許多「風」詩，遠比代表「天子之政」的「雅」詩的現實意義和社會作用要大得多。但是，如果我們撇開這種儒家傳統觀念的影響，那麼，

《毛詩大序》在這裡所指出的詩歌的典型概括作用，還是很有價値的。而且通過對「風」詩和「雅」詩的分析，清楚地流露出了藝術作品的普遍概括意義愈廣闊愈好的思想，這也是很可貴的。這裡，我們還要指出的是，孔穎達在闡述《毛詩大序》這一說法時，舉出了一些具體例子，從他對這些例子的分析中，我們可以更具體地看到他對藝術的典型概括特徵的認識。他說：

> 《谷風》、《黃鳥》，妻怨其夫，未必一國之妻皆怨夫耳。《北門》、《北山》，下怨其上，未必一朝之臣皆怨上也。但舉其夫婦離絕，則知風俗敗矣。言己獨勞從事，則知政教偏矣。莫不取眾之意，以為己辭，一人言之，一國皆悅。假使聖哲之君，功齊區宇，設有一人，獨言其惡，如弁隨、務光之羞見殷湯，伯夷、叔齊之恥事周武，海內之心，不同之也。無道之主，惡加萬民，設有一人，獨稱其善，如張竦之美王莽，蔡邕之惜董卓，天下之意不與之也。必是言當舉世之心，動合一國之意，然後得為風雅，載在樂章。不然，則國史不錄其文也。

孔穎達這一段分析是相當精辟而深刻的，他對藝術的典型概括作用的認識已大大超出了《毛詩大序》之意了。他在這段分析中告訴我們，藝術形象的典型概括作用，不是簡單的平均數。不能認爲一首詩中寫了「妻怨其夫」，就是「一國之妻皆怨夫」，一首詩中寫了「下怨其上」，就是「一朝之臣皆怨上」。而是指藝術作品中所揭示的思想意義具有普遍性，如「舉其夫婦離絕，則知風俗敗矣」，「言己獨勞從事，則知政教偏矣」。藝術作品所選擇的「個別」，常常是現實中很特殊的事，但要求其思想意義能反映廣大群衆的要求。像弁隨、務光之不肯事商湯（事見《莊子・讓王》篇），伯夷、叔齊之不肯事周武王，張竦草奏稱頌王莽功德，蔡邕之哭董卓之死，都不是廣大群衆所贊同的。這些典型事例不能反映當時絕大多數百姓的意願，就不値得用詩歌去讚美、歌頌。當然，孔穎達在這裡也有一些不全面之處，像弁隨、務光、伯夷、叔齊、張竦、蔡邕之類「海內之心不同之」的事，也可以作爲反面典型來寫的，也可以有另外一種概括意義。然而，總的來看，從孔穎達所分析的這些事例中，可以看出他對藝術作品的典型概括意義，是體會得比較深入的。他具體地指出了藝術作品怎樣通過「個別」的、特殊的典型的描寫，來表現普遍的、一般的意義，從而起到積極的社會教育作用。

《毛詩大序》中對藝術典型概括作用的認識，很深刻地影響了著名的詩歌理論家白居易。在白居易的詩歌理論中，也反映出了與孔穎達相類似的認識。他在《讀張籍古樂府》一詩中說：

讀君《學仙》詩，可諷放佚君；讀君《董公》詩，可誨貪暴臣；讀君《商女》詩，可感悍婦仁；讀君《勤齊》詩，可勸薄夫淳。

又《與元九書》云：

凡聞仆《賀雨》詩，而衆口籍籍，已謂非宜矣。聞仆《哭孔戡》詩，衆面脈脈，盡不悅矣。聞《秦中吟》，則權豪貴近者相目而變色矣。聞樂遊園寄足下詩，則執政柄者扼腕矣。聞《宿紫閣村》詩，則握軍要者切齒矣。

白居易也看到了詩歌所描寫的雖然是一些具體事情，但是，卻有普遍的概括意義，可以起到廣泛的社會作用。在他對張籍的詩和自己詩作的社會效果的分析中，充份地表現了這種認識。正是從對文藝作品的這種典型概括作用的認識出發，我國古代的文藝家一貫認爲從具體的文藝作品中可以反映出一個國家的政治得失、風俗盛衰、人心向背。顯然，文藝作品如果只是表現「一」，只寫個人的情事，而不能代表「萬」，沒有普遍的社會意義，那是不可能有這樣重大的社會政治作用的。我國古代對文藝作品的社會政治作用的認識，正是建立在對文藝作品的典型概括作用的認識基礎之上的。

《毛詩大序》以及孔穎達、白居易等雖然表現了對藝術的典型概括作用有比較深入的認識，但主要是從藝術的社會作用、社會效果角度來講的，而不是從創作的角度來講的。從創作的角度來研究如何才能更好地進行典型概括，是從六朝才開始的。陸機在《文賦》中說：

籠天地于形內，挫萬物于筆端。

五臣注云：「謂天地雖大可籠於文章形內，萬物雖衆可折挫取其形以書於筆之端。」陸機在這裡已經朦朧地感覺到了藝術的概括作用。劉勰在《文心雕龍》一書中對藝術創作的典型概括特徵作了進一步的探討。他從三個不同的角度對藝術創作中的典型概括特徵作了分析。首先，劉勰從具體的藝術形象和它所體現的思想意義的關係上，提出了文藝創作中的「稱名也小，取類也大」的問題。這是劉勰總結了易象的概括作用以及《毛詩大序》中對詩歌的社會意義的分析，而從創作的角度來說明如何以小取大的問題。他在《比興》篇中說：

觀夫興之托諭，婉而成章，稱名也小，取類也大。關雎有別，故后妃方德；尸鳩貞一，故夫人象義。義取其貞，無從于夷禽；德貴其別，不嫌于鷙鳥。

劉勰以具體分析《詩經》中的《關雎》和《鵲巢》兩篇作品爲例，說明藝術作品描寫的雖然是現實中很小的個別現象，如《關雎》中寫雎鳩和鳴，《鵲巢》中寫尸鳩居於鵲巢等等，然而，它們所體現的思想意義則是很大的，具有普遍的代表意義。雎鳩雄雌成對，各自有別，詩人寫它們在河洲上應聲和鳴，借以比喻妃子是君王的賢內助，具有美好的德行。尸鳩住於鵲巢而堅貞專一，詩人借以比喻諸侯夫人的高尚品質。劉勰對這兩首詩的解釋，採用的是《毛詩》之說，這不很正確。但他由此而說明藝術創作要通過描繪「小事」，而寓以「大義」，這是相當精辟的見解。藝術反映現實的特點是具體性和形象性，因此，它必然是「小」的，是「一」；然而，藝術又包含有廣泛的代表意義，故而又必然是「大」的，是「萬」。劉勰在這裡著重是講「興」的方法，由此而談到寓大於小的特點。其實，整個藝術也都是有這種特點的。劉勰在這裡講的是「比興」，但只講「興」的寓大於小，不講「比」的寓大於小，這是什麼緣故呢？這一點他在《比興》篇中是有明確回答的。他說自從辭賦興起之後，特別是漢賦雖然用了比的方法，但只是一些具體的形象比喻。「或喻於聲，或方於貌，或擬於心，或譬於事」，很少能寓有廣泛的社會內容、深刻的思想意義。他說：「若斯之類，辭賦所先，日用乎比，月忘乎興，習小而棄大，所以文謝於周人也。」可見，他是有鑒於漢賦的形式主義傾向，「習小而棄大」，不能賦予藝術形象以巨大的思想內容，缺乏概括意義，所以才不講「比」的以小寓大的作用的。當然，藝術之不能以小寓大，並非用「比」忘「興」之故，但是，劉勰能夠強調和提倡以小寓大，反對「習小而棄大」，這是難能可貴的。

其次，劉勰指出了藝術創作應當通過對現實生活景象中的個別的特徵的描寫，來展現整個現實生活景象；以簡要的筆墨，來畫出豐富而完整的形象圖畫。這就叫：「以少總多，情貌無遺。」他在《物色》篇中說：

> 故灼灼狀桃花之鮮，依依盡楊柳之貌，杲杲為出日之容，瀌瀌擬雨雪之狀，喈喈逐黃鳥之聲，喓喓學草蟲之韻。皎日嘒星，一言窮理；參差沃若，兩字連形。並以少總多，情貌無遺矣。

這是從具體的藝術描寫上來說的。藝術描寫現實必須「以小總多」，善於抓住客觀對象具有典型性的特徵，對它作切中要害的眞實描寫，這樣就可以把客觀對象的形貌神態生動地再現出來。客觀存在的現實事物，即從一個具體對象來說，它也有許多不同的側面，有各種不同的具體形相和特徵。藝術家如果想把它們都詳盡地描繪出來，那樣也太煩瑣了，而且反而會使人不得要領。但是，如果能抓住現實事物的典型特徵，就能夠概括其本質，做到傳神寫照，情貌無遺。比如《詩經》中就有許多生動的例子。詩人善於通過簡要的筆墨來創造一個藝術的意境，雖然只用兩個字，如灼灼、依依、杲杲、瀌瀌、喈喈、喓喓等，卻把桃花之鮮、楊柳之貌、出日之容、雨雪之狀、黃鳥之聲、草蟲之韻，描繪得淋漓盡致，使人感到彷彿是身臨其境一般。這樣的描寫，既盡物態，又得物理，形神俱備，逼眞如畫。當然，我們也應該看到，劉勰所說的「以少總多」，還只是停留在對自然景色的描繪上，而並沒有深入到社會生活內容的描寫上。社會生活顯然是要複雜得多的，因而，對它們進行「以少總多」的描寫，自然也就更加困難了。所以，我們說劉勰這種「以少總多」說，還只是對藝術描寫現實的典型概括特徵有些初步的認識。

第三，劉勰還從作家的藝術構思過程，分析了藝術創造中通過個別來反映一般的特徵。他在《文心雕龍・隱秀》篇中提出了「言之秀矣，萬慮一交」的問題。前面我們在分析「隱秀」時已經指出，「秀」即是指藝術形象；「言之秀矣」，即是指用語言構成的藝術形象。而所謂「萬慮一交」，則正是說的藝術構思過程中，作家經過對無數紛繁複雜的現實生活現象的反覆思慮，最後凝聚成爲一個生動的藝術形象。這個藝術形象的產生是藝術家從「萬慮」中集中、概括、提煉，而後才獲得，即「一交」的。藝術家要把現實中的千景萬象熔鑄到一個生動的藝術形象中去，這是很不容易的，但又是藝術創造的必經過程。李公麟畫馬而胸中有千駟，文與可畫竹而胸中有千畝修竹，韓幹畫馬而以廐中萬馬爲師，都是藝術創造中熔「萬」於「一」的表現，是藝術家概括了廣泛的現實生活內容，通過具體的個別的形象來表現的結果。

上述三個方面，不管是小中寓大也好，以少總多也好，萬慮一交也好，講的角度盡管各不相同，但問題的實質都是一致的，說明藝術作品都是典型概括的產物，都要通過個別來反映一般。劉勰的這些論述雖然還是比較表面、比較幼稚的，但從文藝思想的發展角度來看，則是很先進的，而且是很有創造性的，給後代文藝家以很大啓發，對他們進一步深入探討藝術的典型概括特徵，有重要的促進作用。

唐代的劉禹錫就發揮了劉勰這些思想，提出了「片言可以明百意，坐馳可以役萬象，惟工於詩者能之」的問題。（見《董氏武陵集紀》）後來薛雪在《一瓢詩話》中解釋「片言可以明百意」指的是「詩之用」，而「坐馳可以役萬象」指的是「詩之體」。也就是說，劉禹錫這兩句話是從詩的社會功用和詩的創作兩方面來說明其典型概括作用的。前一句講的即是「稱名也小，取類也大」的問題，也是「以少總多」的問題，後一句講的即是「萬慮一交」的問題。唐末的司空圖在《二十四詩品》中更加明確地提出了詩歌藝術境界創造上的「萬取一收」問題。其「含蓄」一品寫道：

不著一字，盡得風流。語不涉己，若不堪憂。是有真宰，與之沉浮。如淥滿酒，花時返秋。悠悠空塵，忽忽海漚。淺深聚散，萬取一收。

司空圖在這裡對「含蓄」這種詩歌藝術境界作了生動的形象化的描繪。他指出這種「含蓄」詩境的特點是「不著一字，盡得風流」；「淺深聚散，萬取一收。」孫聯奎《詩品臆說》中對此有一段很好的解釋。他說道：「萬取，取一於萬，即『不著一字』；一收，收萬於一，即『盡得風流』。」這個解釋可以幫助我們具體地了解「萬取一收」的含義。詩境的創造是詩人從千景萬象中選擇、綜合而獲得的，它雖是一境，卻可以概括千景萬象。「萬」集中於「一」，「一」代表著「萬」。這就是「一」和「萬」的辯證關係。司空圖所說的「萬取一收」比劉勰更進一步的地方，是在他是針對詩境的創造來說的，亦即是說，他是就整個藝術形象的塑造來說的，而不是僅僅指具體的藝術描寫上的概括性。因此，這「萬取一收」可以包括劉勰所說的小中寓大、以少總多、萬慮一交等幾個方面的意思在內。

從完整的總體藝術形象上來講「一」和「萬」的關係，這就比從某些角度涉及到這個問題，要大大地提高了一步。司空圖在「洗煉」一品中說這種詩境的創造過程，「如礦出金，如鉛出銀」，說明這個「一」不僅是出於「萬」，而且是「萬」中之精華，是經過藝術家從衆多的生活景象中加工提煉出來，而又高於一般的生活景象的。前面我們說的蘇軾和王安石對「一點紅」和「無邊春」的關係的論述上，正是對司空圖這種「萬取一收」思想的具體運用。後來，清代的王士禛在《漁洋詩話》中所說的「一滴水可知大海味也」，正是對司空圖的「萬取一收」說的形象化表達。這「一滴水」即是「一」，而「大海」則是由億萬滴水滙成的，這就是「萬」。從「一滴水」可以知道「大海味」，「大海味」亦要通過「一滴水」體現出來。文藝作品所描繪的，只是廣闊的現實生活中的一部份，一個小的側面，如果說廣闊的現實生活是大海的話，那麼，文藝作品就只是「一滴水」，但是這「一滴水」卻可以反映廣闊的現實生活內容。藝術的這種典型槪括作用，劉熙載在《藝概・詩概》中稱之爲「小中見大」，「借端托寓」。他說：

以鳥鳴春，以蟲鳴秋，此造物之借端托寓也。絕句之小中見大似之。絕句意法，無論先寬後緊，先緊後寬，總須首尾相銜，開闔盡變。至其妙用，惟在借端托寓而已。

以鳥、蟲鳴春、秋，即借端托寓。借鳥蟲之端，小也；托春、秋之寓，大也。這就是通過個別來體現一般。我國古代詩歌中的絕句，最講究通過片斷的現實情景的描寫，來托寓深遠的意義。它雖然只有凝煉的四句話，卻可以構成含蓄的意境，做到「言有盡而意無窮」。比如王昌齡的《長信秋詞》寫道：

奉帚平明金殿開，且將團扇共徘徊。玉顏不及寒鴉色，猶帶昭陽日影來。

詩人寫的是漢成帝時班婕好失寵後在長信宮打掃宮殿，看到寒鴉從昭陽殿方向飛來這一情景，然而，它卻把班婕好的憂怨心情非常充份地寄寓出來了，更重要的是它寫的雖是班婕好的心情，實際上也代表了一切失寵嬪妃所共有的憂怨悲哀之情。

我國古代文藝理論中對「一」和「萬」關係的論述，不僅重視了藝術形象以「一」馭「萬」的概括作用，而且特別重視「萬」寓於「一」的個別性特徵。從實際創作中說，對如何做到使「一」具有自己獨特特點，是更爲注意的。明代謝榛在《四溟詩話》中曾特別強調詩歌創作要做到「異其異」，實質上也正是說的藝術形象要有自己獨特的個別性問題。他說：

夫情景有異同，模寫有難易，詩有二要，莫切于斯者。觀則同于外，感則異于內，當自用其力，使內外如一，出入此心而無間也。景乃詩之媒，情乃詩之胚，合而為詩，以數言而統萬形，元氣渾成，其浩無涯矣。同而不流于俗，異而不失其正，豈徒麗藻炫人而已。然才亦有異同，同者得其貌，異者得其骨。人但能同其同，而莫能異其異。吾見異其同者，代不數人爾。

謝榛在這裡所提出的「以數言而統萬形」，也即是以一馭萬，以少總多之意。但他這一段論述的重點是在說明這「數言」的描寫，必須要能夠「異其同」，具有自己的獨特之處。他認爲藝術形象的塑造，要做到「同其同」，是比較容易的，然而要做到「異其異」，則是比較難的。但是，藝術創作的關鍵也正是在這一點上。因爲，「同者得其貌，異者得其骨」，只有能做到「異」，方能反映其本質特點，而具備獨立存在的價值。藝術創作必須要以新穎獨特的「數言」去統「萬形」，這樣也才能有迷人的藝術魅力。

這種以「一」馭「萬」，又更側重在「一」的特殊性的典型概括思想，在我國古代小說理論中也有很突出的反映。它主要體現在關於小說人物形象塑造的理論上。在李贄、金聖嘆、毛宗崗等的著名的小說評點中，都特別強調我國古典小說中善於刻劃具有特殊個性的人物形象來體現現實生活中同類人物的特點。容與堂本《水滸傳》第二十四回回評道：

說淫婦便像個淫婦，說烈漢便像個烈漢，說呆子便像個呆子，說馬泊六便像個馬泊六，說小猴子便像個小猴子，但覺讀一過，分明淫婦、烈漢、呆子、馬泊六、小猴子光景在眼，淫婦、烈漢、呆子、馬泊六、小猴子聲音在耳，不知有所謂語言文字也。何物文人，有此肺腸，有此手眼！若令天地間無此等文字，天地亦寂寞了也。

潘金蓮、武松、武大郎、王婆、鄆哥在《水滸傳》寫武松那一部份中，都是非常生動的人物，各有自己異常鮮明的個性特徵，同時又都充分地體現著社會上淫婦、烈漢、呆子、馬泊六、小猴子這些不同類型人物的共同本質特徵。他們既是有某些代表性的人物，又是具體的「這一個」。這些人物之所以寫得好，就是因爲他們各有自己的「異」。《水滸傳》第二十回寫閻婆和她女兒閻婆惜也是非常生動傳神的。金聖嘆評道：

寫淫婦便寫盡淫婦，寫虔婆便寫盡虔婆，妙絶。

此所謂「寫盡」，正是說的小說人物形象塑造上的以「一」馭「萬」特點。通過特殊的、個別的閻婆「寫盡」了天下虔婆的本質；通過特殊的、個別的閻婆惜「寫盡」了天下淫婦的本質。對此，金聖嘆還作過具體分析。他說：

如何是寫淫婦便寫盡淫婦？看他一晚拏班做勢，本要壓伏丈夫，及至壓不來，便在脚後冷笑，此明明是開關接馬，送俏迎奸也。無奈正接不著，則不得已，乘他出門恨罵時，不難撒嬌撒痴，再復將他兜住。乃到此又兜不住，正覺自家沒趣，而陡然見有贓物，便早把一接一兜面孔一齊收起，竟放出猙猙食人之狀來，刁時便刁殺人，淫時便淫殺人，狠時便狠殺人，大雄世尊號為花箭，真不誣也。

如何是寫虔婆便寫盡虔婆？看他先前說得女兒慿地思量，及至女兒放出許多張致來，便改說女兒氣苦了，又嬌慣了。一黄昏嘈出無數說話，句句都是埋怨宋江，憐惜女兒，自非金石為心，亦孰不入其玄中也。明早驟見女兒被殺，又偏不聲張，偏用好言反來安放，直到縣門前了，然後扭結發喊，蓋虔婆真有此等辣手也。

金聖嘆非常具體地剖析了《水滸》這一回具體描寫中如何通過個別的、生動的形象，把淫婦、虔婆的本質活靈活現地呈現出來。金聖嘆對《水滸》的讚揚，最主要的是認爲它所寫的人物個性極爲鮮明，而它的共性則是寓於這些獨特的個性之中的。故而他在《讀法》中說：「只是貪他三十六個人，便有三十六樣出身，三十六樣面孔，三十六樣性格。」總之，力求把人物寫得無一個相同，而又能反映某一類人的共同特點，這是《水滸傳》的最重大藝術成就，也是我國古代小說理論中所注意的中心。從「一」和「萬」的關係來說，即是要在肯定「一」中要寓「萬」的前提下，著重強調「一」的個別性特點。這和在形神關係上講究以「得其意思之所在」的特殊之形來傳神，其精神實質是一致的。

四　虛與實

虛和實的關係在我國古代文藝理論中有幾種不同的含義，比較常見的有以下三種：一、是指藝術形象塑造中的實的部份和虛的部份，亦即藝術形象中的具體的有形的描寫和由它所引起的聯想所構成的虛的無形的部份。二、是指虛構和眞實的關係，亦即我們前面已經說過的假與眞的關係。三、是指文學作品（主要是詩詞）中的虛字和實字所起的不同作用。我們在這裡主要分析第一種含義上的虛和實，第三種含義也涉及到藝術形象的塑造，因此也要附帶論及。藝術形象塑造上的虛和實相結合，是我國古典美學的重要特徵，也是我國古代文藝創作理論中具有民族特色的重要內容之一。虛實結合的重點是強調虛的作用。在藝術形象塑造中要使實的描寫能引導人產生某種必然的聯想，從而構成一個虛的境界，使實的境界和虛的境界相結合，從而形成更加豐富的生動藝術形象。這種藝術表現特徵在我國古代的藝術創作中非常突出。比如，我國古代的書法藝術講究空間布白之美，所謂「計白以當黑，奇趣乃出」（包世臣《安吳論書》），要求把整個書法畫面上的有字部份和無字部份有機地結合起來，使「點畫之間皆有意」（王羲之語，見《法書要錄》引），以構成強烈的美感。梁武帝蕭衍在《觀鍾繇書法十二意》中提出要有「字外之奇」，就是強調書法要通過有形的字引起人們的聯想，從而形成字外之意境。我國古代的繪畫很注意發揮畫面上空白之處的作用，把有畫部份和無畫部份（即空白部份）結合起來，讓有畫部份引起觀賞者的聯想，使空白之處產生無形之畫，這樣就能做到無畫而有畫，使「畫中之白即畫中之畫，亦即畫外之畫」（華琳《南宗抉秘》）。這樣，就能夠做到「畫在有筆墨處，畫之妙在無筆墨處」（戴熙《習苦齋畫絮》），從而產生「虛實相生，無畫處皆成妙境」（笪重光《畫筌》）的生動景象。我國古代的詩歌創作講究要有「象外之象，景外之景」，要通過具體的藝術描寫，引起人的豐富聯想，從而在象外構成一個虛的境界，也就是劉禹錫所說的要使「境生於象外」。我國古代戲劇中這種虛實結合的藝術表現方法運用得更爲突出。我國古代的戲劇，舞臺上沒有什麼佈景，室內室外、下雨下雪、騎馬乘船、山水風景，全都靠演員的手勢和動作來虛擬，然而它卻非常逼眞，甚至比有實景佈置的更具有眞實感。比如梁祝故事中之十八相送，處處景色全是虛設，卻能使人如入畫中。《白蛇傳》中許仙和白娘子、小青在西湖相會，湖中划船、下雨，也都是虛擬的，但使人能清晰地看到這一幅畫面。我國古代小說創作中，在人物形象塑造上經常運用虛寫與實寫相結合的方法，使人物形象更加活靈活現，如聞其聲，如見其形。因此，總結我國古代關於虛和實的藝術理論，給以科學的分析，是非常重要的，可以更好地發揚我們民族的優秀藝術傳統。

在藝術表現上強調虛的作用，講究虛實結合，這在我國文藝思想發展史上很早就有所表現，有它的深刻的歷史淵源。它主要是受道家的文藝和美學思想影響的產物。藝術表現上的虛和實的關係，是在老莊哲學中所講的無和有的關係基礎上逐漸發展起來的。老莊所理想的「大音希聲」和「大象無形」的藝術境界，即是建立在「有無相生」，以「無」爲本的哲學思想基礎上的。藝術上的「無聲之樂」和「有聲之樂」的關係，「無形之象」和「有形之象」的關係，實質上就是形而上的「道」和形而下的「物」的關係，也就是「無」和「有」的關係之一種表現。老莊認爲「有無相生」，而「有」是生於「無」的，「無」是處於主導地位的。老子說：

三十輻共一轂，當其無，有車之用。埏埴以為器，當其無，有器之用。鑿戶牖以為室，當其無，有室之用。

他以車輪、器皿、房屋作比喻，說明：沒有車轂中間的空隙，就沒有車輪的作用；沒有陶土器皿中間的空處，就沒有器皿的作用；沒有房屋中央的空間，就沒有房屋的作用。老子看到了「無」和「有」之間的辯證關係，但是他過份地強調了「無」的作用，把這兩者的主次關係搞顚倒了。莊子在這一點上走得更遠，認爲「萬物出乎無有，有不能以有爲有，必出乎無有」（《庚桑楚》）。爲此，他在藝術上肯定「無聲」、「無形」、「無字」的境界，而否定「有聲」、「有形」、「有字」的境界。

但是，實際上從老子所舉的三個例子中，我們可以看到恰恰是說明「無」是依賴「有」的，「有」比「無」更重要。沒有車輪的輻和轂，怎麼能構成車轂中間的空隙呢？沒有陶土器皿，也就不會有它中間盛物的空處，沒有房屋四周的牆和門窗，顯然也就不存在房屋中央的空間。藝術上也是如此，「無聲」、「無形」、「無字」的境界是要依賴於一定的「有聲」、「有形」、「有字」才能產生的。比如白居易的《琵琶行》中寫道：

大絃嘈嘈如急雨，小絃切切如私語；嘈嘈切切錯雜彈，大珠小珠落玉盤；間關鶯語花底滑，幽咽流泉水下難。冰泉冷澀絃疑絶，疑絶不通聲暫歇。別有幽愁闇恨生，此時無聲勝有聲。銀缾乍破水漿迸，鐵騎突出刀槍鳴。曲終收撥當心畫，四絃一聲如裂帛；東舟西舫悄無言，唯見江心秋月白。

在一種特定的條件下，「無聲」確比「有聲」更能深刻地體現琵琶女的感傷心情。然而這種「無聲」的境界並不是偶然產生的。白居易說「此時」的「無聲」比「有聲」更妙，而「此時」的「無聲」境界正好是處於兩個「有聲」高潮的中間，並且是依靠這兩個有聲高潮而出現的。如果沒有前面「大珠小珠落玉盤」的「有聲」高潮的引導，沒有「幽咽流泉水下難」的過渡，沒有後面「銀瓶乍破水漿迸」的「有聲」高潮的呼應，也就不可能構成「此時無聲勝有聲」的境界，人們也就無法領會到「無聲」中包含的意義。可見，「無聲」還是要依賴於「有聲」的，「無聲」境界的內容，它所引起人的想像，是要受這前後兩個「有聲」高潮的制約的。「無聲」是建立在「有聲」的前提之下，是「有聲」的進一步發展的結果。不過，老莊雖然把「無」和「有」的主次關係搞顚倒了，但是他們重視「無」的重要作用，這個思想對藝術卻產生了廣泛而深遠的影響。

老莊從以「無」爲本出發，把藝術上「有聲」和「無聲」、「有形」和「無形」、「有字」和「無字」的關係，看作是必須拋棄前者才能獲得後者，前者是後者的障礙。這種主張顯然是錯誤的。在這方面，漢代的《淮南子》對老莊的絕對化傾向有所克服。《淮南子》在美學思想上繼承和發揮了老莊關於「無」和「有」的論述，但是，它不否定「有」，而是著重闡明應當由「無」來主宰「有」。它認爲音樂上的「無聲」是「有聲」之君，「無聲」主宰著「有聲」。對藝術領域來說，「無形」是「有形」之君，「無形」是主宰「有形」的。《齊俗訓》云：「故蕭條者，形之君也；寂寞者，音之主也。」《泰族訓》云：「使有聲者，乃無聲也。」《原道訓》云：「夫無形者，物之大祖也；無音者，聲之大宗也。」「是故視之不見其形，聽之不聞其聲，循之不得其身。無形而有形生焉，無聲而五音鳴焉，無味而五味形焉，無色而五色成焉。是故有生於無，實出於虛。」《淮南子》雖然也強調以「無」爲本，但並不把「有」看作是達到「無」的障礙，不否定「有」。它強調「虛」的重要作用，但不排斥「實」，這種思想對藝術的影響更爲直接。因爲藝術上雖然要發揮「虛」的作用，但決不能否定「實」；否定了「實」，也就沒有了藝術，自然也就談不到「虛」的作用問題了。

從藝術形象塑造的角度所說的虛和實的關係，在我國古代文藝理論中經常講到的，大致有以下三種情況：一、是「以實出虛」。通過部份有形的實的描寫，借助於藝術的比喻，象徵、暗示等作用，引導人產生一種必然的聯想，從而傳達出一種虛的境界，使實的部份和虛的部份結合而形成爲完整而豐滿的藝術形象。比如《圖畫見聞志》記載宋代著名山水畫家郭忠恕，一日乘醉在大幅素絹的一角畫

「遠山數峰」，別處都是空白，使人們從「遠山數峰」而想像出山巒起伏的浩瀚氣勢。後來在文藝上遂以郭忠恕畫天外數峰傳爲美談。王士禛在《香祖筆記》等著作中，就一再引王楙《野客叢書》中所說：「郭忠恕畫天外數峰，略有筆墨，然而使人見而心服者，在筆墨之外也。」認爲這個說法「得詩人三昧」。郭忠恕這幅畫之所以對我國古代文藝理論產生了這麼大的影響，正是因爲他能以實景出虛景。天外數峰本身並不很難畫，也不一定成爲傑出的作品。它的可貴之處，是郭忠恕能借助於天外數峰的象徵、暗示作用而使畫面的大片空白之處也無畫而有畫，在人們心目中展現了一幅山峰若隱若現，雲水繚繞翻滾的生動圖畫。這種由具體的實景而聯想產生的虛的幻景，即是發揮藝術形象塑造上的虛的作用而產生的。這「實」的「天外數峰」就和「虛」的山巒和雲水，互相結合，共同構成一幅河山浩瀚、氣勢壯闊的形象圖畫。這種由實而出虛的藝術表現方法，王士禛在關於詩的創作中曾作過一個十分生動形象的比喻。趙執信在《談龍錄》中有過這樣一段記載，他說：

錢塘洪昉思（升）久于新城之門矣。與余友。一日，並在司寇宅論詩。昉思嫉時俗之無章也，曰：「詩如龍然，首尾爪角鱗鬛，一不具，非龍也。」司寇（即王士禛）哂之曰：「詩如神龍，見其首不見其尾，或雲中露一爪一鱗而已，安得全體？是雕塑繪畫者耳。」余曰：「神龍者屈伸變化，固無定體，恍惚望見者，第指其一鱗一爪，而龍之首尾完好，故宛然在也；若拘于所見，以為龍具在是，雕繪者反有辭矣。」昉思乃服。

王士禛認爲畫龍可以比喻作詩，眞正的神龍，不必畫出全體，而只要畫雲霧中露出的「一鱗一爪」就行了。這「一鱗一爪」是「實」的部份，而由此產生的對龍的全體的想像，就是「虛」的部份。這「實」的「一鱗一爪」和雲霧中由想像而得的龍的虛的部份，互相結合，就構成為生動逼真的活的龍的形象。洪升的藝術表現方法，完全是實的描繪，而王士禛的藝術表現方法，則是虛實結合而重在虛的表現方法。這種以實出虛的藝術表現特點的關鍵，是要使「實」的部份必須能引起人們的一種聯想，以導至人們在自己腦海中出現與作者所要表達的情景相一致的虛的境界。顯然，不是任何一種「實」的景象的描繪都能產生這樣的效果和作用的。要使這種「實」的描寫能出虛的效果，首先在藝術家的心目中必須有包括虛的境界在內的完整藝術形象在。畫出來的雖是龍之「一鱗一爪」，但是腦子裏應當有「神龍」的全體在。此點趙執信已經講得很清楚了。其次，藝術家所描寫的具體的「實」的部份必須具有一種比喻、象徵、暗示作用，能夠啓發人的聯想。我國古代詩歌藝術中注重「言外之意」、「言有盡而意無窮」，正是要發揮藝術上聯想的作用，而使虛實結合，故有不盡之味。比如李白所寫樂府詩中的名篇《玉階怨》一詩云：

玉階生白露，夜久侵羅襪。卻下水精簾，玲瓏望秋月。

詩人在這裡描寫了一位女子深夜懷念遠出未歸親人的那種幽怨心情。但是，詩人並沒有具體描寫這種怨情，而是通過夜幕轉深，白露濕襪，女子放下水精簾，隔簾而望皎皎明月這些「實景」，以「夜久」來比喻女子思念之深切，以「秋月」來象徵女子悲涼之心境，從而把那種幽怨之情生動地暗示出來了。故而蕭士贇贊此詩曰：「無一字言怨，而隱然幽怨之意見於言外。」（見《李太白集》王琦注引）王士禛在《漁洋詩話》中說：「柳子厚『漁翁夜傍西岩宿』一首，如作絕句，以『欸乃一聲山水綠』結之，便成高作，下二句眞蛇足耳；而盲者顧稱之，何邪？」王士禛這個說法，也是從強調發揮詩歌藝術描寫上的「虛」的作用，反對把詩寫得太實太具體出發的。此亦反對把龍之首尾爪角鱗鬣都畫出來之意。柳宗元的《漁翁》詩云：

漁翁夜傍西巖宿，曉汲清湘燃楚竹。烟銷日出不見人，欸乃一聲山水綠。回看天際下中流，巖上無心雲相逐。

這首詩的末句用的是陶淵明《歸去來辭》中「雲無心而出岫」之意，表示漁翁與世無爭，怡然自樂的處世態度。然而，詩的前四句已經把漁翁的這種精神境界很形象地表現出來了，有如陶淵明之「採菊東籬下，悠然見南山」，以及王維之「行到水窮處，坐看雲起時」一般，完全用不著再寫這兩句。這首詩前四句的「實」的形象描寫中，已經暗示出了這兩句詩的意思，不必再把它如實地寫出來了。寫了這兩句反而對讀者的聯想內容起一種限制的作用，所以說是「蛇足」。這一點，惠洪在《冷齋夜話》中說，蘇軾早就指出此詩「其尾兩句，雖不必亦可」。王士禛當是對蘇軾之論的進一步發揮。

二、是化實爲虛。詩歌創作中古人經常運用這樣的藝術表現手法，即是把自然界的實的景物，通過藝術描寫，化爲作家虛的情思。此點我們在第二章論意境的美學特徵時已作過分析，此處從虛實結合角度再作一些補充論述。宋代范晞文在《對床夜語》卷二中說：

（周伯弜）「四虛」序云：「不以虛為虛，而以實為虛，化景物為情思，從首至尾，自然如行雲流水，此其難也。否則偏于枯瘠，流于輕俗，而不足採矣。」姑舉其所選一二云：「嶙猿同旦暮，江柳共風烟。」又「猿聲知後夜，花發見流年。」若猿，若柳，若花，若旦暮，若風烟，若夜，若年，皆景物也，化而虛之者一字耳，此所以次于「四實」也。

強調化實爲虛，使虛實有機地結合，和當時詩壇上那種割裂情景、強分虛實的形而上學創作風氣相比，是一個大進步。宋代一些講詩法者，往往規定一些機械的、死板的格式。比如說詩歌中情是虛，景是實，虛實結合的一種方法就是一句情一句景。律詩中間對偶的四句，必須兩句言景，兩句言情，言景在前，言情在後。又有所謂「四實」，即四句全是言景，「四虛」即所謂四句皆言情。在現實生活中，景物是實的，情思是虛的，但是在藝術作品中，則是景中有情，情中有景，實中有虛，虛中有實，不能把情景、虛實截然分開的。黃宗羲在《景州詩集序》中說：

周伯弜之注三體（唐）詩也，以景為實，以意為虛。此可論常人之詩，而不可以論詩人之詩。詩人萃天地之清氣，以月露風雲花鳥為其性情，其景與意不可分也。月露風雲花鳥之在天地間，俄頃滅沒，而詩人能結之不散；常人未嘗不有月露風雲花鳥之咏，非其性情，極雕繪而不能親也。

黃宗羲指出「詩人之詩」和「常人之詩」的區別，即在於「常人」不能借景物來體現情思，不能把景物之實和情思之虛緊密地結合起來，寫景只是寫景，「非其性情」；而「詩人」則寫景即其性情，「景與意不可分」，實和虛是統一在形象中的。周伯弜雖然在對情景、虛實的總的看法上是形而上學的，但就范晞文所引部份看來，在指出虛的描寫不一定都是以虛爲虛，可以化實爲虛，化景物爲情思這一點上，則和黃宗羲的基本意思是一致的。

景物是具體的，實的，如果只是把它當作照相一般地描寫在藝術作品中，那就是死板的、單調的，然而，如果把它作爲藝術家的情思之所寄托，它就活了，豐富了，有了生氣。原來是美的景物更加美了，原來說不上什麼美的景物，也變得美了。景物原來只有它本身那麼一點固定的意義，有了作家情思的寄托之後，它的意義就變得無窮無盡了，可以用讀者的想像不斷地豐富它。馬致遠的散曲《天淨沙》云：「枯藤、老樹、昏鴉，小橋、流水、人家，古道、西風、瘦馬。夕陽西下，斷腸人在天涯。」前三句中每句均是三種景物名稱，作者未作任何描繪之語，而境界自出。經過後兩句點出主題，這九種景物遂均變爲淪落天涯斷腸人的愁思，全帶上了憂傷的情調。表面上寫的全是實景，實質上都成爲愁思之表現，故古人說它是「秋思之祖」。王國維《人間詞話》中曾說：「寥寥數語，深得唐人絕句妙境。」實化爲虛，詩歌就有言說不盡的滋味。因此，我國古代文藝家認爲詩歌創作不宜於太實，必須虛實結合，充份體現虛的作用，才能成爲好詩。謝榛在《四溟詩話》中說：

寫景述事，宜實而不泥乎實。有實用而害于詩者，有虛用而無害于詩者。此詩之權衡也。予與李元博秋日郊行，荊榛夾徑，草蟲之聲不絕。元博曰：「凡秋夜賦詩，多用『螢螢』，而晝則弗用，何哉？」予曰：「此實用而害于詩，所謂『靨子在顙則醜』是也。」貫休曰：「庭花濛濛水泠泠，小兒啼索樹上鶯。」景實而無趣。太白曰：「燕山雪花大如席，片片吹落軒轅臺。」景虛而有味。

謝榛在這裡所說的「實用而害於詩」以及「虛用而無害於詩」的意思，可以從他所舉的兩個具體例子的分析中看得很清楚。爲什麼秋夜賦詩多用蟋蟀寒蟬，而白天賦詩則不用呢？因爲秋夜蟲聲常常引起人更加深切的愁思，此時寫蟲聲，實際非在蟲聲，而在表現愁思之不盡，而白天如寫蟋蟀寒蟬之聲，則沒有這種效果，不易把蟲聲與愁思相聯也。「黶子在顴則醜」，「蛩螿」在白天就不像在夜晚那樣能觸動人的愁思之切也。可見，實用之害與虛用之無害，正是在於能否在景物中寄托作家情思。貫休之詩所以「景實而無趣」，即在就景寫景，而不能把景物人化。而李白之詩所以「景虛而有味」，不僅是因爲用了誇張手法，更主要的是這種景物的描寫，已經成爲詩人情思的寄托，使人感到有含蓄不盡之餘味。

三、以虛出實。在塑造藝術形象的過程中，虛實結合的另一個重要表現是，常常通過以側面的間接的描寫爲主，而以正面的直接的描寫爲輔的方法，來突出藝術形象的特徵。前者稱爲虛寫，後者稱爲實寫。這種虛實結合的表現形式，在詩歌、小說、戲劇中都有，但在小說，戲劇創作中體現得尤爲突出。這種以虛出實的表現方式和前面所說的以實出虛的方式正好相反，但是，其藝術效果則是一致的，都是要把具體的實的景象和想像的虛的景象結合起來。從詩歌創作上來說，王夫之在《詩譯》中曾有過一段生動具體的論述。他說：

唐人《少年行》（《全唐詩》作《青樓曲》）云：「白馬金鞍從武皇，旌旗十萬獵長楊。樓頭少婦鳴箏坐，遙見飛塵入建章。」想知少婦遙望之情，以自矜得意，此善于取影者也。「春日遲遲，卉木萋萋；倉庚喈喈，采蘩祁祁。執訊獲醜，薄言還歸。赫赫南仲，玁狁于夷。」其妙正在此。訓詁家不能領悟，謂婦方采蘩而見歸師，旨趣索然矣。建旌旗，舉矛戟，車馬喧闐，凱樂競奏之下，倉庚何能不驚飛，而尚聞其喈喈？六師在道，雖曰勿擾，采蘩之婦亦何事暴面于三軍之側邪？征人歸矣，度其婦方采蘩，而聞歸師之凱旋，故遲遲之日，萋萋之草，鳥鳴之和，皆為助喜；而南仲之功，震于閨閣，室家之欣幸，遙想其然，而征人之意得可知矣。乃以此而稱「南仲」，又影中取影，曲盡人情之極至者也。

和歷代的經生家相比，王夫之對《小雅・出車》末章的分析，是比較正確的。此章本旨是寫大軍凱旋歸來之時，征人的喜悅欣幸心情，然而詩人並不直接寫征人的欣喜狀況，而是描寫了征人歸途中想像他妻子在看到他們凱旋歸來場面時的無比欣喜心情，借此來間接地襯托出征人當時的心情。征人歸途上所想像的內容都是虛的，但它卻反映出了征人勝利歸來之時，自己欣喜歡愉的實情。王昌齡的《青樓曲》亦是如此。跟從皇帝狩獵的武士，想像其婦遙望他們隊伍的威武，及其夫的雄姿，爲此而感到驕傲。而這實際上是寫武士本人的自矜之情，只不過是通過想像其婦之自矜來間接地加以襯托罷了。

這種以虛出實的表現方式，在小說中是經常運用的。比如毛宗崗在評點《三國演義》中，就很注意其中虛寫和實寫相結合的這種描寫人物形象的特點。《三國演義》第五回寫袁紹率各路諸侯討伐董卓，與董卓手下名將華雄交戰，其中著重刻劃關雲長的勇武卓群，即是運用的這種以虛出實的方法。

作者為了突出關雲長的形象，首先強調了華雄的英勇氣概，而寫華雄，只有剛出場斬鮑忠、戰孫堅是實寫，其他都是虛寫。如華雄刀斬袁紹手下俞涉、潘鳳等，都是通過探子報信，從探子口中間接描寫的。華雄威風，至使「衆皆失色」，袁紹甚至感嘆：「可惜吾上將顏良、文丑未至！得一人在此，何懼華雄！」這些其實又都是為襯托關羽之英勇而寫的。到寫關羽之溫酒斬華雄，又完全是虛寫。作者沒有直接描繪關羽與華雄之戰的具體情況，只是寫「衆諸侯聽得關外鼓聲大振，喊聲大舉，如天摧地塌，岳撼山崩，衆皆失驚。正欲探聽，鸞鈴響處，馬到中軍，雲長提華雄之頭，擲於地上。——其酒尚溫。」顯然，這裡從寫諸侯聞戰鼓聽喊聲來間接地寫關羽斬華雄，比從正面實寫的效果要更好，它給人以極豐富的想像餘地，使關公的英雄形象更加高大了。毛宗崗在對這一段描寫的評論中，著重說明了這就是「虛寫」與「實寫」相結合的藝術效果。又比如第三十七回寫劉備三顧茅廬，其目的主要在刻劃諸葛亮，但諸葛亮並未出場，作者通過描寫諸葛亮住處的環境，諸葛亮的童子、友人、弟弟、岳父，從側面來烘托諸葛亮的形象，純用虛寫。故毛宗崗評道：

> 此篇極寫孔明，而篇中卻無孔明。蓋善寫妙人者，不于有處寫，正于無處寫。寫其人如閒雲野鶴之不可定，而其人始遠；寫其人如威風祥麟之不易覩，而其人始尊。且孔明雖未得一遇，而見孔明之居，則極其幽秀；見孔明之童，則極其古淡；見孔明之友，則極其高超；見孔明之弟，則極其曠逸；見孔明之丈人，則極其清韻；見孔明之題咏，則極其俊妙。不待接席言歡，而孔明之為孔明，于此領略過半矣！

孔明出場之前，讀者對他的思想性格早已有了清晰的印象。脂硯齋在評《紅樓夢》中也指出了人物塑造上這種虛實結合的描寫特點。如書中對寶玉的描寫即是如此。作者在描寫賈寶玉出場之前，已經對他的思想性格特徵採用了「虛寫」的方式點出來了。先是通過冷子興之口交待了一個大概，說這位銜玉而生的公子，從小就喜歡脂粉釵環，並且說見了女兒清爽，見了男子便覺濁臭。然後是在林黛玉初到賈府時，從王夫人向黛玉介紹寶玉情況，來進一步寫寶玉的性格特徵，說寶玉是一個「孽根禍胎」，「混世魔王」。然後黛玉又想起她母親未死之前曾經對她說過的一番話，說「有個內侄，乃銜玉而生，頑劣異常，不喜讀書，最喜在內幃厮混，外祖母又溺愛，無人敢管。」這樣，寶玉雖尚未出場，而黛玉心中、讀者心中則已有一個活的寶玉形象在了。所以，脂硯齋在王夫人談寶玉一段話下評道：「不寫黛玉眼中之寶玉，卻先寫黛玉心中已畢有一寶玉矣，幻妙之至。只冷子興口中之後，余已極思欲一見，及今尚未得見，狡猾之至。」這不是作者狡猾，而正是虛寫之妙。當讀者心中已有一寶玉之後，再寫寶玉正式出場，這幻想中的寶玉遂與實的寶玉合而爲一，此時，寶玉的形象在人們心目中就活靈活現地站立起來了。這正是充份運用「虛」的表現方法所起的作用，所產生的藝術魅力。

在藝術上強調和重視「虛」的作用，注意虛實結合的藝術表現方法，其主要目的是企圖突破藝術的物質手段在表現豐富複雜的現實生活時的局限性。不論是音樂、繪畫、書法、文學，不管是詩歌、小說、戲劇，它們在反映現實生活過程中，雖然各有其特點和長處，各有自己不同的物質表現手段，比如音樂的聲音、節奏，繪畫的色彩、線條，文學的語言文字，戲劇的佈景、動作等等，由於受具體條件的限制，在表現社會現實生活時，都是有缺陷的。它們只能表現有限的一部份，而不是無限的。即以文學來說，語言文字在表達人的思維內容時，並不是一種很稱職的工具。人的思維活動過程中，有抽象的部份，也有形象的部份，而語言在表達這兩方面的思維內容時，都不可能是十全十美的。因此用語言來描繪現實生活，並不是一切都可以最充份地表現出來的。而且應當說，它能夠描繪的只是有限的一部份。俗語說：「百聞不如一見。」其原因即是在此。運用虛實結合的表現方法，充份發揮「虛」的作用，就有可能使藝術作品除了用某種具體物質手段已經表現出來的部份之外，同時還能引導和喚起人們對另外一些還沒有表現出來，或是無法用這種物質手段具體表現出來的部份的想像和聯想，使創作者和欣賞者互相達到默契和意會。實的部份，可以通過物質手段具體表現的部份，是能夠通過視覺聽覺感覺而具體地看到聽到感覺到的，虛的部份則是存在於人的意想之中的。虛實相生，就能使人從看到的和聽到的部份中，很自然地領會到看不到和聽不到而存在於意想之中的那一部份。這樣，就大大地擴展了藝術表現的深度和廣度，可以使藝術更加生動、深刻地反映無比廣闊的現實生活。

五　情與理

藝術創作中的情和理的關係，是我國古代文藝思想史上一個非常重大的問題，它對各個時代藝術創作的方向，影響甚大。情和理的關係，實質上即是藝術創作中的感情和思想的關係。無論是中國或外國，在文藝史上都有過強調以表現思想（即「理」）爲主和以表現感情爲主的不同派別，但是，多數人還是主張情理結合，而不偏廢的，這在我國古代有關情理關係的論述中尤爲明顯。俄國著名的現實主義作家托爾斯泰認爲藝術是溝通人們之間感情的工具，強調藝術是表現感情的。（參見他的《藝術論》）普列漢諾夫針對他的這個觀點，又作了如下的補充。他說：

還有一點是不對的，那就是：藝術只是表現人們的感情。不，藝術既表現人們的感情，也表現人們的思想，但是並非抽象地表現，而是用生動的形象來表現，這就是藝術的最主要特點。

普列漢諾夫對這個問題作了相當深刻的說明，我們覺得這個結論還是能夠站得住的，是經受了文藝史的實踐所檢驗的。普列漢諾夫在這裡著重表述了以下兩方面的意見：第一，藝術作品不僅表現感情，也表現思想，即是說，既有情，也有理。第二，藝術作品中的思想不是以抽象概念形式出現的，而是寓於生動的形象之中的。藝術作品中的理，不同於一般科學理論的理，它有自己的獨特表現方式。普列漢諾夫這個論述主要是總結歐洲文藝發展的歷史經驗而得出來的，但是，它也符合我國古代情理之爭的基本傾向。我國古代在不同的歷史發展階段，由於受當時具體歷史條件的影響，也曾經出現過主情派和主理派，並且有過相當激烈的爭論，但是從總的發展趨向來看，更多有識見的文藝家，都是強調情理統一的，並且明確地指出了藝術創作中的理，有它獨特而不同於一般抽象理論的表現特點。可以說，我國古代文藝思想的發展中，早就接近和達到了普列漢諾夫的見解，並且對情和理的辯證關係有許多深刻而精辟的分析。

對文藝創作中的情和理的關係的認識，最早表現爲在詩歌本質問題探討上的「言志」和「緣情」兩大派的鬥爭。「言志」之說在先秦時代就已經比較普遍。如《尙書・堯典》中說：「詩言志，歌永言，聲依永，律和聲。」然而，《堯典》晚出，據學者們研究，大約是戰國時著作。不過，「言志」之說在春秋戰國時期的其他著作中亦有記載。如《左傳》襄公二十七年有「詩以言志」之說。《莊子・天下》篇中也講過「詩以道志」的話。《荀子・儒效》篇講「詩言是其志也」。這就說明「言志」是當時對詩歌本質的一個共同認識。根據楊樹達、聞一多、朱自清諸先生的考證，認爲詩和志在古代本是一個字。許愼說：「詩，志也，志發於言。從言，寺聲。」所謂「志」，本來是指人內心的思想和感情，應該說，它是旣有情又有理的。不過先秦早期講的「言志」，主要是指思想而言的，具體地說就是指儒家的政治懷抱。比如《論語》中的《先進》篇和《公冶長》篇中都記載到孔子和他的弟子「言志」的問題，而其內容均沒有離開這一中心。如《論語・公冶長》篇中寫道：

> 顏淵、季路侍。子曰：「盍各言爾志？」子路曰：「願車馬、衣輕裘，與朋友共，敝之而無憾。」顏淵云：「願無伐善，無施勞。」子路曰：「願聞子之志！」子曰：「老者安之，朋友信之，少者懷之。」

這裡所講的「志」，即是指儒家之道，儒家的政治理想和人生處世態度。《左傳》中所講的「賦詩言志」也是如此。比如《左傳》僖公二十三年晉公子重耳出奔在秦，秦伯接見。重耳賦《河水》，取河水入海，表示尊重歸順。秦伯賦《小雅。六月》以尹吉甫出佐宣王來比喻重耳他日歸國，重振國家，輔助王室。所謂「賦詩言志」，就是通過吟誦《詩經》中的某個篇章，來表達自己的政治觀點、政治理想。但是，「志」的內容在戰國後期，逐漸有所變化發展，從荀子開始，對「志」的理解就不僅僅是思想，也包括感情在內。荀子一方面講「言志」，一方面在《樂論》中又說：「夫樂者，樂（音luo）也，人情之所必不免也。故人不能無樂；樂則必發於聲音，形於動靜；而人之道，聲音動靜，性術之變盡是矣！」荀子在這裡強調了音樂乃是人的感情的表現。在荀子的時代，詩樂還剛開始分家，而荀子有時所論，也是詩樂不分的。比如他在《勸學》篇中說：「詩者，中聲之所止也。」楊倞注云：「詩謂樂章，所以節聲音至乎中而止，不使流淫也。」所以，他講音樂是人感情的表現，也可以說明詩的本質。由此可見，他所說的「言志」不只是有思想成份，也有感情成份。他認爲人的喜怒哀樂之情動於心，發而爲聲即是音樂。這個分析也適用於詩。《禮記・樂記》發揮了荀子這一思想，提出：「凡音者，生人心者也。情動於中，故形於聲；聲成文謂之音。」漢代的《毛詩大序》就把這一說法直接用來說詩。它一方面主張「詩言志」，說：「詩者，志之所之也。在心爲志，發言爲詩。」另一方面又肯定詩是「吟咏情性」的，說：「情動於中而形於言；言之不足，故嗟嘆之；嗟嘆之不足，故永歌之；永歌之不足，不知手之舞之足之蹈之也。」爲此，唐代的孔穎達甚至提出了這樣的看法：「在己爲情，情動爲志，情、志一也。」（《左傳》昭公二十五年《正義》）因此，我們可以說，所謂的「言志」派，其實也並非只講文學是表現思想，而不主張文學表現感情，其「志」中是既有理又有情的。

傳統所謂的「緣情」派，一般都以西晉初年的陸機爲創始人，因爲他在《文賦》中提出了「詩緣情而綺靡」的主張。但是，實際上主張文學、特別是詩歌以表現感情爲主的思想，其歷史淵源也是很早的。比如《楚辭》中就提出了「發憤抒情」的主張。《離騷》中說：「朕懷情而不發兮，余焉能忍與此終古。」《惜誦》云：「惜誦以致愍兮，發憤以抒情。」《抽思》云：「結微情以陳詞兮，矯以遺夫美人。」不過，作爲一個與「言志」相對立的文藝思想派別來說，則是在陸機提出「緣情」說之後。「緣情」派其實也並不是只講文學要表現感情，不承認文學也要表現思想。屈原在《離騷》中就表現了他「舉賢而授能」的政治理想。他說：「屈心而抑志兮，忍尤而攘詬；伏清白以死直兮，固前聖之所厚！」抒情言志也是不能分的。即使是提倡「緣情」的陸機，也並不否定「理」。他在《文賦》中明白的講到要做到「理扶質以立幹，文垂條而結繁。」並且堅決反對那種「遺理存異」、「尋虛逐微」的創作傾向。說明他不僅不拋棄「理」，而且也是重視「理」的。

由此可見，不管是「言志」派還是「緣情」派都沒有把情和理對立起來，都沒有把文學絕對化地看成只是表現思想或只是表現感情。說明我國歷來的傳統是強調情理結合的，是既肯定文學要表現感情，也肯定文學要表現思想的。但是，這樣說，並不是「言志」派和緣情派就沒有原則的區別了。問題是在「言志」和「緣情」的區別不是表現爲一方肯定文學要表現思想，否定文學要表現感情，另一方肯定文學要表現思想，否定文學要表現思想。這兩派的區別主要是在文學作品中所表現的情和理要不要嚴格地受儒家的政治思想和倫理道德的規範這一點上。「言志」派認爲文學作品中的感情必須受儒家禮義的約束，所以荀子在《樂論》中肯定音樂是人的感情表現的同時，又明確地提出了「以道制欲」的問題，認爲文學作品中的感情如不符合禮義原則，就是邪而不正之情，就不能加以肯定。《毛詩大序》則更進一步說明詩歌雖然是「吟咏情性」的，但是必須「發乎情，止乎禮義」，不能超出這個範圍。越出了這個疆界，就要加以排斥。按照「言志」派的這種主張，顯然會使詩歌創作的範圍變得十分狹小，成爲儒家禮教的附庸。「緣情」派的實質就是要打破儒家思想對文藝創作所加上的這個枷鎖，冲開禮義的大防，把詩歌創作從儒家之道的框框中解放出來，不受它的限制，要求讓詩人和作家能夠比較自由眞切地去抒寫自己的感情，擴大文藝反映現實的範圍，丟掉「發乎情，止乎禮義」這根繩索。陸機在《文賦》中提出這個「緣情」的主張，是有它的歷史背景的。東漢末年，儒教衰落，建安文學的崛起，就沒有受到「發乎情，止乎禮義」的局限，曹氏文子和建安七子的詩歌，「慷慨以任氣，磊落以使才」，抒發了悲壯之情，顯然是越出了儒家禮義的界限的。思想界和文學創作實踐上對儒家思想的突破，必然會引起文學思想和文學理論上對儒家傳統文藝觀的突破，「緣情」說就是在這樣一個客觀社會條件影響下的必然產物。

整個六朝時期，「緣情」派是占有主導地位的。但是，在文學要表現感情的問題上，擺脫了儒家禮義的束縛之後，仍然可能產生兩種截然不同的傾向。一是強調要表現具有進步的社會內容的感情，一是不對感情加任何限制，認爲只要是表現感情的作品就好，甚至對那些反映反動階級腐朽沒落之情的也加以肯定，如對那些宮體色情之作也給予讚揚，那就會走上另一個極端。而在六朝的「緣情」派中就確實存在著這樣兩種不同的傾向。前一種我們可以稱爲健康的進步的「緣情」派，這可以鍾嶸爲代表。鍾嶸一方面突出強調詩歌應當表現感情，而且要不受儒家禮義束縛，以建安文學爲最高典範。他在《詩品序》中說：「氣之動物，物之感人，故搖蕩性情，形諸舞咏。」而且強調這種「感人」之「物」，不僅指「春風春鳥，秋月秋蟬，夏雲暑雨，冬月祁寒」這樣的自然事物，更主要的還是指「楚臣去境，漢妾辭宮」，「骨橫朔野，魂逐飛蓬」等等的社會生活內容。另一方面，鍾嶸認爲文學所表現的這種感情應當是有進步意義的感情。特別是他提倡的「怨」情，在當時主要是反映了貧寒庶族知識分子對豪門世族反動統治的不滿。他在具體評論各個詩人時，非常明確地以有沒有「怨」，作爲衡量文學作品優劣的一個重要的準則。因此，我們說鍾嶸所重視的是怨情，要求文學作品的感情，不以儒家禮義爲標準，而以怨不怨爲標準，這是非常值得我們注意的。鍾嶸是六朝「緣情」派中進步傾向的代表。與鍾嶸同時，梁簡文帝蕭綱、梁元帝蕭繹等則正是「緣情派」中消極傾向的代表人物。他們不講情感的進步社會內容，認爲「至如文者，惟須綺縠紛披，宮徵靡曼，唇吻遒會，情靈搖蕩」。（蕭繹《金樓子・立言》）他們的主張實際上爲門閥世族階級放縱情慾大開方便之門。可見，對強調「緣情」也必須有分析地看待，不能籠統地一概而論。

對於我國古代的「言志」和「緣情」這兩大派，一方面我們要看到他們在理論實質上還是強調情理統一的，另一方面又要看到他們在感情要不要受儒家思想約束這一點上又是有原則分歧的。所以，後來的一些受儒家影響較深的人，都是竭力反對「緣情」說的。如清代汪師韓在《詩學纂聞》中，曾說自從陸機提出「緣情」說後，有不少人就「斥爲不知禮義之所歸」。沈德潛是強調儒家溫柔敦厚的，所以在《說詩晬語》中曾說「緣情」說一提出，使「言志章教，惟資塗澤，先失詩人之旨」。正因爲如此，「言志」派一般來說是更注重思想的，而「緣情」派則是更注重感情的。不過不能把這種區別絕對化。否則，就無法正確地認清我國古代強調情理結合的主流。

我國古代大多數文藝家是看到了在創作中情理之間辯證關係的，並對此作過比較科學的分析。劉勰就曾提出了兩個十分重要的觀點。首先，他指出了在文學作品中，情和理是構成作品內容的基本因素。《體性》篇說：「情動而言形，理發而文見。」《情采》篇說：「情者文之經，辭者理之緯。」他認爲在文學作品中情理是不能偏廢的，都是文學作品內容的重要組成部份，文學創作就是作家內心情理通過文辭的具體表現。所以在《文心雕龍》中處處都是情理運用的。比如：

《熔裁》：情理設位，文采行乎其中。

蹊要所司，職在熔裁，檃括情理，矯揉文采也。

《辨騷》：山川無極，情理實勞。

《明詩》：巨細或殊，情理同致。

《詮賦》：賈誼《鵩鳥》，致辨於情理。

《章句》：控引情理。

《指瑕》：撫訓執握，何預情理。

劉勰告訴我們情和理在文學創作中是緊密聯繫，並由藝術形象具體體現出來的。

其次，劉勰不僅指出了情和理是文學作品內容構成的基本因素，而且指出了這兩者是互相依賴並存的，而不是兩個互不相關的獨立方面。在實際創作中的情況是情中有理，理中有情。感情中必然是體現了一定思想的，而思想中也同樣包含著感情色彩，對藝術作品來說，這兩者是不能截然分開的。《才略》篇中說：「盧諶情發而理昭。」《養氣》篇說：「率志委和，則理融而情暢。」「情」總是在一定「理」的基礎上之「情」，所以只有理的融和透徹，方能做到情之通暢抒發；「理」需要在「情」的充份抒發後方能清晰昭明，所以說情發而可理昭。兩者之間有著十分辯證的關係。理常常是寓於情中的，情又要以理爲基礎。因此，對任何一方的否定，都是不利於藝術創作的。

從「言志」和「緣情」兩派的鬥爭來看，劉勰是採取了一種調和折中的立場與態度的。這種傾向集中反映在《明詩》篇中。他說：

大舜云：「詩言志，歌永言。」聖謨所析，義已明矣。是以在心為志，發言為詩，舒文載實，其在茲乎！詩者，持也，持人情性；三百之蔽，義歸無邪，持之為訓，有符焉爾。人稟七情，應物斯感，感物吟志，莫非自然。

這裡似乎偏重「言志」，但在《體性》篇中，他又說過「吐納英華，莫非情性」的問題。在《詮賦》篇中，他又提出藝術創作乃是「情以物興」，「物以情觀」的產物。在論創作各篇中，「情」的位置就更加突出了。可見，劉勰是想把「言志」和「緣情」從理論上統一起來的。從這兩派文藝思想鬥爭的角度來看，劉勰有比較保守的一方面，對「緣情」說的積極意義認識不足，這是和他受儒家思想影響太深有密切關係的。但是從藝術理論的角度來考察，劉勰的認識又是比較全面的，而且具有樸素的辯證法因素。他對情理關係的認識，爲後來文藝家對情理關係的正確分析和論述奠定了基礎。

宋元明清時期在情與理關係上有過一場激烈爭論，這場文藝思想的爭論促進了對情理關係的更深入的分析和論述。唐代的文學創作實踐中，從主流來說是情理並重的。但從文藝思想傾向來說，則有偏向於「言志」一派和偏向於「緣情」一派的不同。以白居易爲代表的一派雖然不否定情感的作用，但顯然是更傾向於要求文學創作符合於儒家政治道德原則的。而以皎然、司空圖爲代表的一派，則更側重於文學以「吟咏情性」爲主的，是不受儒家這種政治道德原則的束縛的。到了宋代，則無論在創作中還是理論批評中，都出現了以理爲主的傾向，而對文學表現感情的特點比較忽略。這種傾向的產生，主要有兩方面的原因。從政治思想的角度來說，是由於理學的泛濫。道學家強調「存天理，滅人欲」，把封建禮義、三綱五常那一套教條看作是至高無上的「天理」，而把一切人民進步的思想感情、願望要求視爲「人欲」而加以扼殺。他們要求文藝作品成爲宣揚封建禮教的「單純的傳聲筒」，凡是他們認爲不合「天理」的感情，一概斥之爲「人欲橫流」的結果，視作大逆不道的洪水猛獸。強調文學作品要表現「天理」，反對描寫「人欲」這種文藝思潮的一個主要特點，是在理論上偏重於要求文學作品「言理」，而輕視甚至反對「緣情」，以理爲主的創作傾向的產生，從文學本身來說，是由於受唐宋古文運動中所倡導的「文以載道」、「以文爲詩」的消極方面影響的結果。「以文爲詩」有它獨辟蹊徑的積極意義，擴大了詩歌藝術的表現特點，這是不應當否定的。但是，我國古代對「文」的概念的理解，是非常廣泛的。即以唐宋古文之「文」的含義來說，其中既有藝術文學作品，也有大量非藝術文學的作品。比如大量的章表奏議序跋墓志銘等等，基本上是一般理論文章、應用文章而不是藝術文學。片面強調「以文爲詩」，結果就會抹殺藝術與非藝術的區別，以抽象思維去代替形象思維，以抽象說理去代替形象的抒情。這種消極的「以文爲詩」傾向的發展，其結果就是嚴羽在《滄浪詩話》中所批評的「以文字爲詩，以議論爲詩，以才學爲詩」，而不以吟咏情性、塑造藝術形象爲主。宋代文藝創作和文藝思想發展中這個關鍵問題，很多文藝家早已指出。比如何景明在《漢魏詩序》中說：「宋詩言理。」吳喬在《圍爐詩話》中說：「唐人以詩爲詩，宋人以文爲詩。唐詩主於達性情，故於三百篇近；宋詩主於議論，故於三百篇遠。」這些分析和論述都是比較中肯的。

文藝創作中當然都是有「理」的。但是，理不能排斥情，而應當是通過抒情而寓理於其中。理不應以抽象的形式出現，而應當從具體形象中流露出來。可是，道學家卻偏偏強調理而否定情。比如邵雍在《伊川擊壤集序》中，雖然也引用《毛詩大序》所說，承認詩是人的感情的表現，但是，他認爲文學創作必須從「天理」出發，而不能從「情好」出發，即所謂的要「以天下大義而爲言」而反對「溺於情好」。他認爲「情之溺人也甚於水」，「水能載舟，亦能覆舟」，「水之情亦由人之情也」，「其傷性害命一也。」這實際上就把「情」完全否定了，而且說成是十惡不赦之物了。道學家把詩歌創作變成了「語錄講義之押韻者」（劉克莊《吳恕齋詩稿跋》），而以抒情寫景爲「玩物喪志」之作。

這樣，就把詩歌創作中情理關係的辯證原則拋棄了，而搞成爲一種水火不相容的對立關係。由於以「理」爲主而否定「情」，所以在藝術上也就不在形象塑造上下功夫，而僅僅以堆砌典故、炫耀學問、搜集生僻辭藻作爲追求目標。江西詩派正是這一傾向的突出代表。黃庭堅就提出要「以理爲主」（《與王觀復書》），「精讀千卷書」（《書舊詩與洪龜父跋其後》）強調「無一字無來歷」，「取古人之陳言入於翰墨，如靈丹一粒，點鐵成金」（《再答洪駒父書》），提出了「奪胎法」和「換骨法」（參見惠洪《冷齋夜話》），即對古人名作「不易其意而造其語」，「窺入其意而形容之」。南宋末年，嚴羽在《滄浪詩話》中堅決反對江西詩派，提倡「盛唐氣象」，其核心就是反對宋詩主理，而強調詩歌要主情，反對以抽象思維寫詩，而強調要用形象思維寫詩。他說：「詩有別才，非關學也；詩有別趣，非關理也。」其要害即在此。他又說：「詩者，吟咏情性也。」爲此，要「不涉理路，不落言筌。」嚴羽主張詩歌創作要以情爲主，不能以理爲主，可是並不否定理，不否定理的作用。他緊接「非關理也」之說，就明確地說：「然非多讀書、多窮理則不能極其致。」他在《詩評》中對「理」的具體表現特點，講得更加深刻。他說：

詩有詞理意興，南朝人尚詞而病于理，本朝人尚理而病于意興，唐人尚意興而理在其中，漢魏之詩，詞理意興，無迹可求。

可見嚴羽並不否定「理」，而是認爲「理」應當寓於「意興」之中。所謂「意興」，即指詩歌的審美意象所具有的引起人審美趣味的特徵，即是指詩歌的美學特徵。後來有許多文藝批評家認爲嚴羽不要理，只要情，其實是一種誤解。嚴羽對情理關係的認識基本上是正確的，是有一定辯證因素的。但是，嚴羽對詩歌中「理」的認識也有過於簡單化的地方。這就表現在詩中是否也可以有理語、有議論的問題上。詩歌應當塑造藝術形象，寓理於情中，這個原則是對的。但是，不是說詩歌中就不可以有幾句發議論、講道理的話，問題是在於總的方面還是應該以形象思維爲主，以塑造形象爲基本原則。把它絕對化了，似乎詩中就一句理語也不能有，一點議論也不能發，這就不能說服人了。不過，這種不全面之處，不是嚴羽詩論的主流，以這一點來否定他的理論，顯然是不合適的。

嚴羽對宋代以理爲主、忽略表情的創作傾向的批評，是從維護藝術的形象思維原則，重視藝術特殊性的角度出發的。還沒有接觸到這種文藝思想的社會政治思想根源。然而，不反掉道學家「存天理，滅人欲」的反動綱領，是很難澈底反掉這種錯誤的文藝思想和創作傾向的。這後一方面，是明代後期以李贄爲首一批進步的文藝思想家經過激烈的鬥爭才實現了的。李贄和他的崇拜者公安三袁、湯顯祖、馮夢龍等人在各個文藝領域（包括詩文、戲劇、小說等）中，大力提倡「眞情」，反對虛僞的「天理」，其矛頭首先是指向反動理學的，同時，也在文藝理論上批評了只講「理」不講「情」的錯誤，重新把文藝表現感情的重要性，強調得更爲突出了。李贄在《童心說》中強調文藝作品要表現「童心」，實質也就是說的要寫出「眞情」來，他所反對的「聞見道理」，亦即那些與眞實感情相對立的虛僞抽象的封建倫理道德。重視情而反對抽象虛僞之「理」的思想在李贄的《讀律膚說》一文中表現得相當鮮明。他說：

蓋聲色之來，發于情性，由乎自然，是可以牽合矯強而致乎？故自然發于情性，則自然止乎禮義，非情性之外復有禮義可止也。

這是針對「發乎情，止乎禮義」的儒家原則而來的，李贄認爲發於情性，其中自然已有禮義，不必再講什麼「止乎禮義」。這實際上就是強調發乎情性，而否定了「止乎禮義」。肯定文藝是情性的自然流露，而用不到以什麼「禮義」去束縛它的發展。這是一個重要的文藝主張，它體現了李贄大膽的反傳統的精神，它直接啓發和誘導了袁宏道、馮夢龍、湯顯祖等人的文藝思想。袁宏道提出詩文要做到「情眞而語直」（《陶孝若枕中囈引》），反對「假事假文章」。（《與江進之》）在《序小修詩》中他說：「大概情至之語，自能感人，是謂眞詩，可傳也。」主張詩歌要抒發「眞情」，這是公安派詩論的核心。馮夢龍在《序山歌》中說，要「借夫男女之眞情，發名教之僞藥。」其矛頭所指也是十分清楚的。湯顯祖更爲突出，他說：「情有者，理必無；理有者，情必無。」（《寄達觀》）他這裡所說的「理」，即是指道學家的「天理」。以「情」來反對「理」，在這裡提得非常尖銳。湯顯祖是堅決主張文學作品要表現感情，而反對只去描寫抽象的「天理」的。他在《徐司空詩草序》中說：「諸公所講者性，仆所講者情也。」這「性」即是道學家的「天理心性」之學。湯顯祖認爲他所強調的，正是這種與「天理」相對立的「情」。他在《牡丹亭題辭》中說「情之至者」，即便是生與死、夢與眞也都無法加以界限，比如杜麗娘就正是如此。她就是用無法限制的深情，體現了對封建禮教的背叛。李贄等人所說的情和理，與嚴羽所說的情和理，不完全相同。李贄等人反對的是「天理」之「

理」，理學家之「理」，而不是指理論之「理」。對於一般的人情物理之「理」，是並不反對的。他們強調情，反對理，實質上就是主張寫「人欲」，而反對寫「天理」，針對道學家「存天理，滅人欲」的反動綱領，反其道而行之。他們所掀起的這場聲勢浩大的文藝思想論爭，使人們對藝術理論上的情理關係有了更加正確的認識，同時也初步克服了文藝創作和理論批評中所存在著的重理輕情的錯誤傾向。

由於這場有關情理關係問題的大爭論的開展，促使很多人開始去深入研究文學作品中的「理」的表現特點。文學作品不能沒有「理」，但是，這種「理」又不同於一般理論著作中的「理」。對於這個重要問題，明清之交有很多人發表了不少精闢的意見。比如王夫之就把「理」分爲「經生之理」和「詩理」兩種。所謂「經生之理」是指非藝術著作中的「理」，亦即一般的理論、科學之理；而所謂「詩理」則是文學藝術作品中通過形象而流露出來之理，王夫之在《古詩評選》中說：「經生之理，不關詩理，猶浪子之情，無當詩情。」他在《古詩評選》中又說：「王敬美謂『詩有妙悟，非關理也。』非謂無理有詩，正不得以名言之理相求耳。」所謂「名言之理」，即是抽象之理，而非文學作品中之具體形象之理。同時，王夫之又指出，文學作品中的「理」，不是「死理」，而是「活理」。他舉司馬彪《雜詩》爲例作了分析。他說司馬彪詩中有兩句是：「搔首望故株，邈然何由返。」這是寫蓬草的。王夫之評道：「且如飛蓬何首可搔，而不妨云搔首，以理相求，詎不蹭蹬。」按經生家「死理」來看，飛蓬怎麼能「搔首」呢？又怎麼能「望故株」呢？但在詩歌中，飛蓬已經擬人化了，成爲自然人化了的一種表現。故而它是符合於「詩理」的，是藝術想像力十分豐富的表現。然而，從經生家的「死理」來看，它就變成是荒謬的了。按嚴格的科學來要求，這樣寫是不通的；然而，從文學創作來說，它不僅通，而且十分生動形象。它自有自己的「詩理」在內。因此，文藝創作中恰如王夫之所說的：「通人不言理而理自至。」（《古詩評選》）詩歌中，也可以說是整個文學藝術中，理是通過具體形象而體現出來的。清代的馮班曾說詩中的理不同於一般非藝術的文章中之理。詩歌中是有理的，「但其理玄，或在文外，與尋常文筆言理者不同。」（見《嚴氏糾謬》）馮班是反對嚴羽「不涉理路」之說的，但是，他和嚴羽對文學創作中理的表現特點的認識是差不多的。他所說的「尋常文筆」就是指一般非藝術的文章、應用文章。他所說的詩歌之「理玄」，「或在文外」，也就是說的「理」不能以抽象方式來出現，而應當從形象中流露出來。而這一點，嚴羽的看法也是和他一樣的。這些，可以充分說明在明清之際，我國古代文藝家對文藝作品中「理」的表現特點，已經有了十分清晰的認識。

六　理與趣

我國古代文學理論中的理和趣的關係的提出，是和上面所說的情和理的關係的爭論有密切關係的，是從研究文學作品中的理的特點而總結出來的。理和趣的關係實質上就是文學創作中理性內容和審美特徵關係的一種特殊的表現。從情和理的爭論中，涉及到了文學藝術中的理和一般非藝術文章著作中的理的區別問題。文學藝術中的「理」，不是經學家那種抽象的概念化的「名言之理」，而是隱藏於藝術形象中的「理」。但是，這不能完全解決文學藝術中的「理」的問題。因爲從實際創作來看，確實也有一些直接說理、發議論的作品，也是寫得很好的。有一些詩歌雖然寫了「理語」，卻仍然具有審美的特徵，能引起人濃厚的美學趣味，這種作品我國古代稱爲有「理趣」之作。

文藝作品一般地說，是以表現感情爲其特點的，是以形象描寫爲其主要形式的，而不是以抽象的赤裸裸的概念來寫作的。不過，這只是一個總的原則，它並不排斥在作品中有部份的直接說理和發議論之處。事實上還有一些主要是說理、發議論的作品，仍不失爲名作，爲群衆所喜愛。甚至於在某種情況下，其妙處恰恰是在這種議論和說理上。它們和概念化、抽象化而完全喪失了審美特徵的那些作品，如玄言詩、佛教的偈語詩、道學家的「語錄講義之押韻者」是完全不同的。那麼，這兩種同爲說理作品，一種是優秀的藝術品，一種根本算不上是藝術，其區別究竟在那裡呢？我國古代文藝家認爲主要就在於前者有理有趣，後者有理無趣。首先還是從作品分析入手來看吧。比如，蘇軾的名作《題西林壁》云：

橫看成嶺側成峰，遠近高低各不同。不識廬山真面目，只緣身在此山中。

這是一首家喻戶曉的名作，但它是一首地地道道的說理詩，蘇軾以身處廬山爲喻說明人如果陷在某個具體事件或環境中，往往不能客觀地去認識事情的眞相，總會帶上各種主觀的偏見。不過，蘇軾在講這個道理的時候並非用純概念的方式來說的，而是以生動形象的比喻來說的。所以，雖言理而有趣。

這種理雖然和一般藝術形象中的理不同，但還是帶有具體性和形象性特點的，是符合於藝術的審美特徵的。又比如杜甫的《自京赴奉先懸咏懷五百字》，也有很多議論說理的內容。我們試舉兩段爲例：

生逢堯舜君，不忍便永訣。當今廊廟具，構厦豈云缺？葵藿向太陽，物性固難奪。

……

形庭所分帛，本自寒女出。鞭撻其夫家，聚斂貢城闕。聖人筐篚恩，實欲邦國活。臣如忽至理，君豈棄此物？

這些是議論而加說理，但是我們讀起來並不覺得枯燥，而且覺得寫得眞切，說得深刻。這個原因就在於它是全詩中有機組成部份之一，是作品所塑造的憂國憂民的抒情主人公形象的具體表現之一。同時，它也是具有一定的具體性和概括性的。因此，這些描寫是富於「理趣」的。

我國古代文藝家論說理詩有「理趣」和「理障」之別，認爲優秀的說理詩應當是具有「理趣」，而不墜入「理障」之作。「理趣」說之提出是由於宋代詩歌創作以「言理」爲重要特徵，但有的說理詩多趣有味，有的說理詩無趣少味。包恢在《答曾子華論詩》中曾說到「狀理則理趣渾然」的問題。而明代胡應麟在《詩藪》中則明確提出要力戒「事」、「理」二障的主張。其云：

禪家戒事理二障，余戲謂宋人詩，病政坐此。蘇、黄好用事，而爲事使，事障也；程、邵好談理，而爲理縛，理障也。

事障、理障即針對詩歌中堆砌典故和說理而來的。詩歌是藝術品，如果詩歌創作違背了藝術本身的規律，大量地運用典故，發議論、講道理，就必然會導至形象貧乏和藝術魅力的喪失，甚至根本不成其爲藝術品。宋詩中這種傾向確是比較嚴重的。張戒在《歲寒堂詩話》中就曾說：「子瞻以議論作詩，魯直又專以補綴奇字，學者未得其所長，而先得其所短，詩人之意掃地矣。」李夢陽《缶音集序》云：「宋人主理，作理語。詩何嘗無理！若專作理語，何不作文而詩爲耶？」可見，「事障」、「理障」之產生，實際上是對詩歌藝術的形象思維和審美特徵缺乏認識所致。

那麼，應該怎樣從文學創作實踐中來具體地區別「理趣」和「理障」呢？怎樣才能做到雖有議論說理而不違背藝術的審美特徵呢？對此，我國古代的文藝家曾作過不少具體的分析和總結。劉熙載在《藝概·詩概》中曾以六朝陶謝的理語入詩和玄言詩之區別，來說明「理趣」與「理障」之別。其云：

> 陶謝用理語各有勝境。鍾嶸《詩品》稱「孫綽、許詢、桓、庾諸公詩，皆平典似道德論」，此由乏理趣耳，夫豈尚理之過哉！

鍾嶸《詩品》中對孫綽、許詢、桓溫、庾亮等人的玄言詩是很不感興趣的，曾經給予了尖銳的批評。鍾嶸認爲他們詩歌中大量描寫抽象的玄理，如像老子的《道德經》一般，沒有什麼生動的形象，「理過其辭，淡乎寡味。」鍾嶸所說的「味」或「滋味」，亦即是後來嚴羽所謂的「興趣」。不論是「滋味」或「興趣」，其含義是一致的，都是指藝術作品能引起人的審美趣味的特點。對玄言詩之流爲「理障」，而乏「理趣」，劉勰在《文心雕龍。明詩》篇中也有過深刻的批評。他說：「江左篇制，溺乎玄風，嗤笑徇務之志，崇盛忘機之談，袁孫以下，雖多有雕采，而辭趣一揆，莫與爭雄。」玄言詩是墜入「理障」的代表作。可是，當時陶淵明和謝靈運之詩歌創作，雖然也有說道談玄之處，卻不入理障，而富「理趣」。尤其是謝靈運的詩，它雖也有些玄理內容，卻和玄言詩有根本區別。他的這些詩作，並不使人感到枯燥乏味，反而有「理趣」映發之妙。劉熙載指出了這一點，但沒有作具體分析，並從理論上進一步展開說明。其實，這個原因就在陶謝詩中的說理內容是他們詩歌創作所塑造的總的形象的一部份，是與整個詩的形象描寫、詩人感情的抒發，緊密地聯繫在一起的。比如謝的《石壁精舍還湖中作》一詩云：

昏旦變氣候，山水含清暉。清暉能娛人，遊子憺忘歸。出谷日尚早，入舟陽已微。林壑斂暝色，雲霞收夕霏。芰荷迭映蔚，蒲稗相因依。披拂趨南徑，愉悅偃東扉。慮澹物自輕，意愜理無違。寄言攝生客，試用此道推。

這首詩中的末四句純是理語。但是，這是詩人從傍晚時分的山光水色、林巒夕照中體會和感受到的，它是和詩中對自然景色的生動而幽美的描寫密切地聯繫在一起的，起著一種互相補充、相得益彰的作用。謝靈運詩中這種特點具有一定的普遍性。清代的沈德潛在《古詩源》中評謝靈運的《從遊京口北固應詔》一詩云：「理語入詩，而不覺其腐，全在骨高。」所謂「腐」，即是指「理障」；而「骨高」，實際上即是指詩中體現了詩人形象，風格鮮明，故而也是寫理語而有理趣。陶淵明也有一些說理詩，但仍然是很好的藝術品。比如《飲酒》詩之十七云：

幽蘭生前庭，含薰待清風；清風脫然至，見別蕭艾中。行行失故路，任道或能通。覺悟當念還，鳥盡廢良弓。

此詩後半四句全爲理語，但也不入「理障」，而有「理趣」。正如王夫之在《古詩評選》中所說的：「眞理眞詩。淺人日讀陶集，至此神作則全不知其所謂，況望其吟而賞之？說理詩必如此，乃不愧作者。」陶淵明描寫的是脫離黑暗官場，隱居田園的樂趣，而這四句理語不僅沒有沖淡前四句形象描寫，反而把這種形象描寫所體現的怡然自得樂趣，所包含的意義更加深化了、擴展了，使人有了更進一步的認識和體會，它不是和詩歌的形象描寫相對立，而是互相補充的。王夫之評廬山道人《遊石門詩》和慧遠《廬山東林寺雜詩》時曾說：「說理而無理臼，所以足入風雅。」這兩首詩盡管有不少佛理內容，但也是屬於詩歌總體藝術形象中之一部份，而不是以說理代替形象塑造。對於「理趣」和「理障」之別，劉熙載在《藝概》的《賦概》中，曾以孫綽之《遊天臺山賦》爲例，作過一個很具體的分析。他說：

> 以老、莊、釋氏之旨入賦，固非古義，然亦有理趣、理障之不同。如孫興公《遊天臺山賦》云：「騁神變之揮霍，忽出有而入無。」此理趣也。至云：「悟遣有之不盡，覺涉無之有間。泯色空以合迹，忽即有而得玄。釋二名之同出，消一無于三幡。」則落理障甚矣。

這裡，「騁神變」二句之所以有「理趣」，是因爲它雖然是講的道家「有無相生」之理，但是結合著詩人神思之幻變來說的，仍有具體、可感之一面，因此還是比較生動、形象的。可是，到了「悟遣有」以下六句，則純粹是抽象玄理，不僅說理本身深奧難解，而且毫無具體形象之可感，這就必然要落入

「理障」了。

宋詩言理多，因此也特別重視「理趣」問題。除了像蘇東坡的《題西林壁》那樣的詩是富於理趣之作外，又如陸游的名句「山重水復疑無路，柳暗花明又一村」（《遊山西村》），也同樣是富有理趣之作。然而，我國古代論宋詩中的「理趣」，也常常有這樣的情況，即對有些並無「理趣」的詩，因為作者是著名的理學家或有極高名望地位的人，所以也就說是有「理趣」之作，實際上完全是名不符實的。比如南宋著名的道學家朱熹，有許多詩作不過是理學講義之押韻者，但後來不少人都吹捧他，說他的作品有「理趣」。比如他的《感興詩》二十首，是對理學哲學思想的闡發，完全是抽象的說教，根本沒有什麼「理趣」，但是，劉熙載在《藝概·詩概》中卻說：

朱子《感興詩》二十篇，高峻寥曠，不在陳射洪下，蓋惟有理趣而無理障，是以至為難得。

實際情況是陳子昂的《感遇詩》是眞正藝術作品，而朱熹的《感興詩》則完全墜入「理障」而無「理趣」，我們試舉其一如下：

崑崙大無外，旁礴下深廣。陰陽無停機，寒暑互來往。皇羲古神聖，妙契一俯仰。不待窺馬圖，人文已宣朗。渾然一理貫，昭晰非象罔。珍重無極翁，為我重指掌。

這首詩中心是講理學所謂「太極而無極」之原理的。首四句說明天（「崑崙」句）地（「旁礴」句）無邊無涯，深而且廣，陰陽寒暑迭相交替，表明由「太極」（即「無」）生「兩儀」（即「天地」），而在變化中生萬物。中四句讚美伏羲氏畫八卦而揭示了「太極」之深義，八卦即「人文之元」。末四句說周敦頤作《太極圖》而將其意進一步具體化了。這樣的詩怎麼談得上「理趣」呢？朱熹的《感興詩》，據他自己在《序》中說，是因爲「讀陳子昂《感遇》詩，愛其詞旨幽邃，音節豪宕」，而想仿效他，同時又「恨其不精於理，而自托於仙佛之間以爲高也」。爲此，寫這二十首來闡述理學之要旨，「探索微妙」。然而從上面的具體詩例及朱熹按語來看，朱熹恰好拋棄了陳子昂《感遇》詩作的審美藝術特徵，而以抽象之理代替了具體形象。這樣的詩只是理學講義的押韻，而不能看作是藝術品的。這種情況，常常把「理趣」的眞正含義搞亂，而使人分不清「理趣」、「理障」，是我們在討論「理趣」時必須注意到的。

詩歌創作中眞正言理而有趣，必須把理念的東西和審美特徵統一起來，不違背藝術的形象思維的基本原則。在這種言理之詩中，詩人所述之理必須是詩人從現實生活中體會到和感受到的具體的「理」，而不是運用抽象的概念通過判斷推理而得出來的「理」。王夫之在《古詩評選》中說道：

詩入理語，惟西晉人為劇。理亦非能為西晉人累，彼自累耳。詩源情，理源性，斯二者豈分轅反駕者哉？不因自得，則花鳥禽蟲，累情尤甚，不徒理也。

王夫之認爲不管是「情」還是「理」，都要做到「自得」；「不因自得」，不是自己親身體會感受到的，則不要說「理」，即使是「情」也會顯得生硬不自然，縱然寫了許多花鳥禽蟲，但可能與情沒有必然關係，反而成爲表情的障礙。反之，如果是從生活實踐中悟出之理，那麼雖寫「理」而有「趣」。如果只寫些從書本上得來的空洞抽象之理，則與不體現感情的花鳥禽蟲一樣，會成爲說理之障礙。沈德潛在《說詩晬語》中曾經對杜詩中的理趣，作過極好的分析。他說：

杜詩：「江山如有待，花柳更無私。」「水深魚極樂，林茂鳥知歸」。「水流心不競，雲在意俱遲。」俱入理趣。邵子則云：「一陽初動處，萬物未生時。」以理語成詩矣。王右丞詩不用禪語，時得禪理。

沈德潛所引杜甫之詩，分別見於他的《後遊》、《秋野》、《江亭》。杜甫在遊修覺寺時看到江山勝景，花柳倩姿，好像都在等待人們去欣賞，從而體會到大自然是毫無自私之心的，但現實人間則又有多少「私心」之爭啊！這裡杜甫講的大自然無私之「理」，就是具體的、形象的，是使人感到親切自然，而不是抽象的、難以理解的。《秋野》詩中的「水深」兩句，講的是很深刻的道理，水深魚才能樂，林茂鳥才知歸，正說明了必須有清明政治，百姓方能安居樂業。這種「至理」，也同樣是杜甫在長期接觸人民群衆，深入觀察唐代社會的變動中才得出來的，决不是從書本上搬來的抽象概念。而在分析這種道理時，用了很具體形象的比喻，同樣使人易於接受。可以說，是把理念的東西和審美的特徵比較好地統一的產物。《江亭》一詩中的這兩句，借「水流」、「雲在」而說明詩人「心不競」、「意俱遲」的道理，也有上述兩例之妙處。杜甫從「水流」、「雲在」中體會到自然界的不以人的意願爲轉移的內在規律，感覺到自己雖有憂國憂民之迫切心情，然而並不能改變現實的狀況，如不能改變「水流」、「雲在」的自然規律一樣。因此，杜甫不得不感到心意懶散。講的是很深刻的道理，然而又是具體地從生活實踐中心體會到的，因此帶有具體性和形象性。這才是眞正有「理趣」的作品。

而像道學家邵雍的兩句詩，則純粹是道學家抽象哲理的表現，毫無具體性、形象性，使人感到極其費解，當然也就說不上是什麼「理趣」了。

從沈德潛所舉的杜甫的詩和邵雍的詩的對比中，我們還可以看到，杜甫的詩雖然也是說理，但由於這些道理是從現實生活實踐中體會到的，因此都帶著詩人鮮明而又強烈的感情色彩，我們從這些詩句中可以聽到詩人心臟的激烈跳動，體會到一個飽經人世滄桑的詩人那種深沉的感嘆。雖然是說理，而不是抒情，但理中充滿了情，是詩人豐富感情的理性結晶。杜甫那些發議論的詩句也都是爲此，無不充滿了濃郁的感情。我們且看《北征》中的一段：

> 至尊尚蒙塵，幾日休練卒？仰觀天色改，坐覺妖氛豁。陰風西北來，慘澹隨回紇。其王願助順，其俗善馳突。送兵五千人，驅馬一萬匹。此輩少為貴，四方服勇決。所用皆鷹騰，破敵過箭疾。聖心頗虛佇，時議氣欲奪。伊洛指掌收，西京不足拔。官軍請深入，蓄銳伺俱發。此舉開青徐，旋瞻略恒碣。昊天積霜露，正氣有肅殺。禍轉亡胡歲，勢成擒胡月。胡命其能久？皇綱未宜絕！

這一段完全是議論當時的形勢和大局的，杜甫對借兵回紇，掃平戰亂問題，表示了自己的看法，希望唐肅宗以官軍爲主，配合回紇的援兵，一舉而收復兩京，並且對形勢持非常樂觀的態度。這裡雖然寫的都是議論說理內容，但是我們可以深深地體會到杜甫關心國家的安定統一，希望能讓老百姓結束戰爭帶來的災難，獲得一個安居樂業的生活環境那種迫切的願望。這裡可以說是字字句句都洋溢著杜甫憂國憂民的深情厚意。而且可以說，這種議論和說理正是充分表達詩人內心感情的一種重要方式，它是很難用其他的描寫來代替的。由此可見，詩歌中的說理和議論，如果是爲了更好地表達詩人的感情而寫，並且也確實眞實地傳達出了詩人的感情的話，那麼它在詩歌創作中也是完全可以允許的，是有耐人尋味的「理趣」的。而邵雍的詩則是以哲學家思想家的姿態去說理，看不到詩人感情的狀態，這就自然要陷入「理障」了。

王維的詩，過去很多人指出，它是以生動的形象去描寫禪理，因此是富有禪趣的。所謂「禪趣」，實際上即是說的「理趣」，它講的是禪宗的哲理，故云「禪趣」，這正是「理趣」的一種。徐而庵在《而庵詩話》中說：「摩詰以理趣勝。」亦即指其「禪趣」之意。沈德潛說王維的詩有「禪理」而不用禪語，這是切中要害之論。他在《息影齋詩鈔序》一文中說：

詩貴有禪理禪趣，不貴有禪語。王右丞詩：「行到水窮處，坐看雲起時。」「松風吹解帶，山月照彈琴。」韋蘇州詩：「經聲在深竹，高齋空掩扉。水性自云靜，石中本無聲。如何兩相激，雷轉空山驚。」柳儀曹詩：「寒月上東嶺，冷冷疏竹根。山花落幽戶，中有忘機客。」皆能悟入上乘。宋人精禪學者，孰如蘇子瞻。然贈三朶花云：「兩手欲遮瓶裏雀，四條深怕井中蛇。」意盡句中，言外索然矣。

王維、韋應物等人的詩歌，都是寫禪家空無寂靜的心境，但是，他們都不是以抽象的枯燥無味的禪語來表達，而是通過具體的山水田園景色的描繪，來寫出詩人對於禪理的某種領會和感受。因此，它是具體的、形象的，並且是能夠引起人的審美趣味的。同時在這些詩篇中，在表現禪理的境界後面，我們還可以體會到詩人在欣賞大自然的優美景色時所具有的愉悅舒暢心情。詩人從山水田園這些自然景色中發現了禪境，創造了一個禪宗哲理上的彼岸世界，同時又從這種形象化的禪境中領略到了人生的眞諦，這就使他情不自禁的感到高興。所以，他們這些詩之所以有禪趣，而不成爲抽象禪理的說教，也是由於它們不僅有具體形象，而且也是表達了一個隱居出世的方外之人的淡泊心情的，仍是具有鮮明的感情色彩的。

從上面的分析中，我們可以看出，我國古代文藝家之所以要強調區分「理趣」和「理障」，正是爲了強調詩歌創作中，即使有直接說理、發議論的作品，也不能和抽象的、理論的敍述混同，而應當是服從於詩歌的整體形象和抒發感情的需要的，是它的一個有機組成部份或一種獨特的表現方式。文學創作中也可以允許有比較直截了當的說理，甚至以「理語」的方式出現，但是它必須有審美的特徵，不能和藝術的形象性、抒情性完全隔絕。「理」必須與「趣」相結合，說理必須有趣，方能使作品不違背藝術的基本特徵。理趣說的提出，說明我國古代對文學創作中的理性內容與審美特徵的關係是有相當深刻的認識的。

七　情與景

我國古代文學理論中，關於情景關係有非常豐富的論述。這些論述的角度是常常有所不同的。有些是從藝術形象構成的角度，亦即從心物關係的角度去講情景關係的，這一點我們在第二章第二節中已經講過了。有些是從虛實關係的角度去講的，這些我們在本章第四節中也已作過分析，但更多的是在探討具體藝術描寫中如何才能使情與景達到水乳交融、渾然一體的境界，以及情景交融的各種不同類型，也就是說，要從藝術表現的角度來探討如何使創作的主體與客體和諧地統一，以及實現這種統一的不同方法。這是本節將要論述的主要內容。在對情景關係的論述中，古代文藝家所說的「景」的概念，在不同的場合往往有不同的意義。狹義的「景」，即是指自然景物而言的；廣義的「景」，則是指藝術作品中的形象。狹義的「景」是廣義的「景」中之一種。這一點，王夫之在《古詩評選》中評曹植的《來日當大難》一詩時曾說：

于景得景易，于事得景難，于情得景尤難。「遊馬後來，轅車解輪」，事之景也；「今日同堂，出門異鄉」，情之景也。子建而長如此，即許之天才流麗可矣。

「於景得景易」，這裡的兩個「景」字，含義是不同的。前一個「景」是狹義的，即指自然景物，後一個「景」是廣義的，即是詩中之客觀形象。王夫之在這裡分析了三種情況，說明以自然景物構成形象，比較容易，以描寫具體事件構成形象稍難，而以抒情來構成形象則更難。這三句中所說「得景」之「景」，其含義相當於我們今天所說的「形象」。這種廣義的情景關係，實質上就是藝術作品中作家的思想感情和作品所描繪的現實形象（包括自然事物和社會生活兩方面）的關係。故而，王國維在《文學小言》中說：

文學中有二原質焉：曰景，曰情。前者以描寫自然及人生之事實為主，後者則從吾人對此種事實之精神的態度言。

文學創作過程是作家的主觀思想感情和客觀現實生活形象相統一的過程。

我國古代文藝家特別重視創作過程中情景之間相生相融、互爲依存的密切關係。他們從實際創作經驗中深深體會到，在藝術創作的過程中，情與景是自始至終緊緊地聯繫在一起的，兩者不是生硬的混合，而是有機的化合，是無法分割開的。缺少了任何一方面，就不成其爲藝術了。宋代的范晞文在《對床夜語》中就曾經說過：「景無情不發，情無景不生。」「情景相觸而莫分也。」這是我國古代對情景關係的一個基本認識，也是研究情景交融境界如何創造的一個出發點。情和景在他們沒有「相觸」的時候，都不成其爲藝術。外界的、客觀存在的「景」，並非藝術中之「景」，而且也不一定都是美的，然而，它被作家的思想感情注入以後，即成爲藝術之「景」，而用物質手段把它表現出來，便成爲藝術品了。原來是美的「景」，這時就會顯得更美，具有一種新的美學內容；原來並不美的「景」，甚至是很平常、很普通的「景」，經過作家的融情入景，就可以變爲非常之美的景象。謝靈運的詩「池塘生春草」，寫春天到來時池塘裏外長滿了青草，這並不見得有多美。但是，當詩人把自己對春天到來時的歡快喜悅心情注入此景之後，在詩人借它而表現了冬去春來時的一派生機勃勃的氣氛時，它就變得非常之美，而且含有使人遐想不盡的藝術魅力。又比如，秋風蕭瑟、樹葉雕零，這也並不一定給人以美感。然而，當詩人把它和自己的離愁別緒、悲哀之情相結合時，就可以創造出優美的藝術境界。例如《古詩》：「白楊多悲風，蕭蕭愁殺人。」曹丕的名詩《燕歌行》：「秋風蕭瑟天氣涼，草木搖落露爲霜。群燕辭歸鵠南翔，君何淹留寄他方？」即是如此。景無情則不能發而爲藝術境界，它必待與情相合，融爲一體，方能成爲藝術形象。同時，我們還可以看到，同樣的「景」，由於作家所注入之「情」的不同，會產生很不同、甚至是相反的意義。王夫之在《薑齋詩話》中就舉過這樣一個例子。他說：

當知「倬彼雲漢」，頌作人者增其輝光，憂旱甚者益其炎赫，無適而無不適也。

《詩經》中的「倬彼雲漢」（廣闊的銀河）的形象在《大雅・域朴》中是詩人借以讚美周文王的功德，歌頌他培養造就了無數人才的，而在《大雅・雲漢》一詩中，則是描寫銀河輝光滿天而無下雨之迹象，以表示對當時嚴重旱災的無限憂慮之情的。這也可以從另一方面說明，「景」無「情」確實不能成爲藝術之「景」。

文學作品，尤其是詩歌，是表現人的感情的，但是，「情」無「景」也不成其爲藝術，藝術之「情」的產生也是離不開「景」的。藝術作品的「情」不能抽象的表達，它必然是要借一定的「景」才能體現出來的。而且從根本上說，作家的思想感情總是由於受到客觀現實生活的觸動，才產生了創作的慾望，因此，這種思想感情總是和一定的現實生活有不可分割的密切關係的。從藝術創作的實際情況來看，即使是最純粹的抒情，也總是有一定的「情中景」的。例如杜甫的《登岳陽樓》一詩中寫道：「親朋無一字，老病有孤舟。」這是寫情的，但也有具體的「景」在。情只有通過具體而形象的「景」，才能使人們感覺到、體會到，而且傳達得更爲具體、生動、透徹。情如果只是抽象的，概念的表達，就不能打動人。景觸情，情動景，這兩者的和諧統一才產生了藝術。情而能通過「景」來表達，可以更加細微、曲折、深入，把那些用語言無法直接表達的妙處都傳達出來。故而，王夫之在《薑齋詩話・夕堂永日緒論》中說：

不能作景語，又何能作情語邪？古人絕唱多景語　如「高臺多悲風」，「蝴蝶飛南園」，「池塘生春草」，「亭皐木葉下」，「芙蓉露下落」，皆是也，而情寓其中矣。以寫景之心理言情，則身心中獨喻之微，輕安拈出。謝太傅于《毛詩》取「訏謨定命，遠猷辰告」，以此八字如一串珠，將大臣經營國事之心曲，寫出次第；故與「昔我往矣，楊柳依依；今我來思，雨雪霏霏」，同一達情之妙。

藝術家的「言情」不是一般的言情，而是要「以寫景之心理言情」，這是他的獨特之處，因此就能夠把藝術家心中難以言喻的「獨喻之微，輕安拈出」。謝安爲什麼如此欣賞《毛詩》中這兩句詩呢？正是由於《毛詩》中這兩句詩以簡練的八個字，非常貼切地把一位大臣對國事深入思考、細心經營的心靈世界傳達出來了，而這種心靈世界是很難用語言來透徹地表述的。所謂「以寫景之心理言情」，即是要使「言情」能夠有具體性、形象性，使情與景相結合。爲此，謝榛在《四溟詩話》中說：「作詩本乎情景，孤不自成，兩不相背。」「夫情景相觸而成詩，此作家之常也。」對情景之間這種辯證關係，我國古代文藝家是認識得相當深刻的。

我國古代文藝家認爲，藝術創作過程中的情景交融，是貫穿於整個創作過程的，作家並不是先有了「情」，再去找「景」，與之相配，也不是先有了「景」，再去找一點「情」來納入。按照王夫之的話說，就是：「夫景以情合，情以景生，初不相離，惟意所適。」說明在藝術的形象思維中，作家的情與外界的景是同時出現的，也就是說，思想感情和藝術形象是一起產生的，而主題的深化和意境的深化也是同時並進的。情景雙方在藝術家的腦海裏是自然湊泊，共相萌現的。故而，王國維在《人間詞話刪稿》中寫道：「昔人論詩詞，有景語、情語之別。不知一切景語，皆情語也。」元代的方回在《瀛奎律髓》中對此也有過一些精闢的論述。他說杜甫《登樓》一詩中所寫的「錦江春色來天地，玉壘浮雲變古今」兩句詩的特點就是「景中寓情」，他認爲優秀詩歌所描寫的景物，必定「有情思貫其間」，這就是所謂「以情穿景」。方回所說詩歌中情景交融，「景在情中，情在景中」這種特徵，王夫之在《姜齋詩話》中稱之爲「互藏其宅」。他說道：

> 關情者景，自與情相為珀芥也。情景雖有在心在物之分，而景生情，情生景，哀樂之觸，榮悴之迎，互藏其宅。

例如王夫之所舉的沈佺期《獨不見》一詩中兩句：「九月寒砧催木葉，十年征戍憶遼陽。」前句以寫景爲主而藏情於其中，後句以抒情爲主而藏景於其中，雖然情景結合的方式不同，但從本質上說都一樣是情景交融之作。又比如李頎《題璿公山池》一詩中所寫的：「片石孤雲窺色相，清池皓月照禪心。指揮如意天花落，坐臥閑房春草生。」正如王夫之所說是「情景雙收，更從何處分析？」難道能說前二句是寫景，後二句是言情嗎？其實，它們都是情中含景，景中寓情，情景「互藏其宅」之作。

我國古代在強調情景交融的同時，又明確指出它必須爲一定的主題思想服務，而不是爲情景交融而情景交融。爲此提出了主賓關係問題。所謂「主」，即是指作家的立意內容，即主題思想，而賓即指作品中藝術形象。只有主賓合一，方能情景交融。因此，從根本上說，情景的辯證統一必須服從於主題思想的要求。王夫之說要做到情景融洽，必須懂得「立主御賓」的原則。他在《唐詩評選》中說：「詩之爲道，必當立主御賓，順寫現景。若一情一景，彼疆此界，則賓主雜遝，皆不知作者爲誰。意外設景，景外起意，抑如贅疣上生眼鼻，怪而不恒矣。」所謂「意外設景，景外起意」，即是不能使藝術形象描寫與主題思想緊密結合，這樣自然也就不易做到情景交融。而反過來說，強分情景實際上也即是割裂賓主。情景交融之境界，必須是「唯意所適」的結果，方能使「賓主歷然，情景合一」（《古詩評選》），以便達到「景中賓主，意中融合，無不盡者」。（同上）情景交融境界的創造能切合立意之需要，有利於主題思想的鮮明突出，才有價值，否則就沒有什麼深遠的意義了。王夫之在《薑齋詩話・夕堂永日緒論》中說：

> 詩文俱有主賓。無主之賓，謂之烏合。俗論以比為賓，以賦為主；以反為賓，以正為主，皆塾師賺童子死法耳。立一主以待賓，賓無非主之賓者，乃俱有情而相浹洽。若夫「秋風吹渭水，落葉滿長安」，于賈島何與？「湘潭雲盡暮烟出，巴蜀雪消春水來」，于許渾奚涉？皆烏合也。「影盡千官里，心蘇七校前」，得主矣，尚有痕迹；「花迎劍佩星初落」，則賓主歷然，熔合

一片。

賈島和許渾的詩，從寫景本身來說是不錯的，因此曾得到過不少人的稱讚，如謝榛在《四溟詩話》中就說賈島這兩句詩「氣象雄渾，大類盛唐」。王世貞在《藝苑卮言》中稱許渾此兩句詩「大是妙境」。但他們只是從藝術角度著眼，並未從全詩中這兩句的意義與作用作深入分析。王夫之的文學批評比他們要大大高出一頭，因爲他是從全詩主題思想的角度來看待這幾句描寫的。這樣，他就看出了賈島和許渾之詩句寫景雖妙，卻與全詩主題無大關係，故而不能做到情景合一。我們試以賈島之《憶江上吳處士》爲例來看：

閩國揚帆去，蟾蜍虧復圓。秋風吹渭水，落葉滿長安。此夜聚會夕，當時雷雨寒。蘭橈殊未返，消息海雲端。

通篇寫的是對朋友的懷念與回憶，「秋風」兩句只是表明已經到了秋天，而朋友尚未歸來，雖然也借秋景抒發了離愁別緒，但總的說和全詩的主題關係不是很大。拿它和杜甫的《喜達行在所》和岑參的《和賈至舍人早朝大明宮之作》相比，那麼杜甫和岑參的景象描寫顯然和全篇的主題思想聯繫得緊密多了。「影盡千官里，心蘇七校前」把杜甫經過在戰亂中的顛簸，而終於到達了唐肅宗所在之地的喜悅心情，以及對唐肅宗滿懷希望的敬佩之意，表達得淋漓盡致。岑參詩中「花迎劍佩星初落，柳拂旌旗露未乾」兩句則把早期大明宮時的情景，群臣之肅敬靜穆寫得十分眞切。所以，必須「賓主歷然，熔合一片」，方能眞正做到高水平的情景交融。

情景交融的境界，按照具體創作情況來看，一般說可以分爲三種類型。這一點王夫之在《薑齋詩話・夕堂永日緒論》中說：

情景名為二，而實不可離。神于詩者，妙合無垠。巧者則有情中景，景中情。

王國維在《人間詞乙稿序》中也說過：

上焉者意與境渾，其次或以境勝，或以意勝。

王夫之說的「神於詩者，妙合無垠」者，即王國維說的「意與境渾」者，指的是詩中的情與景渾然一體，難分你我。這是我國古代所認爲的最高的境界。然而這樣的境一般說是不多的。比較多的情況是情中景或景中情，也即王國維說的「以境勝，或以意勝」。景中情是指作家在客觀地具體地描寫景物的過程中來體現出作家的某種思想感情，它比較側重於客觀的描寫，作家之情是隱含於所描繪的現實形象之中的。作者所描繪的現實形象所包含的意義，正是作家所要表現的意義，現實形象所體現的感情，恰好是作家所要表達的感情。因此，從表面上看完全是對客觀現實生活的不帶主觀色彩之描寫，但實質上是隱含著作家主觀的情思的。比如李白的《子夜吳歌》中所寫「長安一片月，萬戶擣衣聲」。看來全是「景」，但其中「自然是孤栖憶遠之情」。這種境界也就是王國維《人間詞話》中所說的「無我之境」，其特點是「以物觀物，故不知何者爲我，何者爲物」。實際上，「無我之景」只是表面上看好像無我，而並非眞正「無我」，不過是「我」隱藏於「物」中，以「物」爲「我」罷了。王夫之《唐詩評選》中說：「悲喜亦於物顯，始貴乎詩。」「我」不以「我」之面目出現，而以「物」的面目出現。比如王國維所舉陶淵明的「採菊東籬下，悠然見南山」及元好問之「寒波澹澹起，白鳥悠悠下」，這也並非沒有「情」，只是「情」是從對物的描寫中隱蔽地流露出來的，主觀色彩不明顯。此種詩的妙處，誠如王夫之在《古詩評選》中說的，「語有全不及情而情自無限者」。藝術家在客觀地眞實地描寫現實生活的過程中，把主觀情思寄托於其中，竭力不顯出主觀的意願，使人看到彷彿完全是對現實的純客觀描繪，然而，作家在選擇這種現實景象時，從選這樣的景象而不選那樣的景象中，已經把自己情思隱藏於其中了。

情中景與上述特點恰恰相反，它是指作家在抒情過程中著重突出主觀的方面，使所描寫的現實形象都帶上濃厚的主觀色彩，讓「物」以「我」的面目出現，在詩歌中就是要著重突出抒情主人公的形象。此即王國維所說的「以意勝」，亦即「有我之境」。其特徵是「以我觀物，故物皆著我之色彩。」(《人間詞話》)在這種境界中，客觀現實形象不是以其原來的自然面目出現，而是以人化了的面目出現的。王夫之說：「情中景尤難曲寫，如『詩成珠玉在揮毫』，寫出才人翰墨淋漓、自心欣賞之景。」(《薑齋詩話·夕堂永日緒論內編》)「詩成珠玉在揮毫」是杜甫《和賈至舍人早朝大明宮》一詩中的句子，其上句是「朝罷香烟携滿袖」，正是對早朝時的詩人形象的描繪。又如「『親朋無一字，老病有孤舟』。自然是登岳陽樓詩。嘗試設身作杜陵，憑軒遠望觀，則心目中二語居然出現，此亦情中景也。」(同上)詩人在抒情過程中，著重描繪具體內心情狀，從而構成鮮明生動的詩人自我形象。這種「情中景」也不是沒有景物的描寫，不過這種詩歌中的景物和「景中情」中的景物不同，它完全主觀化了。如王國維在《人間詞話》中所舉的例子：馮延巳《鵲踏枝》中的「淚眼問花花不語，亂紅飛過鞦韆去。」以及秦觀《踏莎行》中的「可堪孤館閉春寒，杜鵑聲裏斜陽暮。」這裡不管是紅花、孤館，還是杜鵑、斜陽，都帶有詩人強烈的主觀感情色彩，是以詩人的感情之象徵而出現的，它們本身的意義已降到了次要地位。這一類的作品是非常之多的。比如杜甫《春望》中寫的名句：「感時花濺淚，恨別鳥驚心。」花和鳥已經不是平時的一般的花和鳥了，而是以杜甫本人憂國憂民感情之代表而出現的了。花和鳥也都通了人性，與杜甫一樣爲社會的動亂不安而悲傷。

對於「情中景」和「景中情」，過去的文藝家各有偏好，所以評價亦不一。有些文藝家認爲「情中景」是更難「曲寫」的，是更高的藝術境界。如王夫之即是這樣主張的。但是，也有很多文藝家認爲「景中情」或「以境勝」者要更加難得，它比「有我之境」，比「情中景」要更難寫，水平也更高。如王國維即是如此，他說：「古人爲詞，寫有我之境者爲多，然未始不能寫無我之境，此在豪傑之士能自樹立耳。」一般地說，受儒家文藝思想影響較深，重視和強調文藝的社會作用的文藝家，往往把「情中景」看得高一些；而受道佛思想影響比較深的浪漫主義文藝家，以超然物外、任其自然爲人生目的，故更欣賞「景中情」，「無我之境」，認爲那最難，最高級。

情景交融的境界，不僅有相輔相成的特點，而且還可以有相反相成的藝術效果。如王夫之在《薑齋詩話。詩譯》中說：

「昔我往矣，楊柳依依；今我來思，雨雪霏霏。」以樂景寫哀，以哀景寫樂，一倍增其哀樂。

情景的結合，並不一定都是一種格式。要抒寫自己悲哀之情，不一定非得寫有悲傷色彩之景物，要寫自己的歡愉之情，也不一定非得寫有風和日麗之態的景物。王夫之在《詩廣傳》中對《小雅．采薇》的這種特點，還作過很詳細的分析。他說：

往而咏楊柳之依依，來而嘆雨雪之霏霏，善用其情者，不斂天物之榮凋以益己之悲愉而已矣。夫物其何定哉？當吾之悲，有迎吾以悲者焉；當吾之愉，有迎吾以愉者焉，淺人以其褊衷而捷于相取也。當吾之悲，有未嘗不可愉者焉；當吾之愉，有未嘗不可悲者焉，目營于一方者之所不見也。故吾以知不窮于情者之言矣：其悲也，不失物之可愉者焉，雖然，不失悲也；其愉也，不失物之可悲者焉，雖然，不失愉也。導天下以廣心，而不奔注于一情之發。是以其思不困，其言不窮，而天下之人心和平矣。

人的感情的表達是很複雜而多種多樣的。《詩經．小雅．采薇》中這幾句著名的描寫，是以歡樂之景色來寫自己悲哀，而以悲哀之景色來寫歡樂之情感，結果就更加鮮明，起到了反襯的作用。王夫之在《詩廣傳》中這一段分析，就是爲了說明，在現實生活實際中，人們歡樂之時所見到的不一定都是歡樂之「景」，也可以遇到悲哀之「景」；而人們悲哀的時候所見到的，也不一定都是悲哀之「景」，也常常碰到歡樂之「景」，所以，藝術創作中也不要固守成法，而應當從生活實際出發。這正是王夫之獨具慧眼之處。

情景交融的境界還有大小之別。這是指形象描寫是對大的畫面的概略勾勒呢，還是對小的景物的精細描摹。例如王維的「大漠孤烟直，長河落日圓」，這就是大景；杜甫的「細雨魚兒出，微風燕子斜」，就屬於中景或小景。情景交融的境界雖有大小之別，卻並不以此區分優劣。大景寫得不好，不如小景；小景寫得好，可以超過大景。王國維在《人間詞話》中說：

境界有大小，不以是而分優劣。「細雨魚兒出，微風燕子斜。」何遽不若「落日照大旗，馬鳴風蕭蕭。」「寶簾閑掛小銀鈎」，何遽不若「霧失樓臺，月迷津渡」也。

小景寫得好，不僅本身生動形象，而且往往還能把周圍的大景借象徵、暗示的方法體現出來，人們讀了之後就會感到有比小景更豐富的大景在後面。這就是所謂「以小景傳大景之神」。王夫之在《姜齋詩話・夕堂永日緒論內編》中說：

有大景，有小景，有大景中小景。「柳葉開時任好風」，「花覆千官淑景移」，及「風正一帆懸」，「青靄入看無」，皆以小景傳大景之神。若「江流天地外，山色有無中」，「江山如有待，花柳更無私」，張皇使大，反令落拓不親。宋人所喜，偏在此而不在彼。近唯文徵仲《齋宿》等詩，能解此妙。

這一段裏，「柳葉」句引自杜審言《大酺》，「花覆」句引自杜甫《紫宸殿退朝口號》，「風正」句引自王灣《江南意》，「青靄」句引自王維《終南山》，它們的共同特點是能夠從小景的描寫中使人聯想到大景。比如柳條嫩芽舒展開放，微風輕輕吹拂，使人很自然的想像到春天的大好風光。唐代的百官在花柳下站著上朝，體現了一派興旺的盛況。風順帆高，顯示了河面的遼闊。山間雲氣（青靄）滅沒，隱現出山巒起伏的雄偉氣概。由此可見，小景和大景亦不是絕對的。

情景交融的境界，不管是景中情，還是情中景，不管是大景還是小景，總而言之，都是情景相結合的產物。那麼怎樣才能做到「情景相入，涯際不分」呢？我國古代文藝家認爲關鍵是在於「即景會心」，自然得之，而不是人爲的、生硬的加以捏合。詩人即心即目有所感興，自然境與意會，情觸景生。司空圖在《與李生論詩書》中說，詩歌創作貴在「直致所得，以格自奇」，即正是說的這一點。心中目中，情景自合，不勞擬議，無需苦思。王夫之《薑齋詩話·夕堂永日緒論內編》中說：

「池塘生春草」，「蝴蝶飛南園」，「明月照積雪」，皆心中目中與相融浹，一出語時，即得珠圓玉潤，要亦各視其所懷來而與景相迎者也。

又說：

「僧敲月下門」，只是妄想揣摩，如說他人夢，縱令形容酷似，何嘗毫髮關心？知然者，以其沈吟「推」、「敲」二字，就他作想也。若即景會心，則或推或敲，必居其一，因景因情，自然靈妙，何勞擬議哉？「長河落日圓」，初無定景；「隔水問樵夫」，初非想得；則禪家所謂現量也。

王夫之把情景的自然結合，看作是能否創造優美的情景交融境界的關鍵。他對「推敲」問題的看法不能說沒有偏激之處，因爲有了藝術意境之後，文字上如何表達更有力，是可以研究的，同時也不必完全以當時實情爲依據。但是王夫之把現實生活實際作爲情景交融境界的基本來源，把能否眞實地反映生活實際作爲衡量藝術境界優劣的重要標準，這是十分有價値的精闢見解。他在這裡用了「現量」這個佛教術語。「現量」在佛教哲學中是指三種內心與外境關係（現量、比量、非量）之一種。據《相宗絡索》說：「現量，現者有現在義，有現成義，有顯現眞實義。現在不緣過去作影；現成一觸即覺，不假思量計較；顯現眞實，乃彼之體性本自如此，顯現無疑，不參虛妄。」王夫之借「現量」來比喻即景會心的情景交融境界，主要在說明這種境界之獲得，不憑借於「思量計較」，是詩人有感於眼前實景，一觸即發之結果。從藝術創作的過程來看，這種境界的產生，乃是藝術家通過觀察現實，受外界事物的感觸，而激發出藝術創作靈感時，所產生的藝術形象。所謂「各視其所懷來而與景相遇」，正是指興會濃烈、靈感湧現的一刹那。王夫之在《唐詩評選》中說：「只於心目相取處得景得句，乃爲朝氣，乃爲神筆。景盡意止，意盡言息，必不強括狂搜，捨有而尋無。在章成章，在句成句。文章之道，音樂之理，盡於斯矣。」王夫之認爲這種藝術靈感的產生，即景會心的境界的獲得，主要是要依靠藝術家有親身的生活實踐與耳聞目見的經歷。他說：

> 身之所歷，目之所見，是鐵門限。即極寫大景，如「陰晴衆壑殊」，「乾坤日夜浮」，亦必不踰此限。非按輿地圖便可云「平野入青徐」也，抑登樓所得見者耳。隔垣聽演雜劇，可聞其歌，不見其舞；更遠則但聞鼓聲，而可云所演何齣乎？

這就涉及到了文藝創作與生活的關係問題了。我國古代文藝家由於受唯心主義思想影響，以及受儒家傳統思想影響，有很多人都強調從古人創作和書本中去尋找創作的源泉，並獲得靈感，對生活實踐的第一位作用缺乏認識。而王夫之在這一點上就遠遠超出前人，把生活實踐作爲情景交融境界的主要源泉，這是難能可貴的。當然，我們應該看到王夫之在這裡也有過於簡單化和偏激之處。因爲對於一個藝術家來說不可能事事都親自經歷過、體驗過，如果只能寫自已親身經歷過、體驗過的內容，那麼就會過於狹隘了。但是，把親身經歷作爲創作的「鐵門限」，在當時的風氣下，無疑地是有極大的進步意義的。

八　意與勢

我國古代文學理論中所說的意和勢的關係，是文學創作中的一個十分重要的理論問題，它講的是文藝作品中作家的主觀意圖和作品所描寫的現實生活本身的客觀規律之間的關係，亦即作家的立意和作品所描寫內容的具體形態特點之間的關係問題。學術界對意和勢這兩個概念的理解很不一致，爲此，我們需要先對這兩個概念的內涵作一點分析，然後再進而討論這兩者之間的關係。

我國古代文學理論批評中所說的「意」，在不同的情況下，其含意是很不同的。意，有時指的是比較抽象的作家的主觀思想意願、觀點傾向，有時則是指作品中包含了作家主觀意圖的具體現實生活內容。這兩種不同的「意」，有共同的方面，但又有很大的不同，不能混而爲一。比如陸機《文賦》

中所說的「意不稱物，文不逮意」，這個「意」即是上面所說的第二種「意」，指作家構思中所形成的、反映具體現實生活內容的「意」。劉勰在《文心雕龍》中所說的「意授於思，言授於意」的「意」，也是指的這種具體的意。不把這兩種含義不同的「意」嚴格地區別開來，就容易造成理論上的混亂。比如，王夫之在詩歌理論批評中對這兩種「意」的態度便是完全不同的。他在《薑齋詩話．夕堂永日緒論》中說：「無論詩歌與長行文字，俱以意爲主。」明確提出文學創作必須以意爲主。然而，他在《古詩評選》中又說：「詩之深遠廣大，與夫捨舊趨新也，俱不在意。唐人以意爲古詩，宋人以意爲律詩絕句，而詩遂亡。如以意，則直須贊《易》陳《書》，無待詩也。」又在《古詩評選》中說：「宋人論詩以意爲主，如此類直用意相標榜，則與村黃冠、盲女子所彈唱亦何異哉！」同是一個人這裡講「以意爲主」，那裡又狠狠批評「以意爲主」，豈不大相矛盾了嗎？其實，這一點也不矛盾，而是互相補充的。王夫之所主張的「以意爲主」，是說的上述第二種「意」，而他所反對的「以意爲主」，則是說的上述第一種「意」。第二種「意」是具體的、形象的意，而第一種意，則是抽象的、概念化的「意」。具體的、形象的「意」是和「意象」的概念接近的，而抽象的、概念的「意」則和「理」的概念是接近的。劉勰《文心雕龍．神思》篇中說：「意翻空而易奇，言徵實而難巧。」又《時序》篇說屈宋的作品，其「煒燁之奇意，出乎縱橫之詭俗」。這兩處所講的「意」都是指具體的藝術意象，而非抽象的「意」。藝術家已經把自己抽象的「意」化爲作品中具體形象的「意」了。我國古代文學理論批評中多數人講的「意」，都是指的這種具體的、形象的「意」。王夫之反對以抽象的概念化的

「意」來寫詩，而主張要以具體的形象的「意」來寫詩，所以就有這種提倡「以意爲主」，又反對「以意爲主」的矛盾現象的出現。只要我們懂得了有兩種不同的「意」，就很容易理解王夫之的文學理論，並且也會感到他的詩歌理論，確是相當精闢的。這種對於「意」的具體的、形象的特點的分析，我們還可以從皎然《詩式》中看到。皎然在《詩式》中曾經說到所謂：「三不同：語、意、勢。」這個「意」即是指具體的形象的文意，是與象結合的意，而不是抽象的概念化的「意」。皎然舉出的「偷意詩例」寫道：

如沈佺期《酬蘇味道詩》：「小池殘暑退，高樹早涼歸。」取柳惲《從武帝登景陽樓詩》：「太液滄波起，長楊高樹秋。」

沈佺期的詩是「偷」了柳惲詩中借池水和高樹的變化寫暑去秋來之「意」。可見，皎然所說的「偷意」，實際上即是指模仿其立意，也即是偷其意象。我國古代講「意」和「勢」中的「意」，正是講的這種具體的、形象的「意」，而不是指抽象的、概念的「意」。正確地理解「意」和「勢」關係中的「意」的內涵，方能使我們對這兩個概念之間的辯證關係有比較清醒的正確的認識，並眞正弄懂意和勢關係的實質。

「勢」，即是指這種具體的、形象的文意中所包括的現實生活內容本身的內在客觀規律性。不過這種客觀規律性也不是抽象的、概念的，而是具體的、形象的。它是文學作品中藝術形象所描寫的具體現實生活內容的客觀規律性所具有的獨特形態。我國古代很早就提出了「勢」的問題。比如《周禮

・考工記》中說：「審曲面勢，以飭五材，以辨民器，謂之百工。」這個「勢」即是講建築和器物都有自己一定的內在規律，表現出某種具體的形態。《管子》有《形勢》篇，據唐代尹知章的注說：「自天地以及萬物，關諸人事，莫不有形勢焉。夫勢必因形而立，故形端者勢必直，狀危者勢必傾。」不同的事物有自己不同的「形」，而「形」本身的特徵決定了它必然有某種具體的「勢」。事物的這種「形」和「勢」的關係，反映在文學中就是所謂的「體勢」。對此，劉勰在《文心雕龍・定勢》篇中說道：

> 夫情致異區，文變殊術，莫不因情立體，即體成勢也。勢者，乘利而為制也。如機發矢直，澗曲湍回，自然之趣也。圓者規體，其勢也自轉；方者矩形，其勢也自安；文章體勢，如斯而已。

機發矢直、澗曲湍回和端者勢直、危者勢傾一樣，說明任何事物都有自己特殊規律，從而表現爲某種特殊的勢態，這就是客觀事物的「勢」。文學作品中的「勢」也是如此。因爲文學作品中的形象都是反映了特定的社會生活內容的，而這種社會生活內容，必然有自己的「勢」。《定勢》篇贊中說：「形生勢成，始末相承。湍回似規，矢激如繩。」劉勰強調這種「勢」乃是「自然之趣」，正是爲了說明它不是以人的意志爲轉移的，而是事物本身所固有的特徵。

意和勢的關係也是依據於文學作品的藝術形象既有其主觀性，又有其客觀性的特徵而提出的。其目的是要求創作中應當重視這兩者的統一，而不要使二者發生矛盾。使藝術作品做到既能夠充分地體現作家的主觀意圖，同時又符合於現實生活本身的邏輯。我國古代的文學、繪畫、書法創作，都講究

「立意」和「取勢」，這就是「意」和「勢」的問題。「立意」，也叫「構意」或「會意」，講的是文藝作品中如何依據主題思想的需要來構成意象的問題。呂鳳子先生在《中國畫法研究》中將意象的構成分爲「立意」和「爲象」兩個方面，同時又指出這兩者是不可分割的，即是繪畫創作的打「腹稿」過程。「立意」是指藝術創作中具體的主題設想，而它必須通過形象的創造才能落實。而這個形象則是作者對現實形象經過慘淡經營、加工改造而構成的。形象本身有它的現實依據，是有客觀性的，因此必須符合它本身內在的規律。以畫馬爲例，馬的形象固然是畫家按照自己某種主觀意圖的需要，綜合了現實中無數不同的馬的特點，選擇其中最能符合自己「立意」要求的方面，而創造出來的，但既然畫的是馬，就必須符合於馬的基本特點，以及馬的某種特殊形態，如奔跑的馬或躺臥的馬等，不能畫牛作馬，也不能畫馬所不可能有的姿態。爲此，就必須重視「取勢」，要把創作對象所具有的本質規律，以及由此而形成的獨特姿態，眞實而充分地體現出來。清代著名的繪畫理論家沈宗騫在《芥舟學畫編》中指出，繪畫必須要講究「會意」和「取勢」，而「會意」之「意」，並非抽象之意，而是要借具體的形象來呈現的。繪畫創作就要善於通過描繪客觀現實形象來體現畫家之「意」。他指出：

兩間之形形色色，莫非真意之所呈。淺者見其小，深者見其大。為文詞，為筆墨，其用雖殊而其理則一。豈僅求規模形似，便可謂已盡畫道哉。

天地之間的事物，蘊含有豐富的意義，可以從各個不同角度去認識，它被藝術地描寫在文藝作品中，其意之深淺大小，就要看作者認識到什麼程度了。藝術家的才能主要就表現在是否善於發掘客觀事物中所蘊藏的深意，以便借此來體現自己「立意」的要求。不過，僅僅善於「會意」還是不夠的，還必須對「兩間之物」的內在本質和外在姿態都描繪得生動逼眞。這就要懂得如何「取勢」。沈宗騫說：「天地之故，一開一闔盡之矣。」說明客觀事物都是按一定的自然規律而形成的。「取勢」就是要把這種事物的自然規律所體現的具體形態正確地表現出來。沈宗騫說：「筆墨相生之道，全在於勢。勢也者，往來順逆而已。而往來順逆之間，即開闔之所寓也。」可見，藝術作品中的「勢」，也就是指不同的客觀事物所具有的獨特內在規律。藝術創作如果只講「意」，而不講「勢」，那是不能成爲藝術作品的。

由於「勢」在藝術創作中具有極爲重要的地位，所以我國古代文學理論批評中很早就提出了「勢」的問題。還在建安時期，我國自覺的文學理論批評剛剛開始的時候，建安七子之一的劉楨就說過這樣一段話：「文之體指，虛實強弱，使其辭已盡而勢有餘，天下一人耳，不可得也。」（見劉勰《文心雕龍・定勢》篇引）突出地強調了文學作品中「勢」的重要性。南齊陸厥在《與沈約書》中說：「劉楨奏書，大明體勢之致。」劉楨是最早從文學創作角度來講「體勢」的。他認爲文學創作中「勢」的問題比辭藻的問題重要得多。「勢」是屬於形象塑造方面的問題，而辭藻則是具體物質表現手段的問題。形象塑造不能體現「勢」，不能把事物內在規律所呈現的特殊形態表現出來，那麼，辭藻儘管很華麗，也不能把作品寫好。文學創作必須做到「辭已盡而勢有餘」，方爲藝術之最高境界。當然，要用凝練的語言把作品的「勢」表現得很充分，這也是十分不容易的，但辭藻畢竟是第二位的問題。唐代的皎然在《詩式》中論詩歌創作，首先提出要「明勢」。他說：

> 高手述作，如登荊巫，覿三湘鄢郢之盛，縈回盤礴，千變萬態。（文體開闔作用之勢。）或極天高峙，崒焉不群，氣騰勢飛，合沓相屬。（奇勢在工。）或修江耿耿，萬里無波，欻出高深重覆之狀。（奇勢雅發。）古今逸格，皆造其極矣。

皎然舉了三個例子，說明三種不同的「勢」，都是符合於其所描寫的現實內容之特點的。有了「勢」，就能使你感到有如親眼目覩、身臨其境一般。皎然在《詩式》中還舉出了以下「偷勢詩例」：

> 如王昌齡《獨遊詩》：「手携雙鯉魚，目送千里雁。悟彼飛有適，嗟此罹憂患。」取嵇康《送秀才入軍詩》：「目送歸鴻，手揮五弦。俯仰自得，遊心太玄。」

這兩首不同的詩，其「立意」是明顯不一致的，但「取勢」是類似的，都是寫的「手携」、「目送」的勢態。

在對待意和勢的關係上，我國古代文藝家認爲，藝術創作過程中，要以立意爲主，取勢爲輔。立意精到，取勢巧妙，方能構成生動感人的藝術形象。王夫之在《薑齋詩話．夕堂永日緒論內編》中說：

> 把定一題、一人、一事、一物，于其上求形模，求比擬，求詞采，求故實，如鈍斧子劈櫟柞，皮屑紛霏，何嘗動得一絲紋理？以意為主，勢次之。勢者，意中之神理也。唯謝康樂為能取勢，宛轉屈伸以求盡其意；意已盡則止，殆無剩語；夭矯連蜷，烟雲繚繞，乃真龍，非畫龍也。

這裡，王夫之對意和勢的辯證關係作了相當深刻的分析，而這對於我國古代文學理論批評中有關意和勢關係的認識，也是一個重要的總結。它主要有三個基本觀點：第一，提出了文學創作中意和勢之間的主從關係。王夫之認爲文學創作過程中的模山範水、雕琢辭采、堆砌典故等都不是創作的主要方面，關鍵是在於如何充分體現作家立意的要求，又如何對體現立意要求的物象作出符合其本身特點的描寫，使之姿態逼眞。而在「立意」與「取勢」中，「立意」又顯然是處於主導地位的。如果「立意」不當，則「取勢」再妙也就是空的了。但是「立意」雖好而「取勢」不當，也不能眞正體現「立意」的要求。必須做到意中有勢，勢能盡意，這樣才能自然神妙，進入理想的最高境界。如果片面地只講「勢」而不講「意」，是很容易陷入形式主義的錯誤創作傾向中去的。顚倒了「意」和「勢」的主從關係，是不可能寫出有價值的好作品來的。陸雲在《與兄平原書》中說：「往日論文，先辭而後情，尚勢而不取悅澤。及張公論文，則欲宗其言。」陸雲和陸機原先對待文學創作有顚倒情辭關係，片面「尚勢」而不取「悅澤」的傾向。他們在「勢」和「辭」的關係上重「勢」，這是對的，但是辭之「悅澤」也仍然是不能廢棄的，而更主要的是只講「取勢」，而不以「意」爲主，就更錯誤了。故而劉勰說：「夫情固先辭，勢實須澤，可謂先迷後能從善矣。」（《文心雕龍·定勢》）既批評了他們原先的錯誤，又肯定了他們後來能根據張華的主張而加以改正。劉勰批評當時的形式主義文風，認爲他們的問題正是在於不能「因情立體，即體成勢」上，不能擺正「意」和「勢」的關係，而是「爲文而造情」、「先辭而後情」，結果其「取勢」也就沒有了依據，以致去追逐詭巧之勢，文體遂弊。他在《定勢》篇中說：

自近代辭人，率好詭巧，原其為體，訛勢所變，厭黷舊式，故穿鑿取新，察其訛意，似難而實無他術也，反正而已。……然密會者以意新得巧，苟異者以失體成怪。舊練之才，則執正以馭奇；新學之銳，則逐奇而失正；勢流不反，則文體遂弊。

六朝時期許多作家程度不同地偏重形式，而忽略內容，不能正確地處理好「意」與「勢」的關係，是重要原因之一。所以，王夫之強調「意」和「勢」的主從關係，也是總結了歷史經驗教訓的。

第二，王夫之提出了「勢乃意中之神理」的觀點，說明了「勢」的本質。這裡說的「意」，即是指與「象」所結合的具體的「意」，亦即是指作品中的「意象」。「意中之神理」，非常深刻地指出了「勢」即是作品的意象中所體現的內在規律。它告訴我們，「意」和「勢」必須非常自然地統一在文學作品的藝術形象之中。每一種不同的文學體裁，每一篇不同的作品都有它不同的「勢」的特點。劉勰在《文心雕龍・定勢》篇中說：

是以模經為式者，自入典雅之懿；效騷命篇者，必歸艷逸之華；綜意淺切者，類乏醞藉；斷辭辨約者，率乖繁縟；譬激水不漪，槁木無陰；自然之勢也。

文學作品不同的內容和表達方式，就有不同的藝術風貌，這也是「勢」的一種表現。劉勰講「定勢」，並不是說任何作品都有共同的「勢」，而是說每一篇作品都有符合自己特點的「勢」。每篇作品之「意」不同，故其「意中之神理」亦不相同。所以，對一篇作品來說有「定勢」，對整個創作來說是無「定勢」。黃侃《文心雕龍札記》中說：「彼標其篇曰《定勢》，而篇中所言，則皆言勢之無定也。

其開宗也，曰：『因情立體，即體成勢。』明勢不自成，隨體而成也。中之曰：『機發矢直，澗曲湍回，自然之趣』；『激水不漪，槁木無陰，自然之勢。』明體以定勢，離體立勢，雖玄宰哲匠有所不能也。又曰：『循體成勢，因變立巧。』明文勢無定，不可執一也。」文學作品的體，既是反映客觀現實生活內容的，又是包含了作家主觀思想意圖的，因此，所謂「體勢」問題，實際上已蘊含了「意」與「勢」的辯證關係在內。「體」是因「情」而立的，這「情」就是作家「意」的具體表現。所以，強調「體」「勢」的統一，一定的「體」中要有與之相應的「勢」，這裡旣說明客觀現實內容都有按照自己內在規律形成的「勢」，同時又說明了這種「勢」必須能和作家主觀情意和諧而統一。由此可見，王夫之所提出的「勢乃意中之神理」的命題，正是對我國傳統所說的「體勢」問題中所包含的作家主觀意圖和作品內容客觀規律性的辯證統一因素，作了更加明確的分析和論述。

第三，王夫之認爲在有了新穎的「立意」之後，能否「取勢」是關係到作品藝術描寫的眞假的大問題。「眞龍」與「畫龍」的區別，就在於有沒有「勢」。謝靈運詩之所以是「眞龍」而非「畫龍」，其原因就在於他善於「取勢」。他那些生動誘人的山水描寫，如「野曠沙岸淨，天高秋月明」（《初去郡》）；「春晚綠野秀，巖高白雲屯」（《入彭蠡湖口》）；「林壑斂暝色，雲霞收夕霏」（《石壁精舍還湖中作》）等等，確如鮑照所說，「如初發芙蓉，自然可愛。」謝靈運能夠把山水風景的眞實姿態形象地再現出來，其勢宛轉屈伸以盡其意，故而達到了逼眞傳神的程度，而不使人感到是爲創作而創作的虛假之作。王夫之在《薑齋詩話·夕堂永日緒論內編》中還進一步發揮此意道：

論畫者曰：「咫尺有萬里之勢。」一「勢」字宜著眼。若不論勢，則縮萬里于咫尺，直是《廣輿記》前一天下圖耳。五言絕句，以此為落想時第一義。唯盛唐人能得其妙，如「君家住何處？妾住在橫塘。停船暫借問，或恐是同鄉。」墨氣所射，四表無窮，無字處皆其意也。李獻吉詩：「浩浩長江水，黃州若箇邊？岸回山一轉，船到堞樓前。」固自不失此風味。

按，「咫尺有萬里之勢」，最早見於《南史·竟陵文宣王子良傳》。其云：「蕭賁……好學有文才，能書善畫，於扇上圖山水，咫尺之內，便覺萬里爲遙。」在咫尺之內所畫山水，使人見了似覺眞山水一般，感到「萬里之遙」的「遠勢」，故杜甫於《戲題王宰畫山水圖歌》中說：「尤工遠勢古莫比，咫尺應須論萬里。」畫上的山水本是假的，但由於畫出了「勢」，顯得與眞山眞水一模一樣了。所以，藝術作品能不能表現出描寫對象的「勢」來，是藝術表現成功不成功的重要標志之一。不講「勢」，則如地理圖一般，它只能表示山水方位、大小比例等，而不可能把山水的形象眞實地再現出來。崔顥《長干曲》中這一首詩之所以寫得好，就是因爲詩人把女子的心理、感情、性格特徵通過短短的四句話全都傳達出來了。熱情、羞怯、天眞、純潔的善良女子的音容笑貌，寫得如聞如見。故王夫之說「無字處皆其意也」。這正是講究「取勢」的藝術效果。李夢陽的《黃州》詩是寫長江風光，黃州先是連影子也看不到，但在曲折的長江中岸回山轉，一下就到了黃州城邊了。這也是善於把長江行船之「勢」充分體現出來，使人如身臨其境一般的作品。

正確地認識文學創作中的「意」和「勢」的關係，是一個十分重要的問題。文藝創作都是要體現作家的某種具體的主觀意圖的，但是，它又是要通過描繪現實生活來流露的。而現實生活本身是有自己內在邏輯和規律的。只講「立意」，不講「取勢」，只企圖貫徹作家主觀意圖，而不研究生活本身邏輯，並使兩者統一，就會使創作變成一種純粹是抽象觀念的宣傳，變成時代精神的單純傳聲筒。反之，只講「取勢」，而不顧「立意」，也可能陷入形式主義泥坑。因此，只有使「意」與「勢」辯證結合，方是健康、正確的創作方向。

九　文與質

文和質是我國古代文學理論批評中經常運用的一對概念。文和質的關係主要是指文學作品的內容和形式的關係，同時也具有文華和質樸的含義，有時在不同的場合其側重點是不完全相同的。

文和質的概念最早是由孔子提出來的。孔子講文質關係並不是指文學作品，而是指人的內在思想品質與外在的禮節學問之間的關係。比如《論語・雍也》篇中說：

質勝文則野，文勝質則史，文質彬彬，然後君子。

孔子認爲一個上層社會的人，如果只有內在的好的思想品質，而沒有仁義禮樂等的修養，不懂得禮節，缺少學問，那麼就會和普通的粗野的百姓一樣，而沒有分別了。但是，如果一個上層社會的人雖有仁義禮樂的修養，懂得許多禮節學問，而內在的思想品質不能與之相配，那麼也只能做一個普通的史官，而不能幹大事業，成爲國家棟梁之材。必須既有高尚的內在思想品質，又有深厚的仁義禮樂等修養，文質兼備，這樣才能算是一個彬彬君子。孔子認爲對於一個人來說，文質是不能偏廢的。孔子對於人的修養的這種要求，後來被引申到文學創作的領域中，用來比喻對文學作品的內容與形式的要求，主張文學創作必須內容和形式並重，這是我國古代文學理論批評中的一個十分重要的傳統特點。

《論語·顏淵》篇還記載了子貢所說的這樣一段話：

文猶質也，質猶文也；虎豹之鞹，猶犬羊之鞹。

這裡提出了對文質關係的相當辯證的看法。文和質雖然可以從不同的角度來分析其內容，但是它們實質上是分不開的，是一個事物的兩個不同方面。比如虎豹之皮，如果沒有其毛色上的特徵，那麼，怎樣和犬羊之皮加以區別呢？文是外在的，質是內在的，事物都是由這兩方面結合才能構成的。沒有無文之質，也沒有無質之文，因此，也可以說，「文猶質也，質猶文也。」質必須以一定的文表現出來，而文又必然是反映了一定的質的。對文質關係的這種辯證的認識，反映在對文學作品的內容和形式關係的認識上，就是強調內容必須通過一定的形式體現出來，而形式又總是反映一定的內容的。所以，在具體的創作中必須內容和形式並重，既要看到內容的決定作用，又必須要注意形式的修飾，因爲形式不恰當會影響內容的表達，形式愈完善，也就更能充分地體現內容，把它傳達得更好。

以孔子爲首的儒家正是從這種文質觀出發，所以對文學作品在內容和形式關係的要求上是比較全面的。《左傳·襄公二十五年》引孔子的話說：「言以足志，文以足言」，「言之無文，行而不遠。」

語言是爲表達人的心志服務的，但是，語言作爲一種工具和手段來說，如果不加以修飾，那麼就不能充分地體現人的心志。因此也就不能起到更好的作用。《禮記・表記》中曾引孔子說：「情欲信，辭欲巧。」這當然不一定是孔子的原話，因爲《禮記》大約是漢人之述作。但是這種思想是與孔子的觀點一致的。孔子說過：「辭，達而已矣！」（《論語・衞靈公》）「辭達」，後人作過許多發揮，如蘇軾、章學誠等所論，已不完全是孔子本意了。但是，孔子的「辭達」也確是包含了兩方面意義的。一方面說明文辭的目的是爲了達意，另一方面這達意也不是很容易的，達意要達得好是對文辭的一種很高的要求。孔子這裡關於文辭和表達心志關係的論述，直接就涉及到了文學創作的問題。文學就是語言的藝術，它就是通過用語言塑造形象來表達作家的特定情意心志的。孔子這種有關文學作品內容和形式關係的看法，也有它的歷史淵源。《周易》中就提出過「言有物」和「言有序」的要求，《尚書》中也講過「辭尚體要，不惟好異」的問題。都是主張內容和形式要一致的。孔子當時雖然沒有直接把文質和言文聯繫起來，然而其思想脈絡是一致的。所以後來很自然地就用文質來論述文學作品的內容和形式了。至於文華和質樸的意思，則正是從內容和形式的關係上派生出來的。

在我國古代文藝思想發展史上，也出現過片面地尙質而輕文的傾向，以及片面地尙文而輕質的傾向，這都是與一定歷史條件下的社會思潮與文藝思潮密切聯繫著的。早在先秦時期與孔子文質並重的觀點相對立的，就有墨子和韓非的重質輕文的觀點存在著。孔子是主張文藝作品之美既包括內容又包括了形式的，他的「盡善盡美」說即可充分說明這一點。《論語・八佾》記載他說歌頌舜德的古樂《

韶》是「盡美」又「盡善」，而歌頌周武王的古樂《武》，則是「盡美」而「未盡善」。這就是說《武》反映的是周武王以征伐取天下，而不像舜是以揖讓得天下，所以「未盡善」，不夠美，但它的藝術形式則是相當美的。可見，在孔子看到，美不僅在內容，也在形式。然而，墨子和韓非的看法就不同了。他們認爲美在質而不在文，即美只在內容而不在形式。墨子主張「先質而後文」，認爲質是最重要的，在保證質的前提下，才能講到文的問題。實際上認爲文是可有可無的了。比如《說苑・反質》篇中記載了這樣一個故事：墨子對他的徒弟禽滑厘說：「今當凶年，有欲予子隋侯之珠者，不得賣也，珍寶而以爲飾。又欲予子一鍾粟者，得珠者不得粟，得粟者不得珠，子將何擇？」禽滑厘說：「吾取粟耳，可以救窮。」墨子很同意禽滑厘的意見，並且指出：「故食必常飽，然後求美；衣必常暖，然後求麗；居必常安，然後求樂。爲可長，行可久。先質而後文，此聖人之務。」《說苑》的記載是否可靠很難說，但這種思想是和墨子在《非樂》篇中表現的觀點一致的。墨子認爲質是最重要的，文是次要的，在衣食住行不能保證的情況下，必須「先質而後文」。韓非的看法比墨子更偏，他認爲美在質而不在文，而文是害質的，是掩飾質之醜的。他在《韓非子・解老》篇中說：

夫恃貌而論情者，其情惡也；須飾而論質者，其質衰也。何以論之？和氏之璧不飾以五采，隋侯之珠不飾以銀黃，其質至美，物不足以飾之。夫物之待飾而後行者，其質不美也。

韓非在這裡把質和文對立了起來，認爲文之美是掩飾質之不美的，眞正美的事物是在質而不在文，文美質必醜，因此只能棄文而求質了。韓非在《外儲說左上》篇中還以秦伯嫁女、楚人鬻珠的故事來說明文以害質的觀點。秦伯之女嫁到晉國去，帶了穿戴華麗的美女七十人爲侍從，結果晉人愛其侍女而賤其女。楚人賣珠給鄭人，將珠子裝在「木蘭之櫃，薰以桂椒，綴以珠玉，飾以玫瑰，輯以翡翠」，結果，「鄭人買其櫝而還其珠」。韓非用這兩個故事來說明文對質之美是起危害作用的。因此，從墨子和韓非的觀點出發，那麼，文學作品也只要講內容而不必講究形式了。他們之所以片面地主張這種尙質而輕文的觀點，是因爲他們過份地強調了實用，而沒有看到藝術正是要在一定的美的形式中才能眞正起到教育作用的。形式和內容是不能分開的。韓非把實用看得高於一切，他在《外儲說右上》中說，如果一個價値千金的玉做的酒器是漏的話，連水都盛不了，那有什麼用呢？豈不是還不如一個瓦器不漏而可以盛酒更有用嗎？這當然也有一定道理，但是玉做的價値千金的酒器，如果不漏不是比瓦器要好出不知多少倍嗎？墨子和韓非這種重質輕文的思想是建立在以實用爲主的基點上的，它與後來儒家（如宋儒）那種重道輕文的尙質思想並不完全相同，對後世的影響並不很大。

在文質關係上的另一種形而上學觀點，是片面地尙文而輕質。從文學創作上看就是拼命追求形式的華艷，而忽略內容的深刻。每當文學史上形式主義傾向嚴重的時候，大都有這種文藝思想的出現。不過它主要表現在創作中，絲從理論上突出地強調尙文爲主的是不多的。漢代的大賦具有比較明顯的形式主義傾向，明顯地是尙文而輕質的，這種情況到六朝就發展得比較嚴重了。從理論上說，梁元帝蕭繹在《金樓子・立言》篇中認爲文學作品只要詞采華艷，音律鏗鏘，能動人心弦就是好作品了。當時的文壇情況，就像李諤《上隋高祖革文華書》中說的：「遂復遺理存異，尋虛逐微，竟一韻之奇，爭一字之巧，連篇累牘，不出月露之形；積案盈箱，唯是風雲之狀。」在反對這種創作傾向的鬥爭中，有兩種不同的傾向，一種是從尙質輕文的角度來批判尙文輕質的，實際是從一個極端走向另一極端。這可以當時裴子野的《雕蟲論》爲代表。其實，這種傾向早在漢代就有所表現。揚雄雖然是漢賦的大作家之一，但是他後期對辭賦持否定態度，認爲是「童子雕蟲篆刻」，「壯夫不爲」，雖然他指出了「詩人之賦麗以則，辭人之賦麗以淫」的區別，但從《法言》中總的傾向看偏於尙質是明顯的。裴子野把這種尙質傾向又進一步發展了。他認爲創作上這種形式主義文風是從《楚辭》開始的，並且從漢賦、建安文學，一直到六朝全在被否定之例。後來隋代李諤、唐初王通，就是沿著這條線下來的。這一股文藝創作思潮有其積極的方面，就是反對形式主義創作傾向，但也有很大的片面性，這就是對文質關係的理解具有形而上學的傾向。

另一種反對重文輕質傾向，則是從對文質關係比較全面的、辯證的理解與認識出發的。它集中反映在六朝最有影響的幾個文藝理論批評家陸機、劉勰等的文學理論批評中。他們在文質關係上都是堅持了以質爲主導，以文附質，文質並茂的正確方向的。他們都認爲文學作品的形式是爲表達內容服務的，然而形式也必須重視，兩者都是密切結合的。陸機在《文賦》中分析十種不同的文體時，也都是從質和文兩方面同時立論的。如說：「碑披文以相質」，便是對碑這種文體的內容和形式關係的比較辯證的論說。陸機在分析各種文病時，既反對「清虛以婉約」，「既雅而不艷」的傾向，又反對「遺理以存異」，「尋虛而逐微」，「言寡情而鮮愛，辭浮漂而不歸」的傾向。也就是說，陸機對尙質輕文和尚文輕質的現象都是很不滿意的。

陸機這種有進步意義的文質觀，對劉勰的《文心雕龍》發生了積極的影響。劉勰在自己的著作中對文質關係問題作了比較全面而深入的理論分析，提出了文質並茂的理論，這是我國古代文藝思想史上對文質關係闡述得最好最深刻的一部份。劉勰的《文心雕龍》的全部理論便是建立在文質並茂的美學思想基礎上的。劉勰在《文心雕龍・徵聖》篇中總結作爲後人楷模的聖人文章之特點就是「銜華而佩實」。他在《辨騷》篇中提出文章要「翫華而不墜其實」，也是這樣的意思。所謂華實，實際上也即是文質的意思。尤其是在著名的《情采》篇中，他更是集中地分析了文與質的關係，批評了當時重文輕質的形式主義傾向。情和采就是文學作品中的質和文。劉勰從內容與形式並重的思想出發，首先非常辯證地闡述了文和質之間的相互依存關係。他說：

> 夫水性虛而淪漪結，木體實而花萼振，文附質也。虎豹無文，則鞹同犬羊；犀兕有皮，而色資丹漆，質待文也。

文附質，是說文學作品的形式總是要依附於一定的內容的。這和宇宙間任何客觀事物都是一樣的，文必須依附於一定的質才能存在。「淪漪結」是「水性虛」的表現，「花萼振」是「木體實」的表現。文不附質，也就沒有文了。「質待文」，說明內容必須要有一定的形式才能具體反映出來。無論是虎豹之皮，還是犀兕之皮，總是要以一定的毛色方能顯示其特徵來的。劉勰通過生動的比喻所闡明的「文附質」、「質待文」的觀點是很精當而辯證的。它指出了內容和形式都決不可輕視，不可偏向一面的基本原因。劉勰在闡述文質並重，互爲依存的過程中，還清楚地說明了在文和質中，「質」又是占有主導地位的，「文」是爲充分表現「質」服務的。他說：

夫鉛黛所以飾容，而盼倩生于淑姿；文采所以飾言，而辯麗本于情性。故情者，文之經；辭者，理之緯；經正而後緯成，理定然後辭暢，此立文之本源也。

情（理）和辭也即質和文，情和理是文學作品的內容，這是文學創作中的主導方面，只有以內容爲主，形式才有了具體的目的和方向，這也就是劉勰所說的「經正而後緯成，理定然後辭暢」的意思了。劉勰指出，在創作過程中處理文質關係，即內容和形式關係，可以有兩種辦法，兩條道路，一是爲文而造情，一是爲情而造文。劉勰是肯定後一種辦法，主張走後一條道路的。他認爲前一條道路即是形式主義的道路，是顚倒了文學創作中的內容和形式關係的。文學創作是先確立了具體內容再去寫作呢？還是爲文而文，生硬地造情，這是一個重大的原則問題。劉勰認爲當時重文而輕質的形式主義創作傾向的特點就是「爲文造情」。他說：「爲情者要約而寫眞，爲文者淫麗而煩濫。」「故體情之制日疏，逐文之篇愈盛。」對這種形式主義創作傾向，劉勰是非常不滿意的。爲此，他在批判這種錯誤的同時，提出了自己正面的主張。他說：

是以聯辭結采，將欲明理；采濫辭詭，則心理愈翳。固知翠綸桂餌，反所以失魚，「言隱榮華」，殆謂此也。是以衣錦褧衣，惡文太章；賁象窮白，貴乎反本。夫能設模以位理，擬地以置心，心定而後結音，理正而後摛藻，使文不滅質，博不溺心，正采耀乎朱藍，間色屏于紅紫，乃可謂雕琢其章，彬彬君子矣。

過多的在形式上下功夫，而不去考慮內容的問題，就可能導至「翠綸桂餌，反所以失魚」的狀況，必須「理正而後摛藻」，才能使「文不滅質，博不溺心」。劉勰對文質關係的論述，正是總結了自孔子以來關於文質關係的辯證思想的結果，同時也是在同形式主義的重文輕質和絕對化片面化的重質輕文兩種傾向鬥爭中的產物。

劉勰這種對文質關係的辯證論述，在唐代的創作實踐和理論批評中都得到了很好的繼承和發揚。唐代前期在反齊梁文風的鬥爭中也和六朝時期一樣有兩種不同的傾向。王通、王勃等沿襲裴子野、李諤的路子，繼續發揮重質輕文的主張，他們的思想在中唐以後又直接影響了白居易、韓愈等人。後來在宋代被道學家推上重道棄文的極端。但是，唐代反齊梁文風中的另一派是主張文質並茂的。這可以令狐德棻、李白、殷璠等爲代表。令狐德棻在《周書・王褒庾信傳論》中主張文學創作要「摭六經百氏之英華，探屈、宋、卿、雲之秘奧，其調也尚遠，其旨也在深，其理也貴當，其辭也欲巧。然後瑩金璧，播芝蘭，文質因其宜，繁約適其變。權衡輕重，斟酌古今，和而能壯，麗而能典，煥乎若五色之成章，紛乎猶八音之繁會。」他不但沒有否定《楚辭》，而且對漢賦也是有所吸取的。他提出的文質因宜、繁約適變，「和而能壯，麗而能典」的原則，正是接受陸機、劉勰等思想影響的結果。李白在對待文質關係上的看法，是和令狐德棻一致的。李白也很尖銳地批判了齊梁文風，但是他主張文質並茂，對齊梁也不是一筆抹殺的。李白在《古風》中對文學的歷史發展，作過這樣的評述。他說：

自從建安來，綺麗不足珍。聖代復元古，垂衣貴清眞。群才屬休明，乘運共躍鱗。文質相炳煥，衆星羅秋旻。

李白指出了自建安以後，文學發展上出現了形式主義傾向。他說「綺麗不足珍」，並不是否定「綺麗」，說它不好，而是反對因追求「綺麗」，忽視了內容的翔實。李白對齊梁的優秀作家作品是充分肯定的。如他在《贈江夏書太守良宰》中就讚美了江淹和鮑照。他說：「覽君荊山作，江鮑堪動色。清水出芙蓉，天然去雕飾。」在《宣州謝朓樓餞別校書叔云》中又說：「蓬萊文章建安骨，中間小謝又清發。俱懷逸興壯思飛，欲上青天覽明月。」他對謝朓是十分心折的。「文質炳煥」是李白的理想，也是唐代詩歌創作的基本特徵之一。這種強調內容和形式並重的思想在唐詩的創作中占有主導地位。李白之後，殷璠在總結盛唐詩歌創作經驗的時候，也明確地指出了「文質半取，風騷兩挾」，是唐詩在藝術上所遵循的基本原則。從六朝到隋唐所形成的這種「文質相炳煥」的文藝思想，是我國文學思想發展中的基本觀點，它充分說明我國古代對文質關係的認識是全面的辯證的。

在宋代由於理學的影響，出現了極端的尚質輕文的傾向。這種尚質輕文的思想和墨子、韓非的思想不同。它不是爲了實用，而是爲了強調封建之道。它的具體表現是認爲「作文害道」、「學詩妨事」，把文學創作看作是「玩物喪志」的事，是主張重道而棄文的。宋代邵雍、周敦頤、二程的文論中就集中反映了這樣一種創作思想。這是我國古代在文質關係上最極端化、最沒有價値的一部份，從宋代開始就不斷受到進步文藝家的批判。大多數人都是文質並重的，但從具體論述上說，對文質關係的理解，一般都沒有超出劉勰在《文心雕龍》中的論述的範圍。但是，也有一些重要的文藝家，在劉勰所論述的基礎上，對文質的辯證關係作了更進一步的比較系統的闡發，這可以明末清初的王夫之爲代表。

王夫之《古詩評選》中評蕭子良《登山望雷居士精舍同沈右衞過劉先生墓下作》一詩時，曾經提出了文藝創作中「文因質立，質資文宣」的觀點。這實際上也即是對劉勰的「文附質」，「質待文」觀點的發揮。文無質不能立，沒有一定內容，還有什麼形式呢？形式必須附著於一定內容才有意義。從另一方面看，內容必須依據於一定的形式，才能展示其意義，得到宣明。在《尙書引義》中，王夫之在分析《畢命》篇「辭尙體要」的含義時，非常深刻地批判了「體要者質也，質立而文爲贅餘矣」的重質棄文思想。這顯然正是針對宋明道學的形而上學文質觀而發的。王夫之從哲學的高度深刻地闡明了「文質不可分」的原理。他說：「物生而形形焉，形者質也。形生而象象焉，象者文也。形則必成象矣，象者象其形矣。」任何不同的事物都有自己特殊的形，而形必須藉象具體顯現出來。他舉例說，白馬之不同於人，不僅其質不同，即是馬不是人，同時其文也不同，馬之白不同於人之白。白雪和玉不同，不僅因爲雪和玉之質不同，而且也因爲白雪之白與玉之白，亦即其文也不同。所以，他說：「欲損其文者，必傷其質。猶以火銷雪，白失而雪亦非雪矣。」他指出，人各爲質，而質以文爲別，因此，沒有了文，也就沒有了質，不能把文和質割裂開來。「蓋離於質者非文，而離於文者無質也。」這種辯證的質文觀，反映在文學創作上，就是要求內容和形式的辯證統一，既重視內容又重視形式，把它們看作是互相聯繫、互相依存、互相促進、互相發明的一個有機的整體。

文質關係所反映的這種辯證的思想，反映了我國古代文藝家對內容和形式的關係，有非常深入而精闢的認識，並且自古以來就始終在文藝思想上占有主導地位，因此對我國古代文學的健康發展，起了良好的積極作用。

十　通與變

我國古代文學理論批評中所說的通和變的關係，即是指文藝創作中的繼承和創新的關係。文學創作中的繼承和創新關係處理得好不好，是否正確，對文藝創作的能否健康發展，有十分重大的影響。任何一個時代的文藝創作如果不能正確地對待繼承和創新的關係，是一定會走上邪道的。這是爲我國文學發展的歷史所證實了的。文藝創作是一種精神生產，它必然是在前人已經達到了的基礎上的創造，它決不可能撇開前人的成果與經驗，只憑主觀的「聰明」去創造。每個時代、每個作家的創作也都是以前代留下的特定的文藝「思想資料」作爲前提而出發的。比如在我國古代文藝發展中，漢代的辭賦就是在《楚辭》的基礎上發展起來的。劉勰在《文心雕龍·時序》篇中說，「爰自漢室，迄至成哀，雖世漸百齡，辭人九變，而大抵所歸，祖述《楚辭》，靈均餘影，於是乎在。」沒有《楚辭》，就不會有漢賦。然而，文藝創作又必須在前人創造的基礎上有所創新，要從前人已經達到的高度上，繼續向前邁進一大步，有所發明，有所創造，有所前進。如果是一味因襲，那是沒有出路的，只能成爲最沒出息的文學教條主義和藝術教條主義。在我國古代文藝發展過程中，片面強調繼承和片面強調創新的現象都曾經出現過。但主要是片面強調繼承的傾向更爲突出一些。這大概是和以孔子爲代表的儒家主張「述而不作」的思想的深刻影響有密切關係的。不過，在繼承和革新關係上對形而上學傾向的鬥爭中，我國古代文藝家積累了十分豐富的經驗，對繼承和創新的全面的辯證的認識逐漸深入，並且從理論上作了比較系統的闡述。這是我國古代十分可貴的一份理論遺產。

我國古代稱文藝創作中的繼承和創新爲「通變」。什麼是「通」？這是說文藝創作過程中有一些基本經驗，是歷代的文藝創作都必須遵循的，是應該學習和繼承的。因此，雖然各個時代都有自己不同特色的創作，但其中又可以找到一條貫通始終的歷史發展線索，有其共同的方面。什麼是「變」？這是說文藝創造必須隨著時代的發展，以及文體的差異、作家的不同等等，而有所變化，在藝術上有新的創造，有自己的特色，而不能只是模擬因襲。

我國古代文藝批評中所說的通和變，是和我國古典哲學中的變化發展觀點和樸素的辯證法因素影響直接相關的。通和變的概念就是從我國古代的《易傳・繫辭》中來的。《易傳・繫辭》中比較集中、比較鮮明地反映了事物是發展變化的觀念。《繫辭》作者認爲整個宇宙是處於不斷的變動之中的，其云：「日往則月來，月往則日來，日月相推而明生焉；寒往則暑來，暑往則寒來，寒暑相推而歲成焉。」一切事物就是在這種變化發展中產生和成長的。「易象」是模擬客觀事物的，是適應客觀事物的變化發展而發明的，因此它本身也是多變的，所謂「神無方而易無體」。「知變化之道者，其知神之所爲乎。」「爻辭」是對「易象」如何體現客觀事物變化發展的說明，故云：「爻者，言乎變者也。」在這種思想基礎上，《繫辭》作者提出了通和變的概念。其云：

參伍以變，錯綜其數，通其變遂成天下之文，極其數遂定天下之象，非天下之至變，其孰能與于此？

這裡，《繫辭》作者著重強調了事物既有其相聯繫的一方面，又是不斷地發展變化的。易象在模擬客觀事物時也是適應這種既通又變的情況的。「剛柔以立本，變通以趨時。」《繫辭》作者不僅提出了通變的概念，而且對它們之間的關係，也有比較辯證的論述。《繫辭》作者認爲客觀事物是日新月異地發展變化的，易象也是生生變化不息的，故而歷史的發展總是不斷地產生和創造出新事物的過程。「日新之謂盛德，生生之謂易。」因此，通和變也是一種辯證的關係：「變則通，通則久。」有變方能通，通亦即是變之過程。易象既然是通變的產物，那麼，說明易象的辭自然也有一個通變的問題。這種思想遂直接影響到對文學創作的繼承與創新的認識。除了《易傳．繫辭》以外，荀子的哲學思想也對文學創作上通變思想的形成有重要影響。荀子認爲客觀事物是變化發展的，而不是一成不變的。他之所以提出要「法後王」，而不主張「法先王」，正是由於他認爲不管是自然事物，還是社會人事，都是變化發展的，時代前進了，就需要適應當時的具體情況，符合變化了的新情況的需要。先王之道是針對當時情況提出來的，現在現實已經有了變化發展，僅靠先王之道就不行了。後王之道乃是對先王之道在具體變化發展了的情況下的運用，所以應當「法後王」。儒家的經典雖然很重要，但並不能完全適應今天變化了的現實的需要。這種思想反映到文學創作上，他就強調要針對當時的現實需要來創作，而不能僅僅以反映過去的現實的《詩經》爲模仿對象，搞因襲模擬的創作。他在《勸學》篇中說：「《禮》、《樂》法而不說，《詩》、《書》故而不切，《春秋》約而不速。」他認爲《詩》、《書》是適應當時情況的，並不能切合當前已經變化了的現實情況。因此，《詩》、《書》這樣的著作也不是可以萬世效法、因襲模仿的，必須有新的發展，方能適應變化了的現實的需要荀子本人就是在探討著新的文學創作形式的。他的《賦》篇就是一種新的文學創作形式，對後來辭賦的發展有很大的影響。在荀子的文藝思想中已經比較鮮明地反映了旣講繼承又重視創新的觀點，這對後來的文藝理論批評家如劉勰等人都有很深遠的影響。

從文學理論上首先明確提出繼承和革新思想的是西晉初年的陸機。陸機的《文賦》是專門論述創作問題的。《文賦》中一方面強調要認眞學習和吸取前人的創作經驗，另一方面又主張要有所創新，反對模擬剿襲。《文賦》提出作家創作之前要「頤情志於典墳」，必須「遊文章之林府，嘉麗藻之彬彬」，這並不只是要學幾部儒家經典，同時也是泛指一切前人優秀之作的。但是，這種學習和繼承，並不是要求作家去抄襲模擬，而是必須要有自己新的創造。陸機認爲，如果寫得和前人大同小異，那麼儘管很美也應該毫不猶豫地捨棄掉。他的原則是要做到「謝朝華於已披，啓夕秀於未振。」他在論文病時專門說到：

或藻思綺合，清麗芊眠。炳若縟綉，淒若繁弦。必所擬之不殊，乃暗合於曩篇。雖杼軸於予懷，怵他人之我先。苟傷廉而愆義，亦雖愛而必捐。

陸機的「朝華」、「夕秀」之論，古代有一些人只把它解釋爲語言文字上的創新，其實這是不全面的。他所說的「朝華」、「夕秀」，顯然是包括文意和文辭兩方面的，是包括著藝術形象創造上革新和語言文辭物質手段的革新在內的。「朝華」、「夕秀」不過是一種形象的比喩而已。這一點從上引他在《文賦》論文病中的一段話裏，可以看得非常清楚。「藻思綺合」四字即是說的藝術構思和形象塑造的情況，當然也包括詞采、音律在內。「所擬不殊」更是明確地指出了是形象描寫的問題。後來有些古文家將它和韓愈之「惟陳言之務去」相提並論，甚至於強調成爲要在語言上追求怪怪奇奇、十分生僻的語詞，則離陸機的本意就更遠了。陸機並沒有提到通和變的概念，但是他主張在創作前要廣泛學習前人之作，創作中又要儘量擺脫雷同因襲之弊，而有獨創精神，這實質上也即是講的通變的問題。

從文學理論上全面地論述了文學創作的繼承和創新問題，並且概括爲「通變」這一理論概念的是劉勰。《文心雕龍》專門有《通變》一篇，但關於通變的思想則是貫穿於《文心雕龍》全書的。《文心雕龍》上篇的文體論中，對每一種文學形式的歷史研究和創作特點的分析，都鮮明地體現了既要通又要變的思想。而下篇論創作問題中的《時序》一篇則更突出地體現了文學歷史發展過程中必然要隨時代的變化而變化、必然是既有通又有變的思想。歸納起來，劉勰對「通」和「變」的內容及其相互之間的辯證關係的論述，有如下幾個要點。

首先，劉勰指出了文學發展過程中必然有通的方面和變的方面，兩者都是客觀存在的事實。文學創作之所以有通、有變，歸根到底是因爲文學是反映社會現實生活的。社會現實生活的不斷發展、變化，文學作品的面貌也必然有新的發展、變化。「時運交移，質文代變，古今情理，如可言乎！」在歷史發展的「交移」更替中，文學創作也代有所變，有興有廢。「故知文變雜乎世情，而興廢係於時序。」變，這是必然的。「歌謠文理，與世推移，風動於上，波震於下。」然而在這種「變」的過程中，也有一些基本原則是不變的，是代代相傳下來的。比如文學創作的「序志述時」，則「其揆一也」。不論是哪個朝代的文學在表現作家的思想情感、反映時代的風貌特色這一點上，都是一致的。這就是通的方面。

其次，從文學作品本身的體式方面來看，也必然是有通又有變的。劉勰在《通變》篇中說：

夫設文之體有常，變文之數無方，何以明其然耶？凡詩賦書記，名理相因，此有常之體也；文辭氣力，通變則久，此無方之數也。名理有常，體必資於故實；通變無方，數必酌於新聲；故能騁無窮之路，飲不竭之源。

劉勰指出不同的文學形式，既然各有自己的名稱，這就說明它們是都有自己的某種特點的，沒有這種特點就不成其爲這種文學形式了，這是歷代所「通」的方面。如「詩賦書記，名理相因」，即是「有常之體」。但是，就每篇作品來看，「文辭氣力」則都是不同的，沒有一篇是一樣的。作品的具體內容，藝術風格，表現特點等等都是隨著不同的作家而各有特點，這是「無方之數」，是歷代均有所「變」的。劉勰在敍述每一種文體發展時，一般都指出了以下四方面的內容：「原始以表末，釋名以章義，選文以定篇，敷理以舉統。」這四個方面包含了通和變兩方面的內容。敍述歷史發展不同階段的不同內容，這是「變」；而「釋名以章義」，「敷理以舉統」，指出每一類文體的基本特徵，這就是「通」。這種「通」的方面，是從每一類文體歷史發展中總結出來的共同經驗。比如《詮賦》篇中，劉勰總結賦的創作之特徵是：

原夫登高之旨，蓋覩物興情。情以物興，故義必明雅；物以情觀，故詞必巧麗。麗詞雅義，符采相勝，如組織之品朱紫，畫繪之著玄黃，文雖雜而有質，色雖糅而有本，此立賦之大體也。

劉勰在這裡對賦的創作基本特點的總結是否確切，是否全面，這是可以討論和研究的。但是從通變的角度說，劉勰確是看到了文學發展在變的同時，每一類文學形式都有一些共同的、不變的、爲歷代所承傳的方面，這是正確的。這種對通變的認識也是難能可貴的。對每一種文學形式的發展過程中這種通和變的方面，劉勰曾舉了一個十分生動的比喻來加以說明。他說：

故論文之方，譬諸草木，根幹麗土而同性，臭味晞陽而異品矣。

文學創作中「通」的方面，亦即「名理相因」的部份，猶如草木之「根幹麗土」；而其「變」的方面，即「文辭氣力」的部份，猶如草木之「臭味」異品，有同有不同，有繼承有創新，這就是辯證的通變說。

第三，他還指出了在作品的具體藝術描寫上，歷代也都是有繼承有創新的。比如拿藝術的誇張來說，也明顯地表現了這種有通有變的特點。劉勰說：

夫誇張聲貌，則漢初已極。自兹厥後，循環相因，雖軒翥出轍，而終入籠內。枚乘《七發》云：「通望兮東海，虹洞兮蒼天。」相如《上林》云：「視之無端，察之無涯，日出東沼，月生西陂。」馬融《廣成》云：「天地虹洞，固無端涯，大明出東，月生西陂。」揚雄《校獵》云：「出入日月，天與地沓。」張衡《西京》云：「日月於是乎出入，像扶桑於濛汜。」此並廣寓極狀，而五家如一。諸如此類，莫不相循，參伍因革，通變之數也。

劉勰從五家賦中對宇宙的廣闊無垠的形容，來說明藝術的具體描寫也是有繼承創新關係的。劉勰這裡比較側重在說明藝術描寫的繼承方面，不過，這個例子舉得不算太好，容易給人以模擬的感覺。

第四，劉勰從理論上提出了如何處理通與變關係的原則。他說：

文律運周，日新其業。變則其久，通則不乏。趨時必果，乘機無怯。望今制奇，參古定法。

劉勰在這裡所提出的創作上的今古通變原則，從理論上說，是比較辯證的，也是比較全面的。要求做到通中有變，變中有通。既要從古人創作中吸取其基本原則、經驗，又要按照現實的需要來創新。既有歷代相沿之法則，又有今天創造之新奇。要把這兩方面有機地結合在一起，才能創造出優秀的文學藝術產品。同時，我們還要看到，劉勰的通變說，是針對當時文壇上強調「變」比較多，而重視「通」不夠的傾向而發的。劉勰認為當時形式主義文風的泛濫，很重要的一點就是一味追逐新奇，而拋棄了文學創作的一些歷代相傳的基本原則之緣故。比如比劉勰稍晚的蕭子顯在《南齊書・文學傳論》中說：

習玩為理，事久則瀆。在乎文章，彌患凡舊。若無新變，不能代雄。

蕭子顯這種「新變」論從強調文學必須創新的角度來說，無疑地是很正確的，而且說明了沒有創新，文學就不能發展的道理。他明確地表示反對因襲模擬，這都是有價值的。不過，對於文學創作也必須繼承前人成果這一點來說，蕭子顯似乎有所忽略，這自然也是代表了當時社會上流行的一般看法的。從這一點說，是有一定偏向性的。劉勰在這方面比蕭子顯要全面一些。不過劉勰所說的「通」的具體內容上，也有受儒家思想影響而不夠科學的片面性。他把徵聖、宗經作爲確立繼承和創新原則時的一個重要標準。認爲繼承的具體內容要以是否符合儒家文藝思想爲原則，而創新也不能離開儒家文藝思想的要求，這就必然要給通變帶來很大的局限性，所謂「練青濯絳，必歸藍蒨，矯訛翻淺，還宗經誥。」所以，在涉及到具體的通變內容時，劉勰所論往往就不一定都合適了。

從隋唐開始一直到明清，在如何正確對待繼承和創新的問題上，曾經出現過兩種形而上學的絕對化傾向。一種是只講創新而不講繼承，對待遺產採取基本上是全盤否定的傾向。這種現象在唐初是比較突出的。從隋至唐初在反齊梁文風的鬥爭中，多數人對齊梁文風採取一筆抹殺的態度。因此，對於唐詩發展來說，面臨著一個重要的問題，即是如何正確對待六朝文學，要不要繼承六朝文學的成果。事實證明，唐詩的繁榮是離不開六朝文學發展的基礎的。離開了這個基礎，就不能發展到新的高峰。然而，按照李諤、王通、王勃這樣一些人的見解，那麼，從《楚辭》一直到六朝、甚至唐初，都幾乎沒有什麼值得肯定的，自然也就談不上什麼繼承了。但是，也有一些人是能比較全面地評價六朝文學，並且在繼承和創新關係上有正確態度的。李白在這方面是很清醒的，而杜甫則能夠堅決地頂住這股對六朝文學全面否定的潮流，充份肯定了繼承六朝包括唐初文學成就的重要性。他在《戲爲六絕句》中批評了當時人們對庾信的輕蔑，指出了王、楊、盧、駱這初唐四傑的重要貢獻，提出「不薄今人愛古人，清詞麗句必爲鄰。竊攀屈宋宜方駕，恐與齊梁作後塵」的主張。可見，他對齊梁文學是採取一分爲二的態度的。以李杜爲代表的盛唐詩人，由於對繼承和革新有比較全面的認識，所以才創作出了那麼多優秀的詩篇，這也正是唐詩之所以獲得繁榮發展的重要原因。中唐以後，隨著階級矛盾尖銳化，社會危機的加深，復古主義文藝思潮泛濫起來了，又產生了一種偏向繼承、忽略創新的傾向。這在唐代古文運動中有比較明顯的反映。而到宋代，由於理學的發展，使這種傾向更加突出了。它在明代前期發展到了頂峰。前後七子提倡「文必秦漢，詩必盛唐」，完全走向了只講繼承、不講創新的另一個極端，使得文學創作其高處不過是「古人影子」。明代中葉以後，李贄、公安三袁、王夫之、葉燮等在反對因襲模擬的過程中，對文學創作中的通變問題，從理論上作了更進一步的闡述，這些主要表現在下列幾個方面。

首先，他們比劉勰更深入、更透徹地闡明了文學隨時代的變化而變化的道理，指出復古模擬的創作傾向的主要錯誤，就是不懂得這個道理。爲此，他們強調指出了革新對文學創作的重要性和必要性。袁宏道《雪濤閣集序》中說：

文之不能不古而今也，時使之也。妍媸之質，不逐目而逐時。是故草木之無情也，而穠紅鶴翎，不能不改觀於左紫溪緋。唯識時之士為能隄其隤而通其所必變。夫古有古之時，今有今之時，襲古人語言之迹而冒以為古，是處嚴冬而襲夏之葛者也。

不同的時代，有不同的社會特點，有不同的社會現實生活內容，因此，也必然要表現爲不同的文學內容和形式。「古有古之時，今有今之時」，古有古之文，今有今之文，決不能以古代今，以模擬復古代替革新創造。否則就好像天氣已經到寒冬臘月，而仍然穿著夏天的單薄衣服一樣，就不能符合於時代的要求了。這一點，葉燮在《原詩》中也講得很清楚，他說「風雅之有正有變，其正變係乎時」，「時有變而詩因之」。又說：「蓋自有天地以來，古今世運氣數，遞變遷以相禪。古云：『天道十年一變。』此理也，亦勢也，無事無物不然，寧獨詩之一道膠固而不變乎？」這些論述對於批判只講繼承不講革新，只講通不講變的創作傾向，正是切中要害的致命一擊。自然，葉燮的後一段論述中，也有一些歷史循環論的色彩，這一點在劉勰的《文心雕龍·時序》篇中亦有所表現。但是這種局限性，並不能掩蓋他們強調時代在變，文學創作也必須變這一積極主張的意義與價值。

其次，他們明確地指出，文學創作是作家抒發性靈、描寫眞情的產物。而作家的性靈，鬱積於內心的眞情是各不相同的，每個作家都有自己獨特的個性、氣質、思想、感情，因此文學創作也必然不能因襲模仿，而必須具有自己的特點。既然性靈、眞情是各不相同的，那麼文學創作也必然要有「變」，也肯定會有「變」。劉勰雖然也講到過「各師成心，其異如面」（《文心雕龍·體性》）的問題，但那是講風格，而沒有從這個角度來講「通變」。明清時期文藝家對這一點則講得很充份。袁宏道在《與丘長孺》的書信中說：「大抵物眞則貴，眞則我面不能同君面，而況古人之面貌乎？」在《敍小修詩》中，他說文學創作必須「獨抒性靈，不拘格套，非從自己胸臆流出，不肯下筆。」能夠做到這樣，那麼，「佳處自不必說，即疵處亦多本色獨造語。」因此，即使是「閭閻婦人孺子所唱《擘破玉》、《打草竿》之類，猶是無聞無識，眞人所作，故多眞聲。不效顰於漢魏，不學步於盛唐，任性而發，尚能通於人之喜怒哀樂嗜好情欲，是可喜也。」文學創作之可貴即在能發「眞聲」，出「眞情」，而這種「眞聲」、「眞情」是各不相同的，即使當時也是如此，更不要說古今的差異了。所以，王夫之在《薑齋詩話。夕堂永日緒論內編》中說：「蓋心靈人所自有，而不相貸，無從開方便法門，任陋人支借也。」這一點對於批判前後七子只講繼承、不講創新的形而上學觀點也是很有力量的。

第三，以公安派爲代表的一些文藝家，比較深刻地指出了文藝創作中的繼承和創新之間的辯證關係，說明了繼承和創新乃是一件事情的兩個不同方面。沒有繼承則不能創新，沒有創新也就不能繼承。繼承必須有創新，創新也不能離開繼承前人優秀成果。袁宏道說過一段非常深刻的話，他在《雪濤閣集序》中說：

> 騷之不襲雅也，雅之體窮於怨，不騷不足以寄也。後之人有擬而為之者，終不肖也，何也？彼直求騷於騷之中也。至蘇、李述別及《十九》等篇，騷之音節體致皆變矣，然不謂之真騷不可也。

袁宏道通過對文學發展歷史的具體分析，指出模擬因襲並不是眞正的繼承，而只有對前人創作中的積極因素，在新的歷史條件下給以新的發展和創造才能算是眞正的繼承。《詩經》是一部偉大的詩歌總集，但是要繼承《詩經》這份遺産，並不是對它進行模擬，而是要發揮其精神實質。《詩經》中的「怨」是其十分進步的地方，而《楚辭》正是在這一方面作了進一步的發揮。《楚辭》從内容到藝術形式都不同於《詩經》，但是不能不說它是《詩經》的眞正繼承和發揚者。後來模仿《楚辭》的，也沒有好作品，因爲它們只是繼承而沒有創新，即所謂「求騷於騷中」也。然而蘇李贈答之作、《古詩十九首》，雖然和《楚辭》絕不相同，卻不能不說是《楚辭》的眞正繼承者，其原因就在於能以創新來發揚其積極精神。「音節體致」都變了，但《楚辭》的精神實質被繼承並以新的方式加以發揚了。這就告訴我們，文學創作中的「因」和「革」是不能分的，是密切地結合在一起的。這種思想後來葉燮在《原詩》中也有所論述。他說：

漢蘇、李始創為五言，其時又有亡名氏之《十九首》，皆因乎《三百篇》者也；然不可謂即無異於《三百篇》，而實蘇、李創之也。建安、黄初之詩，因於蘇、李與《十九首》者也。然《十九首》止自言其情；建安、黄初之詩，乃有獻酬、紀行、頌德諸體，遂開後世種種應酬等類；則因而實為創。此變之始也。《三百篇》一變而為蘇、李，再變而為建安、黄初。建安、黄初之詩，大約敦厚而渾樸，中正而達情。一變而為晉，如陸機之纏綿鋪麗，左思之卓犖磅礴，各不同也。其間屢變而為鮑照之逸俊，謝靈運之警秀，陶潛之澹遠。又如顔延之之藻繢，謝朓之高華，江淹之韶嫵，庾信之清新。此數子者，各不相師，咸矯然自成一家。不肯沿襲前人以為依傍，蓋自六朝而已然矣。其間健者如何遜、如陰鏗、如沈炯、如薛道衡，差能自立。此外繁辭縟節，隨波日下，歷梁、陳、隋以迄唐之垂拱，踵其習而益甚，勢不能不變。小變於沈、宋、雲、龍之間，而大變於開元、天寶。高、岑、王、孟、李，此數人者，雖各有所因，而實一一能為創。而集大成如杜甫，傑出如韓愈，專家如柳宗元、如劉禹錫、如李賀、如李商隱、如杜牧、如陸龜蒙諸子，一一皆特立興起。

葉燮在這一段對漢魏至唐的詩歌發展的分析中，非常具體地闡述了其間如何有因有創的具體歷史發展線索，指出因中有創，創中有因，無創不能因，欲因必須創的辯證關係。

第四，明清之際的文藝家認識到繼承和創新是文學發展的基本規律。一種新的創作傾向，在不斷發展的過程中，必然要走向事物的反面，因此，必然就要有所變革。這種變革的原因正是爲了克服事物發展到極端化之後所產生的流弊。所以，袁宏道就提出了「法因於弊而成於過」的問題。一種新的創作，開始總是比較少，比較特殊的，當它逐漸被多數人所承認，並且大家都來學習創作之後，就必然要產生因過濫而出現的流弊，爲此，又要有新的創造來矯正這種流弊。而這種新的創造逐漸發展到一定階段，又會出現因過濫而產生的流弊，於是又要有新的創造來矯正它。袁宏道認爲文學創作正是在這樣的因和創的交替過程中不斷向前發展的。他在《雪濤閣集序》中說：

> 矯六朝駢麗飣餖之習者，以流麗勝，飣餖者，固流麗之因也。然其過在輕纖，盛唐諸人以闊大矯之；已闊矣，又因闊而生莽，是故續盛唐者，以情實矯之；已實矣，又因實而生俚，是故續中唐者，以奇僻矯之；然奇則其境必狹，而僻則務為不根以相勝，故詩之道，至晚唐而益小。

有宋歐、蘇輩出，大變晚習，於物無所不收，於法無所不有，於情無所不暢，於境無所不取，滔滔莽莽，有若江湖。今之人，徒見宋之不唐法，而不知宋因唐而有法者也。如淡非濃，而濃實因於淡。然其弊至以文為詩，流而為理學，流而為歌訣，流而為偈誦，詩之弊又有不可勝言者矣。

在這個歷史分析中，袁宏道著重指出了任何時代的文學，任何形式的文學，發展到一定階段就必然要出現流弊，從而被一種新的文學所代替，這正是歷史發展的一個必然規律。由此，他指出了變革、創新正是爲了使文學創作健康發展，而不至於走上歧路。

從以上這些分析中，我們可以看到，我國古代關於「通變」的論述中，對於文學創作的繼承和革新關係的分析是相當深刻的，也是很辯證的，並且對於在繼承和革新關係上的各種形而上學的錯誤思想曾經給予了十分尖銳有力的批判。這些至今仍有著很重要的現實意義。

十一　風骨與辭采

我國古代文藝理論批評中，對藝術形象塑造上的風骨與辭采的關係有很辯證的論述。風骨和辭采的關係從創作理論的角度來看，究竟指的是什麼問題，是和對風骨內容的理解有密切關係的。如果對風骨的含義沒有較爲確切的認識，那麼也就搞不清楚風骨與辭采關係的實質。

風骨的含義究竟指什麼，長期以來學術界沒有一致的意見，但是都承認它是我國古代文藝理論批評中的一個重要的美學標準。風骨這個概念在文藝理論中的運用始自六朝，至唐以後各家相沿襲用，不勝枚舉。然而，在不同的歷史時期、不同的藝術領域、不同的文藝家那裡，風骨的具體內容是不完全相同的。不過，既然都是講風骨，必然還是有一些共同方面。如果我們對這些同與不同的方面作一些細致的辨析，那麼，對風骨的含義是可以有一個基本符合實際的理解的。從時代來說，齊梁時期講的風骨和唐初講的風骨是並不完全相同的。雖然齊梁時期劉勰、鍾嶸所說的文學上的風骨論和陳子昂講的風骨都有反對齊梁時期綺靡華艷的形式主義文風的意義，可是陳子昂側重在詩歌的寄托上，他在《與東方左史虬修竹篇序》中說：「文章道弊五百年矣。漢魏風骨，晉宋莫傳，然而文獻有可徵者。僕嘗暇時觀齊梁間詩，彩麗競繁，而興寄都絕，每以永嘆。」其提倡「風骨」之要害在於要求詩歌能寓以深義。這和劉勰、鍾嶸講風骨之含義就不完全一致了。劉勰所講的「風骨」比較偏重在要表現儒家思想的精神力量，強調要「熔鑄經典」、「思摹經典」（《風骨》），「取熔經意」（《辨騷》），「骨鯁訓典」（《誄碑》）等等。而鍾嶸講的「風力」，則著重在要「怨」，體現一種憤激不平的強烈感情，故其評曹植之詩歌創作爲：「骨氣奇高，詞采華茂，情兼雅怨，體被文質。」又評左思的詩歌創作是「文典以怨」，故而有「風力」。由此可見，即使是同一時代同一藝術領域之中，不同思想觀點的作家所理解的風骨的內容也是很不相同的。如果我們看到其有某些相同的方面，就把他們所講的風骨內容等同起來，而不注意去研究他們的區別，是無法給風骨的含義以正確說明的。至於不同藝術領域中所講的風骨之含義，差別就更大了。比如齊梁之際，不僅文學上講風骨，而繪畫、書法上也講風骨，而且提出得比文學上更早。東晉時著名畫家顧愷之所主張的「天骨」、「天趣」、「奇骨」（參見張彥遠《歷代名畫記》所引），以及著名女書法家衞夫人《筆陣圖》中提倡的「多骨」、「多力」都是指的風骨之意。而南齊謝赫《古畫品錄》中說曹不興畫的龍，「觀其風骨，名豈虛成」。更明確地用「風骨」來評畫，而他所提到的「風力頓挫」，「力遒韻雅」，「風趣巧拔」，「氣韻生動」等實際也是指的風骨。而庾肩吾《書品》中提出的「天骨」、「風彩」，也是指的書法中之風骨。然而，書論、畫論中這些講風骨的地方，主要是從藝術形象塑造上的氣韻生動，傳神寫照，挺拔有力，精練明朗這些方面著眼的。基本上沒有劉勰、鍾嶸所講的風骨那種思想內容方面的具體內容和要求。

文藝理論批評中的風骨論，雖然各人所講含義不完全相同，但是又有著一些共同的美學內容。這些我們覺得主要有以下幾個方面：

首先，風骨指的是藝術描寫對象的一種神態特徵，因此必須傳神，才可能有風骨。當然，傳神的描寫不一定都有風骨，但是只有形似而沒有神似，是絕對不會有風骨的。文學理論中所講的風骨與辭采的統一，即包含著神似和形似統一的意思在內。畫論中講的風骨與氣韻、神氣等幾乎是同義詞。如謝赫評顧駿之畫時提出的「神韻氣力」，既是指風骨，亦是指神氣。袁昂《古今書評》中評蔡邕書云：「骨氣洞達，爽爽有神。」正是說明因具備風骨而有神態畢露之感。唐代張彥遠《歷代名畫記》中論謝赫「六法」時說：「古之畫或能移其形似，而尚其骨氣，以形似之外求其畫，此難可與俗人道也。」

此骨氣即指風骨，亦是指神似而言。謝赫的「氣韻生動」，張彥遠稱爲「骨氣」。元人楊維楨在《圖繪寶鑒序》中則說：「傳神者，氣韻生動也。」清人李重華在《貞一齋詩話》中釋風骨之意道：「風含於神，骨備於氣，知神氣即風骨在其中。」杜甫論韓幹畫馬道：「幹惟畫肉不畫骨，忍令驊騮氣凋喪。」（《丹青引贈曹將軍霸》）不能畫出馬的「風骨」，因而使之神氣索然矣。杜甫又論書法說：「苦縣光和尙骨力，書貴瘦硬方通神。」（《李潮八分小篆歌》）所謂瘦硬，即是骨力，亦即有風骨之意。可見，風骨，是指要表現藝術創作對象的神態，這一點是不同藝術領域不同人講風骨所共有的特徵。

其次，風骨之美必須是一種自然之美。沒有自然之美，人爲雕琢，是不可能把藝術創作對象的神態生動地體現出來的，因此也就談不上風骨。在南朝自然和雕琢兩種美學傾向的對立中，風骨顯然是和「初發芙蓉，自然可愛」的一派聯繫著的，而和「錯采鏤金」一派相對立的。像顏延之的詩那樣「鋪錦列綉，雕繢滿眼」，是決不可能有「風骨」的。所以一心嚮往「蓬萊文章建安骨，中間小謝又清發」的李白，是最痛恨「雕蟲喪天眞」的，是竭力主張「清水出芙蓉，天然去雕飾」的。劉勰和鍾嶸在提倡風骨的同時，竭力主張自然，這決不是偶然的，因爲風骨必須要求自然。劉勰在《文心雕龍·原道》篇中說：「雲霞雕色，有踰畫工之妙；草木賁華，無待錦匠之奇。夫豈外飾，蓋自然耳。」《明詩》篇說：「人稟七情，應物斯感，感物吟志，莫非自然。」《體性》篇說：「觸類以推，表裏必符，豈非自然之恒姿，才氣之大略哉！」《定勢》篇說：「勢者，乘利而爲制也。如機發矢直，澗曲湍回，自然之趣也。」這些強調自然之美的主張，是和他提倡風骨之美密不可分的。鍾嶸也是如此，他所提倡的「自然英旨」，正是他所推崇的「建安風力」的重要內容之一。而他所反對的「拘攣補衲，蠹文已甚」的排比典故、「殆同書鈔」的創作和「襞積細微，專相陵架」，使「文多拘忌，傷其眞美」的聲律派創作，之所以不可能有風骨，主要即是因爲缺乏自然之美。明代曹學佺《文心雕龍序》中說：「詩貴自然，自然者，風也。」風骨本身就體現著自然之美，此點在畫論、書論中尤爲明顯。顧愷之《論畫》中所說的「天骨」、「天趣」，正是強調風骨之美的自然的特徵。庾肩吾《書品》中所說的「天骨」，實際上也即是指的自然之風骨而說的。風骨正是建立在自然之美的基礎上的。

第三，凡是有風骨的藝術作品，都有感情鮮明突出的特點。感情的鮮明突出具體地反映在作品的「氣」上。提倡風骨的作家都重「氣」，「氣」和作者的情是分不開的。劉勰在《風骨》篇中說：「情與氣偕」，又說：「情之含風，猶形之包氣。」「深乎風者，述情必顯。」鮮明的感情色彩正是通過「氣」而呈現出來的。黃叔琳說：「氣是風骨之本。」紀昀則更進一步認爲：「氣即風骨，更無本末。」「氣」有時和風骨含義是差不多的。鍾嶸在《詩品》中評劉楨之詩說：「眞骨凌霜，高風跨俗。但氣過其文，雕潤恨少。」這裡的「氣」即是指「眞骨」和「高風」，亦即風骨。因此，劉勰認爲他講風骨和曹丕的「重氣之旨」是一樣的。建安文學之所以風骨凜然，即是因爲它表現了鮮明強烈的慷慨激昂之情。建安詩人對社會動蕩不安感慨很深，又無力改變這個現狀，壯志不遂，發爲浩歌，故而感情極爲深沉而熾烈，具有一種忿忿不平之氣。劉勰說建安文學的特點即是「梗概多氣」。風骨所具有的這種抒發感情鮮明突出的特徵，在書論、畫論中也有所表現。例如謝赫論畫中所說的「壯氣」、「生氣」等等，實際即是講風骨，說明這些繪畫作品具有較爲鮮明的感情色彩。王僧虔《書賦》中說的「氣陵厲其如芒」，也是就有風骨的書法作品的感情色彩而言的。但是，風骨所具有的這種鮮明的感情色彩，並不都一定像建安文學那樣，是一種慷慨激昂之情。從現有材料來看，文學中的風骨，以講慷慨激昂之情爲多，而繪畫、書法中則柔和悠遠之情亦可以構成風骨之美。比如謝赫評戴逵畫說：「情韻連綿，風趣巧拔。」評張墨、荀勗畫時說：「風範氣韻，妙極參神。」評陸綏畫時說：「體韻遒舉，風彩飄然。」這些，都可看出謝赫所說風骨，其感情都是屬於陰柔之美，而非陽剛之美的。因此，從整個藝術領域來說，風骨所體現的這種感情鮮明突出的特點，既可以是陽剛之美的感情，也可以是陰柔之美的感情。這種狀況和人物品評中所講的風骨含義也是類似的。例如說劉琨有「清剛之氣」，是指他的陽剛之美的風骨；說王羲之「風骨清舉」，則是指他作爲清談名士的陰柔之美的風骨。

第四，具有風骨的藝術作品，在形象塑造上都有精練有力的特點。文學、繪畫、書法等雖然所運用的物質手段各不相同，但在這一點上是一致的。有風骨的作品在形象塑造上都沒有蕪雜拖沓之病，總是十分凝練，蒼勁有力的。劉勰在分析具有風骨特色的建安文學的形象塑造特點時曾說：「造懷指事，不求纖密之巧；驅辭逐貌，唯取昭晰之能。」具有風骨的文學作品，要求以形象的鮮明生動爲主，而不追求辭藻堆砌和繁瑣刻劃。所以劉勰在《風骨》篇中說：「瘠義肥辭，繁雜失統」，乃是缺乏「風骨」的表現。內容冗繁，辭藻蕪雜，是必然要損害風骨的。鍾嶸在《詩品》中也反覆批評過詩歌創作中義辭過於繁富的毛病。我國古代書法理論上特別重視瘦硬的「骨力」，而反對多肉的「墨豬」。在繪畫理論中講究「意存筆先，畫盡意在」，要求做到「筆迹磊落」，「緊勁聯綿」（張彥遠《歷代名畫記》），有時淡彩輕描，更易見出「風骨」，而濃彩重筆刻削過細，反而缺乏生氣，也沒有風骨。

從上面我們對各家論風骨的共同的美學內容的分析中，可以看出，風骨乃是對藝術形象的精神風貌方面的一種美學要求。風骨是一個完整的美學概念，而不是風和骨兩個概念相加的混合物。風骨是藝術形象的內容和形式高度統一所顯示出來的一種神態特徵，它的具體內容又是隨不同的文藝思想家而有所不同的。在對風骨內涵的解釋中，有一種頗占優勢的看法，是認爲文學理論中的風骨，風指文意（或文情），骨指文辭。風骨是分別指文意（或文情）和文辭方面的特點。這種看法由黃侃先生首先提出，經范文瀾先生加以補充，得到不少人的贊同，近年來又得到進一步發展，認爲：「風指思想感情表現得鮮明爽朗，骨指語言端直剛健。」（《文史》第九輯）這是一種很有代表性的意見，但實際上是很值得商榷的。它不僅和風骨這個概念的歷史演變和作爲齊梁各個藝術領域的共同美學標準的含義不盡相符，而且和劉勰《文心雕龍》全書中的運用也有不少矛盾。說「風」指文意或文情的特徵，和文辭沒有關係；說「骨」指文辭的特徵，和內容沒有什麼關係，這是很值得懷疑的。風骨是一個統一的概念，劉勰在《風骨》篇中之所以常常把它分開來說，是和他用駢體文寫作的特點有關的。爲照顧駢儷對偶的需要，他往往用「風」或「骨」來代替「風骨」。比如說：「若骨采未圓，風辭未練，而跨略舊規，馳騖新作，雖獲巧意，危敗亦多。」這裡「骨采」和「風辭」同義，均指具有「風骨」

的作品。《文心雕龍》中很多地方講到「文骨」，都不是單指文辭方面特點，而均與內容（即文意或文情）有密切關係。比如：

《宗經》：經也者，恒久之至道，不刊之鴻教也。……洞性靈之奧區，極文章之骨髓者也。

《檄移》：陳琳之《檄豫州》，壯有骨鯁，雖奸閹攜養，章實太甚，發丘摸金，誣過其虐；然抗辭書衅，皦然露骨矣。

《封禪》：樹骨于訓典之區，選言于宏富之路，使意古而不晦於深，文今而不墜於淺。

《奏啓》：楊秉耿介於災異，陳蕃憤懣於尺一，骨鯁得焉。

這樣的例子在《文心雕龍》中還很多。總之，「骨」是不能與文意（文情）分開的。《風骨》篇說：「若瘠義肥辭，繁雜失統，則無骨之徵也。」亦是說明「骨」與義、辭兩方面都有聯繫。「風」和文辭也是不能截然分開的，比如劉勰說：「錘字堅而難移，結響凝而不滯，此風骨之力也。」這裡講的是用辭問題，但也是與風骨都有關係的。「風辭未練」，也是很明確地講到風和文辭之不可分。所以，我們說，風骨是一個概念，它是藝術形象所體現的一種精神氣貌特徵，是藝術描寫中對表現創作對象的神態的特定美學要求，它和藝術形象的物質表現手段，形成爲一種對立統一的辯證關係。

劉勰在《文心雕龍。風骨》篇中所要闡明的一個中心思想，即是指出風骨與辭采的主從關係。劉勰認爲風骨和辭采是文學創作中兩個必備的重要因素，它們之間既有統率和被統率之分，然而又是不可缺一的。文學作品應當在「風清骨峻」的前提下，做到「辭采華茂」，方是最美之佳作。劉勰既反對片面追求辭采而喪失風骨的傾向，也反對只講風骨而無辭采的創作。他說：「若豐藻克贍，風骨不飛，則振采失鮮，負聲無力。」又說：「若風骨乏采，則鷙集翰林；采乏風骨，則雉竄文囿。唯藻耀而高翔，固文筆之鳴鳳也。」這種風骨與辭采的關係，也反映在別的文藝家的理論批評中。鍾嶸在《詩品》中提出詩歌創作要「幹之以風力，潤之以丹采」，認爲只有達到這樣的要求，才能「使味之者無極，聞之者動心，是詩之至也。」他把曹植作爲五言詩創作之典範，即是因爲他不僅「骨氣奇高」，而且「詞采華茂」。他評劉楨詩說：「氣過其文，雕潤恨少」。正是對劉楨詩歌有風骨而乏文采的惋惜。文學創作中的風骨與辭采的關係，表現在繪畫中即是風骨與精彩（色彩、線條）的關係，在書法中即是骨與肉、骨力與媚趣的關係。如南齊謝赫在《古畫品錄》中評夏瞻云：「雖氣力不足，而精彩有餘。」「氣力」即指風骨。又評張則云：「意思橫逸，動筆新奇，師心獨見，鄙於綜彩。」這是說張則作品風骨有餘而精彩不足。又評顧駿之云：「神韻氣力，不逮前賢，精微謹細，有過往哲。始變古體，創爲今範，賦彩制形，皆創新意。」可見，風骨和精細的色彩、線條，是對立統一的兩方面，都不可缺少。南齊著名的書法理論家王僧虔評王獻之書法時說：「骨勢不若父，而媚趣過之。」又評郗超草書說：「緊媚過其父，骨力不及也。」又評謝綜書法說：「書法有力，恨少媚好。」庾元威認爲書法要具備「骨力婉媚」。（以上均見《法書要錄》所引）梁武帝論書法時，把「純骨無肉」和「純肉無力」作爲兩種不好的傾向。（見《答陶隱居書》）這和劉勰講的「風骨乏采」和「采乏風骨」，實質上是一致的，只是因爲不同藝術種類，有不同特點罷了。在這裡，我們可以看到，風骨和辭采之間的關係，實質上正是指的藝術形象創造中的精神氣貌美和物質表現形式美之間的關係。我國古代關於文學創作的理論中，很重視這兩者之間的關係，能否處理好這兩者的關係，對於文學創作的成敗有著重要的意義。

由於不同時代不同作家的思想觀點和審美理想的差異，對於藝術形象中應當有什麼樣的精神氣貌之美的要求也不同，所以，正如我們前面已經說到的，各家對風骨之美的具體內容認識是不一致的。但是，對於風骨和辭采關係的認識則不同時代不同文藝家基本上是一致的。從唐代提倡風骨的文藝家來說，在這一點上和劉勰、鍾嶸等人也是一致的。陳子昂所反對的是齊梁文風中那種不講風骨而只求詞采華艷的傾向，他強調要把風骨之美放在首要地位來加以充份的重視。殷璠在《河嶽英靈集序》中說唐詩至盛唐而「聲律風骨始備」，批評「都無興象，但貴輕艷」的傾向，也是要求風骨與辭采之間應當有主有從，同時又不能但取一方，丟掉另一方。語言文辭是文學創作的一種物質表現手段，就好像色彩、線條是繪畫的表現手段一樣。語言文辭是爲塑造藝術形象服務的。辭采的華美首先要能夠充份地體現出藝術形象的精神氣貌來，必須爲表現風骨的目的而決定取捨，而不能是無目的地追求辭采華美。劉勰在《風骨》篇中說：「昔潘勖錫魏，思摹經典，群才韜筆，乃其骨髓峻也；相如賦仙，氣號凌雲，蔚爲辭宗，乃其風力遒也。能鑒斯要，可以定文，茲術或違，無務繁采。」劉勰所舉這兩個例子都是有風骨的，不過是因爲駢儷文的對偶要求，才寫成一有骨、一有風。「骨髓峻」和「風力遒」應該看作是互文見義的表現。劉勰強調說明，只有具備了風骨，辭采之設施才有了標準；如果沒有風骨的話，那麼根本就談不上辭采的問題了。鍾嶸把「風力」看作是主幹，「丹彩」看作是潤色的問題，其精神與劉勰所論也是一樣的。如果作品沒有風骨，不能顯示出藝術形象的精神風貌特徵來，那麼辭采的運用也就失去了依據。藝術形象塑造本身不成功，體現不出客觀事物的精神風貌特徵，那麼，辭采再華麗也是沒有用的。從另一方面來說，藝術形象的精神風貌又是必須通過一定的物質手段才能體現出來的。因此，沒有華美的文辭，沒有熟練地駕馭語言文字的能力，則無法把藝術形象的精神風貌充份地豐滿地表達出來。對於藝術創作來說，首要的是要能把描寫對象的精神氣貌正確生動地傳達出來，然後也要講究物質表現手段，以便使藝術形象的精神氣貌得到具體的落實。努力做到藝術形象的精神氣貌美和物質形式美的辯證統一，是我國古代對文藝創作的一個十分重要的美學原則。

十一 法度與自然

任何藝術創作都不是憑空而爲的，它必須要吸取前人創作的經驗。我國古代文學創作理論中所說的法度，正是指的前人創作經驗的總結。學習和掌握這種法度是必要的，但是，眞正優秀的藝術創作則又不能受這種法度的局限和束縛，而應當從現實出發，有所革新，有所創造。藝術是反映現實生活的，如何眞實、生動、深刻地反映現實，如何正確、傳神地描繪客觀事物形象，這才是最根本的。學習和掌握法度的目的正是在這裡。因此，如果反映前人創作經驗的法度，不能符全符合這個根本目的的需要，甚至成爲它的一種障礙時，就要大膽地打破它，不受它的框框限制，而以實際創作中應當如何才能做到反映現實生動逼眞、描繪形象自然傳神爲具體目標。所以，創作中又必須講究要自然，而絕不可以矯揉造作，生硬地剪裁現實去適應固定的法度框框。要使法度和自然辯證地統一起來，這才是創作所應遵循的原則。

我國古代對文藝創作影響最大的是儒家和道家的文藝思想。在對待法度和自然的關係上，他們兩家都有一定的片面性。一般地說，儒家是比較偏重法度，是講究人爲的力量的，注重於研究人工創造的具體方法。儒家對文藝創作，從思想內容到藝術形式，都有比較嚴格的規範化要求。比如對於詩歌創作，他們要求在內容上必須符合於儒家禮義，要「思無邪」，在風格上要「溫柔敦厚」，「主文而譎諫」，在表現方法上要按照賦比興的形式，要求詩歌能起到美刺的社會作用，等等。所以在漢代著名的儒家文藝批評家揚雄、班固那裡，就明確地提出了文章法度的問題。班固在《漢書・揚雄傳》裏，曾經敍述了揚雄對當時的賦的創作的批評，其云：

又頗似俳優淳于髡優孟之徒，非法度所存、賢人君子詩賦之正也。

這就是說，辭賦的創作不符合於當時儒家經義的法度，所以都不是好作品。揚雄在《法言・吾子》篇中還說過這樣一段話：

或問公孫龍詭辭數萬以為法，法歟？曰：斷木為棊，梡革為鞠，亦皆有法焉。不合乎先王之法者，君子不法也。

由此可見，揚雄不僅強調法度，而且還不是一般泛指的法度，而且必須是儒家的法度，是以儒家經典爲標準的法度。班固與揚雄的觀點是比較一致的。他在《離騷序》中批評屈原及其作品的許多言論中，很重要的一條就是認爲《離騷》等作品不符合儒家的法度。他說：「多稱崑崙冥婚宓妃虛無之語，皆非法度之政，經義所載。」而道家則強調自然，反對人爲，以能達到天生化成爲目的，認爲人爲造作是達到天然之美的障礙，故鄙棄一切法度。道家把法度和規矩看作創作之大忌。他們提倡「天籟」、「天樂」，以「解衣般礴」爲創作之最高境界。儒家和道家的文藝思想都有其有價值的方面，但是也有過於絕對化的錯誤方面，這從他們對法度和自然關係的認識上就可以看得很清楚。在對待法度和自然的關係上，我國古代絕大多數文藝理論批評家都有比較辯證的觀點，能夠取儒道兩家之長，而避其所短，強調應當把自然和法度有機地統一在一起。

陸機的《文賦》，是我國古代第一篇全面地論述創作問題的重要著作。陸機一方面總結了前人的創作經驗，根據自己的切身體會，提出了創作中的許多重要的具體規矩和法度；另一方面又認爲創作中的實際情況相當複雜，必須從現實出發，不受前人的這些規矩和法度局限，而應該以如何正確地描繪客觀創作對象爲依據。創作中的許多細微巧妙之處是無法用一些死板的條條框框來歸納的，只有從創作實際出發，去確定不同的表現方法。文學創作不是不要「方圓規矩」，但是它應當服務於如何「窮形盡相」的根本目的。如果這些方圓規矩妨礙了「窮形盡相」，那麼就可以也必須拋棄它，另走自己的新道路，要毫不猶豫地突破這些方圓規矩。陸機的原則是「因宜適變」，然而，創作過程中的「

隨手之變，良難以辭逮」，「譬猶舞者赴節以投袂，歌者應弦而遺聲，是蓋輪扁所不得言，故亦非華說之所能精。」陸機並沒有具體講到法度與自然的概念，但是，卻體現了對這兩者的辯證關係的認識。

劉勰的《文心雕龍》總結了文學創作各個方面的經驗，提出了許多文學創作中應當遵循的法度和規矩。針對創作過程中各方面的問題，如構思、風格、繼承和創新、內容和形式、以及聲律、用典、句法、字法等等，劉勰從基本原則到具體方法都作了詳細的論述，全面地發展了陸機在《文賦》中所論的各種創作問題，還提出了大量新問題。他所闡明的這些藝術創作經驗是十分可貴的。然而，劉勰也和陸機一樣，並不要求人們把這些法度和規矩看作是死的教條，也不認爲僅僅有了這些法度和規矩就已經夠了，就一定能寫出好作品了。劉勰認爲這些法度和規矩雖然很重要，但創作的最終目的還是要「自然」，符合客觀事物本來面貌。這些法度和規矩只是爲了眞實自然地反映客觀現實的一種手段。劉勰在《文心雕龍。原道》篇中指出，美的最高原則是自然。無論是天文、地文、還是人文，都是事物自然之美的一種外在表現形態。雲霞雕色、草木賁華，都不是人爲外飾的結果，而是事物本色之美的表現。任何事物都是「道」的具體體現，而「文」即是「道」的外在表現形式。文章也不例外，也必然要以自然爲最高的美學標準。從這個意義上講，一切從人們創作實踐中總結出來的經驗，亦即文學創作方面的種種法度和規矩，都只是爲了更好地使之達到自然之美的一種具體手段。因此，從劉勰的基本美學觀來看，自然是第一位的，法度是第二位的。然而，劉勰又認爲要達到自然之美的高度是很不容易的，必須要以各種法度、規矩來作爲橋樑。劉勰是主張法度與自然的辯證結合的，他把自然放在很重要的位置，然而，從具體創作來說，他又是十分重視法度和規矩的，這是劉勰論文的基本出發點。這一方面，他和陸機是一致的。不過對這種法度和規矩，要有靈活性。對藝術構思來說，既要遵循一定法度，又強調「思表纖旨，文外曲致，言所不追，筆固知止。至精而後闡其妙，至變而後通其數，伊摯不能言鼎，輪扁不能語斤，其微矣乎。」（《神思》）范文瀾先生在《文心雕龍注》中說：「彥和論文以循自然爲原則。」這是不錯的。自然，是劉勰論述文學創作具體法度規矩各篇之靈魂，但是，劉勰之自然，是由法度而至自然，而不是棄法度而至自然。這說明劉勰雖然在創作思想上也受到道家思想的深刻影響，但是，儒家文藝思想的影響，在他思想深處，還是根深蒂固的。自然之美，也不是無規律可循，也還是可以通過法度與規矩而達到的。這是劉勰創作思想的一個要點。

在法度與自然的關係上，還有與陸機、劉勰爲代表的一派不大相同的另一派，這可以蘇軾爲代表，即是主張在法度與自然統一的前提之下，更多地強調要突破法度之束縛，在不否定法度的情況下，把順乎自然提到了更爲突出的地位。他們的中心思想是要擺脫法度和規矩的限制，不要嚴格地遵循法度和規矩去創作，而要以自然爲原則去自由地創作。因此，他們在論述創作原理時，基本上不提什麼具體的法度規矩，而主要在著重指出以自然爲主的重要性。蘇軾曾多次強調描寫客觀事物，必須「隨物賦形」，而不應該有什麼死板的格式與方法。他認爲客觀事物是豐富多采的，各有自己不同於他物的獨特特徵，世界上絕沒有兩個事物是完全一樣的。因此，文學作品在反映客觀事物時，要善於按照它本身特點，確切地把它再現出來，能符合於事物的自然之美，即是最高水平，是沒有什麼具體的法度和規矩的。蘇軾在《自評文》中寫道：

吾文如萬斛泉源，不擇地皆可出。在平地滔滔汩汩，雖一日千里無難。及其與山石曲折，隨物賦形，而不可知也。所可知者，常行於所當行，常止于不可不止，如是而已矣。其他雖吾亦不能知也。

蘇軾以泉水湧出流經山石曲折爲比喻，說明「隨物賦形」之重要。他所指的「物」，當然不僅僅是對自然事物之描繪，而且也是對社會生活內容的描繪。社會生活內容也是紛繁複雜而又千姿百態的，其中各有著自己的發展規律。所謂「常行於所當行，常止於不可不止」，正是要求藝術家要尊重客觀現實本身的自然規律和狀態，而不要以主觀偏見去強行改變它，更不能用幾條死板的法度規矩去把它框起來。「物」本身是什麼「形」，就賦予它以什麼「形」。他在《書蒲永升畫後》一文中說：

唐廣明中處士孫位始出新意，畫奔湍巨浪，與山石曲折，隨物賦形，盡水之變，號稱神逸。

蘇軾指出不論是文章還是繪畫，都要按照現實形象本身的自然之態，把它淋漓盡致地表現出來，而不受任何已有的法則之局限，達到「盡萬物之態」（《文與可飛白贊》）的目的。

蘇軾在許多論述中都反映了重視自然天成之美的思想。他在《雪浪石》一詩中說：「畫師爭摹雪浪勢，天工不見雷斧痕。」他反對人爲的搜索枯腸，斷鬚苦吟，在《次韻孔毅甫集古人句見贈》中他說：「詩人雕刻閑草木，搜抉肝腎神應哭。」「天下幾人學杜甫，誰得其皮與其骨。」「前生子美只君是，信手拈得俱天成。」在《書韓幹牧馬圖》中，他說：「鞭箠刻烙傷天全，不如此圖近自然。」

他在著名的《答謝民師書》中提出文章應當做到「文理自然，姿態橫生」，也正是這種主張的具體表現。蘇軾的可貴之處，是在於他強調自然天成的時候，並沒有忘記人工創造的必要，而是重在如何由人工創造而達到自然天成的水平。所以他對藝術技巧還是很重視的。他在《書李伯時山莊圖後》一文中說：「有道而不藝，則物雖形於心，而不形於手。」也就是說，藝術家僅僅懂得客觀事物的規律性及特點還是不夠的，還必須有能把它表現出來的高度技巧。要使物既形於心，又形於手，才能完成創作。道和藝的關係，他也叫道和技的關係。在《跋秦少遊》中，他提出了「技進而道不進，則不可」，必須「技道兩進」，才能創作出眞正的藝術作品來。所以，蘇軾在法度和自然關係上主張文藝創作既要不失法度，又不能拘泥於法度。法度和自然統一，又以自然爲主，這是蘇軾對兩者辯證關係的認識。他和陸機、劉勰等的區別在於：在法度和自然辯證統一的基礎上，劉勰重在通過法度而達到自然，而蘇軾則主張以自然爲法度，要衝破法度的框框。和劉勰所理解的「法度」內容是不一致的。他在著名的《詩頌》中說：

衝口出常言，法度去前規。人言非妙處，妙處在于是。

法度並非不重要，但創作絕不能拘泥於「前規」。法度也是活的，應當以能反映對象本身所具有的獨特特徵爲主。詩歌創作之妙處正在於自然而然，脫口而出，而這中間又包含了一定的法度。蘇軾在論書法時說：「浩然聽筆之所之，而不失法度，乃爲得之。」（《書所作字後》）浩然聽筆之所之，即是要不受法度的束縛，而按書法本身的自然邏輯去創作，但又不否定法度，這種遵循自然的原則，他認爲即是一種最重要的法度，這正是藝術創作的辯證法。蘇軾所說的這種法度，是自然的法度，靈活變化而符合描寫對象的自然之態，而不是死的法度。他認爲必須以自然爲法度，方能使創作達到傳神逼眞。在《書吳道子畫後》一文中說：

道子畫人物如以燈取影，逆來順往，旁見側出，橫斜平直，各相乘除，得自然之數，不差毫末。出新意于法度之中，寄妙理于豪放之外，所謂遊刃餘地，運斤成風，蓋古今一人而已。

蘇軾在這裡所說的「自然之數」，即是指能夠掌握符合於事物自然規律的法度。吳道子畫人物即是能掌握自然之法度，懂得其妙處，故而無論是逆來順往，旁見側出，均可運用自如，不受任何拘束，而又有法度行乎其中。在《跋蒲傳正燕公山水》一文中，他對此又作了進一步闡述。他說：「燕公之筆，渾然天成，粲然日新，已離畫工之度數，而得詩人之清麗也。」以自然爲法度，這是蘇軾論述的中心，這也是他受道家特別是莊子的文藝思想影響頗深的一種表現。

唐宋時期，詩歌創作特別發達，曾經出現了不少詩法、詩格一類著作。不過在唐代它們的實際影響不大，唐詩的創作，尤其是盛唐，是更側重於遵循自然之原則的。中唐以後，復古主義思潮興起，儒家文藝思想影響比較突出，因此在一部份作家中逐漸講究格和法。皎然《詩式》雖然受儒家思想影響不大，但也立了不少格式，爲此，後來王夫之曾對他駡得很凶，說「有皎然《詩式》而後無詩」（《夕堂永日緒論外編》），但是，皎然實際上還是相當重視自然之美的。他曾竭力反對「失於自然」，「傷乎天眞」的創作傾向。所以，王夫之對他的批評未免過激。宋代由於理學的泛濫，道學家對詩歌創作從內容到形式，都提出了嚴格的規範，於是出現了一股講究死法的文藝思潮。江西詩派正是在這種潮流之下出現的，他們所主張的「脫胎換骨」、「點鐵成金」，正是這種死法的一個表現。此外，當時詩壇上所流行的一情一景、一虛一實等等作法，都是此種創作思潮之流弊。江西詩派中有些人也覺得這種創作傾向只能把詩歌引向死胡同，於是像呂本中等就竭力倡導「活法」。他在著名的《夏均父集序》中說：

學詩當識活法。所謂活法者，規矩備具，而能出于規矩之外；變化不測，而亦不背于規矩也。是道也，蓋有定法而無定法，無定法而有定法。知是者，則可以與語活法矣。謝元暉有言：「好詩（流）轉圓美如彈丸，此真活法也。近世惟豫章黃公，首變前作之弊，而後學者知所趣向，畢精盡知，左規右矩，庶幾至于變化不測。然余區區淺末之論，皆漢魏以來有意于文者之法，而非無意于文者之法也。

呂本中提出的「活法」，就其無法而有法的論述來看，是有一定辯證法因素的，然而，呂本中等提倡「活法」是在摹擬古人的「脫胎換骨」、「點鐵成金」的大前提下的「活法」。所以，「脫胎換骨」、「點鐵成金」即是「有法」，而運用要靈活即是「無法」。從這個角度來看「活法」，那麼，呂本中之論不過是爲江西詩派的理論加以裝扮，而延續其壽命而已，恰如給垂死之人打強心針一般，並不能從根本上解決問題。然而，後人卻又可以拋棄他的摹擬剿襲之前提，而利用「活法」之說來反對道學家死法和江西詩派理論。這是呂本中提倡「活法」在客觀上的積極效果。明代前後七子提倡復古模擬，創作上講究死法又發展到了一個高潮。因此，從明代中期以後一直到清前期，在反對復古主義的同時，也對創作上遵循死法的傾向展開了激烈的批評與鬥爭。在這場鬥爭中大大突出了要以自然爲法的思想，並且對之又有了進一步的闡述與發揮。

明代前後七子提倡格調，實際上就是強調詩歌創作要遵循古人法度和規矩，具體地說也就是秦漢之文與盛唐之詩的法度和規矩。李夢陽在《答周子書》中說：

文必有法式，然後中諧音度，如方圓之于規矩。古人用之，非自作之，實天生之也。今人法式古人，非法式古人也，實物之自則也。

他認爲法式古人乃是法式物之自則，因之按照法式即是遵循自然。這種說法表面看來似乎很有道理，而且也是尊重物之自然形態的，然而只不過是對模擬復古的一種美化而已，因爲法式雖是反映「物之自則」的，但那是古人所處時代的「物之自則」，而非當前的「物之自則」，事物在發展變化，而還用老法式，那又怎麼能反映當前的事物面貌呢？後七子講法雖然比前七子要活一些，但也是在復古模擬大前提之下的「活法」，和呂本中之說是類似的，而不是眞正的「活法」。不過，後七子確也看到死法流弊之大，儘量想作一些改變。王世貞在《藝苑巵言》中說：「法極無迹，人能之至，境與天會，未易求也。」由人工之極，而達到天然，這比講死法要靈活得多了，可是總還是不能跳出「文必秦漢，詩必盛唐」之窠臼。

公安派在反對前後七子的鬥爭中，也曾尖銳地批評了他們的死法。如袁中道在《中郎先生全集序》

中說道：

自宋元以來，詩文蕪爛，鄙俚雜沓。本朝諸君子出而矯之，文準秦漢，詩則盛唐，人始知有古法。及其後也，剽竊雷同，如贗鼎偽觚，徒取形似，無關神骨。先生出而振之，甫乃以意役法，不以法役意，一洗應酬格套之習，而詩文之精光始出。

「以法役意」還是「以意役法」，這是一個重大的原則問題。一切講死法者之弊即是在於「以法役意」，而把「意」削足適履地納入固定的法式之中；反對死法的諸家其中心思想即是要求「以意役法」，使「法」爲「意」的需要而設，不能讓「意」屈從於「法」。同時，「以意役法」，按照表意的要求靈活地運用法式，那樣就沒有固定法式，而實質上也就是以自然爲法了。這就和蘇軾之主張相接近了。公安派從抒寫性靈的角度出發，而性靈是人人都不相同的，古人有古人之性靈，今人有今人之性靈，即今人之間，性靈也無一個相同的，所以創作也必然是沒有定法的，人們千差萬別的心靈個性，是無法納入幾個固定的格式框框之中的。對宋明以來死法的批判，以明末清初王夫之最爲尖銳。王夫之提出的「非法之法」，也正是蘇軾所說的以自然爲法之意。他在《夕堂永日緒論內編》中說：

「海暗三山雨」接「此鄉多寶玉」不得，迤邐說到「花明五嶺春」，然後彼句可來，又豈嘗無法哉？非皎然、高棅之法耳。若果足為法，烏容破之？非法之法，則破之不盡，終不得法。詩之有皎然、虞伯生，經義之有茅鹿門、湯賓尹、袁了凡，皆畫地成牢以陷人者：有死法也。死法之立，總緣識量狹小。如演雜劇，在方丈臺上，故有花樣步位，稍移一步則錯亂。若馳騁康莊，取塗千里，而用此步法，雖至愚者不為也。

王夫之在這裡所引岑參的《送張子尉南海》一詩全文如下：「不擇南州尉，高堂有老親。樓臺重蜃氣，邑裏雜鮫人。海暗三山雨，花明五嶺春。此鄉多寶玉，愼莫厭清貧。」此詩腹聯對仗十分工整，然而王夫之認爲它並非是爲對仗而對仗，而從其描寫內容上看，必須有「花明五嶺春」一句，然後方可與下句相聯。以內容上如何透徹地表達情意爲依據，而不以嚴格對仗爲目的，又不妨害嚴格對仗，這豈不更好？這就是「不法而法」之意。王夫之在《明詩評選》中評張治《江宿》一詩時說：

詩有詩筆，猶史有史筆，亦無定法。但不以經生詳略開闔脈理求之，而自然即于人心，即得之矣。

無定法並非等於沒有法，而是以能否「自然即於人心」爲法，不是經生家做八股文那一套詳略開闔之死法。他在《古詩評選》中說：「以當念情起，即事先後爲序，是詩家第一矩矱。」（庾闡《觀石鼓》評語）要以具體的感情意念作爲寫作的主要依據，而不以死法去割裂自己生動的眞情實感，要「因自然而昭其象」（《古詩評選．五言近體序》），才是創作必須遵循的原則。元代楊載《詩法家數》中說：「律詩要法：起、承、轉、合。」這種說法在當時社會上是比較普遍流行的，一直到清代，據《師友師傳錄》記載，王士禛也說過律詩創作「離此四字不得」的話。王夫之認爲那只是一種方法，並非人人都要遵守，眞正的好詩也不是用「起承轉合」寫出來的。他說：

起承轉收，一法也。試取初盛唐律驗之，誰必株守此法者？法莫要於成章；立此四法，則不成章矣。且道「盧家少婦」（沈佺期《獨不見》）一詩作何解？是何章法？又如「火樹銀花合」（蘇味道《正月十五夜》），渾然一氣；「亦知戍不返」（杜甫《擣衣》），曲折無端。其他或平鋪六句，以二語括之；或六七句意已無餘，末句用飛白法颺開，義趣超遠；起不必起，收不必收，乃使生氣靈通，成章而達。至若「故國平居有所思」（杜甫《秋興》），「有所」二字虛籠喝起，以下曲江、蓬萊、昆明、紫閣，皆所思者，此自《大雅》來；謝客五言長篇，用為章法；杜更藏鋒不露，摶合無垠；何起何收？何承何轉？陋人之法，烏足展騏驥之足哉！（按：括號中出處為引者所加。）

傳統的起承轉合，在大詩人那裡根本不放在眼裏。所謂「事自有初終，意自有起止」，此乃「天然一定之則」（《明詩評選》楊愼《近歸有寄》評語），而所有這些「起承轉收」之類，皆「俗子畫地成牢」，「誓不入焉可也。」（《唐詩評選》杜甫《夜出左掖》評語）。

「不法之法」，亦即以自然爲法，與王夫之同時的不少詩人和詩論家，也都有此主張。而且在繪畫方面也很重視這種「不法之法」。例如清初著名的繪畫理論家石濤，就提出了「無法之法，乃爲至法」的思想。他把藝術創作的最高境界，槪括爲「無法之法」，亦即順乎自然之法。石濤指出「法無定相，氣槪成章耳」。他對死法也是非常不滿意的。他說：

古人未立法之前，不知古人法何法？古人既立法之後，便不容今人出古法。千百年來，遂使今之人不能出一頭地也。師古人之迹而不師古人之心，宜其不能出一頭地也，冤哉！（《大滌子

題畫詩跋》）

在石濤看來，能不能破死法，是能不能有新的藝術創造的關鍵。比石濤稍後的鄭板橋在這一點上，和石濤的主張也是完全一致的。他說：「我今不肯從人法，寫出龍鬚鳳尾排。」此種「無法之法」的思想，在我國古代創作思想中占有著主導地位。但是，不管是由法度而至自然，還是以自然爲法度，都是反對創作上以固定死法來束縛作家手足，而是主張要比較辯證地看待法度和自然的關係的。這是我國古代所強調的主要方面。

第五章　論藝術風格

文藝創作中的風格問題，是我國古代文藝理論批評中研究得比較多，也是論述得比較深入的重要問題之一。藝術風格是作品的內容和形式相統一的特徵的表現。它是一個綜合性的美學範疇，既表明了內容方面的美學特徵，也表現了形式方面的美學特徵；既反映了創作主體的特徵，也反映了創作對象的特徵。藝術風格是創作過程中諸方面因素有機結合而呈現出來的一種美的風貌。

我國古代之所以特別重視藝術風格，並且在文學理論批評中給予很突出的地位，這決不是偶然的。這和我國古代盛行人物品評的歷史狀況有極爲密切的關係。「文如其人」，這是我國古代文藝家很早就認識到了的，因此，從對人物的品評而發展到對文藝風格的品評，是非常自然的事。我國古代品評人物的風氣是從東漢開始盛行起來的，到漢末已十分普遍，並逐漸影響到文藝批評。人物品評的目的是研究和考察人物的才能和品德，辨別才能的高下和品德的優劣，它是爲統治階級選拔人才服務的。從魏晉開始，人物品評特別注重於人物的風貌神態，而不像漢代那樣主要從人物外形骨相來考察。認爲從人物的風貌神態中可以最確切地察知人物的才性。同時，在品評人物的風貌神態時，往往都用一些描寫性的詞滙來概括其特徵，如雄渾、清奇、冲淡之類。由人品發展到畫品、書品、文品、詩品，而在文藝品評中也大都沿用了人物品評中的一些概念。我國古代的人物品評特別重視人物的獨特特徵，認爲每一個人都有自己不同於別人之所在，只有把這種獨特之處找出來了，才能把握人物的本質。這種思想反映在藝術風格問題上，就是特別重視藝術風格的多樣化和獨創性，要求每一個作家都應當有自己不同於別人的特殊風格。

文藝作品風格的形成，是多種因素相互作用的產物。文藝作品是主觀和客觀相結合的產物，因此，藝術風格中也包含著主觀因素和客觀因素兩個方面。從藝術風格的主觀因素來說，每個作家都有自己的創作個性，而這種創作個性是由作家特殊的審美理想、個性氣質、藝術修養等多方面的因素構成的。從風格的客觀因素來說，每一個作家都是生活在一定的時代中的，都是屬於一定的階級和民族的，這些必然要對作家的創作個性產生某種影響，因此，藝術風格也必然會具有鮮明的時代和民族色彩。此外，不同的文學形式在反映社會現實生活內容上也是有所區別的，這些也要影響到風格的特徵。我國古代關於藝術風格的理論，不僅對風格的構成及其特徵作了相當深入的理論探討，而且研究了風格的類型和特點，並且對許多重要作家和作品的風格，作了精確的概括，這對我們今天研究文藝風格和發展多樣化的、有獨創性的風格，仍然有很重要的借鑒意義。並不是所有的作家都有自己的風格的，藝術風格的形成是作家的藝術創作成熟的標志，它是需要作家經過深入的藝術實踐，不斷地總結經驗，才有可能獲得的。因此，研究前人關於風格的理論，是很重要的，也是很必要的。

一　才氣學習

從作家的創作個性角度來說明藝術風格的特徵，這在我國古代文藝理論批評發展上有悠久的歷史。早在戰國時期，孟子就提出了讀書誦詩要「知人」的問題，開始把作家的爲人和作品的特點聯繫起來了。孟子在《萬章》下篇中說：

頌其詩，讀其書，不知其人，可乎？

這裡雖然不是講的風格問題，但是他強調了必須了解作者的情況，知道他爲什麼要寫這篇作品，才能眞正懂得作品的意義，這對我們認識作品風格是反映作家創作個性的道理是有啓發的。孟子在《公孫丑》上篇中提出的「知言養氣」說，則對我國古代文藝風格理論的形成有深刻的影響。孟子認爲「養氣」而後才能「知言」，言辭是人的內心精神狀態的一種外在表現形式。他說：「詖辭知其所蔽，淫辭知其所陷，邪辭知其所離，遁辭知其所窮。」有什麼樣的言辭，就可以從中了解作者的思想性格、精神狀態。比孟子稍晚的《易傳·繫辭》中發揮了這種思想，更明確地指出了不同思想性格和精神氣質的人，必然會有與其相適應的言辭特徵。其云：「將叛者其辭慚，中心疑者其辭枝（模稜兩可），吉人之辭寡，躁人之辭多，誣善之人其辭游，失其守者其辭屈。」這就比較深刻地闡明了語言文辭風格和作者的精神狀態、性格特徵的關係。漢代的司馬遷在評論屈原的作品時，也是從其爲人來說明其作品的風格特徵的。他在《史記・屈原傳》中說：

其文約，其辭微，其志絜，其行廉，其稱文小而其指極大，舉類邇而見義遠。其志絜，故其稱物芳，其行廉，故死而不容自疏。

屈原作品中其「文」、其「辭」的特點，是由屈原之「志」、之「行」所決定的。其後，東漢的王逸在爲《楚辭》作注過程中，在《離騷經序》、《九歌序》、《天問序》等文中也是從屈原之人品來論述其文之特徵的，其中也包括了對藝術風格是表現作家創作個性的認識在內。然而，在建安以前，畢竟還沒有自覺地從理論上去探討風格，專門研究藝術風格問題的文藝論著。

最早自覺地從作家的創作個性去說明作品藝術風格特徵的是曹丕。他在《典論・論文》中，結合建安七子的創作實踐，精闢地分析了藝術風格形成的原因，特別突出了作家的個性氣質對文學藝術風格所起的決定性作用。曹丕提出「文以氣爲主」，這個「氣」主要是指作家的氣質個性特徵。曹丕講的「氣」和孟子講的「氣」雖然都是指作家精神修養方面的特點，亦即都是屬於作家創作個性方面的問題，但是具體內容是很不相同的。孟子的「氣」是由道德修養的積累而產生的，是「配義與道」而獲得的「浩然之氣」；而曹丕的「氣」則是人的天生禀賦所具有的氣質個性。孟子之「氣」可以通過修養而使之充實起來，曹丕的「氣」則「雖在父兄，不能以移子弟」，很難用後天的條件來改變的。曹丕認爲建安七子文學風格之差異，正是由於他們禀氣不同而造成的。他對建安七子的才能與風格特徵曾作過如下一段著名的評論，他說：

王粲長於辭賦，徐幹時有齊氣，然粲之匹也。如粲之《初征》、《登樓》、《槐賦》、《征思》，幹之《玄猿》、《漏卮》、《圓扇》、《橘賦》，雖張、蔡不過也。然於他文，未能稱是。琳、瑀之章表書記，今之儁也。應瑒和而不壯，劉楨壯而不密。孔融體氣高妙，有過人者，然不能持論，理不勝辭，以至乎雜以嘲戲。及其所善，揚、班儔也。

曹丕指出建安七子的才能並不一致，各有所長，各有所短，而各種文體有自己不同於別種文體的特點，建安七子不可能人人對各種文體都駕馭自如，而只是擅長與自己個性氣質相近的文體，因此也都有自己特殊的風格，而歸根到底，這種差別乃是由於他們稟氣有異。曹丕說：

氣之清濁有體，不可力強而致。譬諸音樂，曲度雖均，節奏同檢，至於引氣不齊，巧拙有素，雖在父兄，不能以移子弟。

所謂「氣之清濁」，亦即指陰陽二氣。曹丕在這裡沿用了我國古代哲學史上關於陰陽二氣形成萬物的說法，說明人也是稟陰陽二氣而生，但陰陽二氣的組合不同，故人的個性氣質也就千差萬別，而這種差別乃是天賦所有，不是後天「力強」所能改變的。有如音樂，雖然同是一個曲調，然而各人吹拉彈奏出來就各不相同。人的氣質個性之差異，必然要反映到文學創作中來，這就是產生多種多樣藝術風格之原因。作家的個性氣質不同，興趣愛好亦迥異，誠如陸機在《文賦》中所說：「誇目者尚奢，愜心者貴當，言窮者無隘，論達者唯曠」。作家都往往喜歡選擇與自己興趣愛好比較一致的文學形式和風格特色。這樣在文藝領域就形成了「筆區雲譎，文苑波詭」的百花爭艷局面。

對作家的創作個性和文學風格關係論述得最深入的是劉勰。他在《文心雕龍・體性》篇中專門對這個問題從理論上作了全面的探討。首先，劉勰從創作過程分析出發，指出了文學作品乃是作家內在情理的外在顯現。他說：「夫情動而言形，理發而文見，蓋沿隱以至顯，因內而符外者也。」作家內在的情理總是具有自己的氣質個性特徵的，同時也是和作家的學識和經歷分不開的，因此它必然要反映到作品具體的文辭上，而形成爲不同的風格特色。其次，劉勰對作家的創作個性的具體內容作了分析。他認爲作家的創作個性包含著才、氣、學、習四個方面的因素。才，是指作家的才能，這裡主要是指創作才能。創作才能有高有低，有儁拔超群的，也有平庸粗淺的。氣，是指作家的氣質，每個人的稟賦不一樣，不同的氣質造成作家不同的性格特點。學，是指學識和修養，這是和各人所受的教養以及自己的努力都有密切關係的。習，指作家的生活環境、社會環境給予作家的影響，它是由作家的具體生活經歷所得到的結果。在這四種因素之中，劉勰認爲才和氣是屬於先天方面的因素，而學和習則是屬於後天方面的因素。劉勰對構成作家創作個性的四個方面因素的分析，比曹丕和陸機大大前進了一步，是相當深刻的。由於作家這四個方面的情況都是不一樣的，所以藝術風格就顯得千姿百態、絢麗多采。對於這種「各師成心，其異如面」的藝術風格，劉勰曾舉出十二個作家的例子，具體而生動地總結了他們的創作個性和藝術風格之間的有機聯繫。他說：

是以賈生俊發，故文潔而體清；長卿傲誕，故理侈而辭溢；子云沈寂，故志隱而味深；子政簡易，故趣昭而事博；孟堅雅懿，故裁密而思靡；平子淹通，故慮周而藻密；仲宣躁銳，故穎出而才果；公幹氣褊，故言壯而情駭；嗣宗俶儻，故響逸而調遠；叔夜儁俠，故興高而采烈；安仁輕敏，故鋒發而韻流；士衡矜重，故情繁而辭隱；觸類以推，表裏必符，豈非自然之恒資，才氣之大略哉！

劉勰對這十二個作家的創作個性特點的分析和對他們的作品風格特色的概括都是十分精確的。比如司馬相如的個性氣質特徵，嵇康在《高士傳》贊中曾有一段生動的描寫：「長卿慢世，越禮自放；犢鼻居市，不恥其狀；托疾避患，蔑此卿相。乃賦《大人》，超然莫尙。」司馬相如穿著賣酒人的衣服，在市上賣酒，而不以爲恥，對公侯卿相也很輕蔑，不放在眼裏，這就是他的「傲誕」思想性格的表現。而這種性格特徵也就決定了他的作品中「理侈而辭溢」的風格特徵。又如劉楨的性格比較偏激，謝靈運《擬鄴中集詩序》中曾說他「卓犖偏人」，《三國志・王粲傳》中說「楨以不敬被刑」，均可看出他的這種特點。因此他的詩歌創作，有比較鮮明的慷慨激昂之情，而較少細緻的潤色，故而說是「言壯而情駭」。劉勰所舉其他十例，也都是如此。由此可見，劉勰對作家的創作個性和藝術風格的關係，不僅在理論上作了深入的闡述，而且還運用這種理論，具體地總結了文學創作的實踐，對許多作家的風格與其創作個性關係作了深入的研究。第三，更爲可貴的是，劉勰對形成作家創作個性的先天因素與後天因素的關係，提出了很有價值的見解。劉勰認爲先天的才氣和後天的學習是有密切關係的。從作家的創作個性來說，其中雖然有先天的因素，這是人力所難以改變的，但是創作個性中也有後天的因素，這是人力可以駕馭的。所以，從總體上來說，創作個性仍是可以通過人爲的力量來使之有一個理想的面貌的。劉勰說：

夫才有天資，學愼始習，斫梓染絲，功在初化，器成彩定，難可翻移。故童子雕琢，必先雅制，沿根討葉，思轉自圓，八體雖殊，會通合數，得其環中，則輻輳相成。

天賦才氣只是一個客觀的基本條件，究竟如何才能形成作家特殊的創作個性，還要看作家在天賦才氣的基礎上如何學習。比如斫梓染絲，才氣只是作爲原料的梓和絲，要造成什麼樣的器和彩，亦即要形成什麼樣的創作個性，還必須依靠學和習，亦即必須經過「斫」和「染」的功夫。如果學習不當，「斫」、「染」不妥，就不能造成理想的「器」和「彩」。劉勰這種觀點很可能是受荀子思想影響的結果。荀子對人性的看法，一方面認爲人性原本是惡的，是先天的禀賦；另一方面則又充份強調學習的作用。荀子指出，人性雖惡，但只要認眞學習禮義，即可以變惡爲善。所以《荀子》一書開宗明義第一篇即是《勸學》，他把學習提到了極高的位置。劉勰對於才氣和學習之間的關係，正是運用和發揮了荀子關於人性問題觀點的結果。劉勰說道：「習亦凝眞，功沿漸靡。」說明人的才氣雖屬天資禀賦，不能按照人的主觀願望來改變，但是，學習則是可以由人自己來掌握的。學習得當，可以彌補天資之不足，改造才氣，而形成自己的創作個性。如斧斫之於梓材，染織之於原絲，可以起一種定型的作用。天資愚鈍者，固難以變爲聰穎，而學習之功，仍可以使之在先天條件基礎上做出最大成績。天資聰穎者，亦必須學習得法，方能發揮更大作用，否則，這種先天的優越條件亦不能得到充分利用，甚至可能走上邪路。比如梓材、原絲、質地雖好，斫、染不當，結果亦不能成器出彩。

一個作家要形成自己的獨特風格並不是很容易的，必須從創作實踐中來形成自己作品的思想和藝術方面的特徵。我國古代的著名作家都很重視藝術風格，並且大都能比較自覺地創造自己鮮明獨特的風格。有些作家的藝術風格不但有突出的特點，而且還對別的作家發生了深刻的影響，發展成爲各種不同流派的風格。我國古代文學理論中也總結過許多著名作家的風格特徵。比如嚴羽在《滄浪詩話》中說：

以人而論，則有蘇李體（李陵、蘇武也）、曹劉體（子建、公幹也）、陶體（淵明也）、謝體（靈運也）、徐庾體（徐陵、庾信也）、沈宋體（佺期、之問也）、陳拾遺體（陳子昂也）、王楊盧駱體（王勃、楊炯、盧照鄰、駱賓王）、張曲江體（始興文獻公九齡也）、少陵體、太白體、高達夫體（高常侍適也）、孟浩然體、岑嘉州體（岑參也）、王右丞體（王維也）、韋蘇州體（韋應物也）、韓昌黎體、柳子厚體、韋柳體（蘇州與儀曹合言之）、李長吉體、李商隱體（即西昆體也）、盧同體、白樂天體、元白體（微之、樂天，其體一也）、杜牧之體、張籍王建體（謂樂府之體同也）、賈浪仙體、孟東野體、杜荀鶴體、東坡體、山谷體、後山體（後山本學杜，其語似之者但數篇，他或似而不全，又其他則本其自體耳。）、王荊公體（公絕句最高，其得意處，高出蘇黃陳之上，而與唐人尚隔一關）、邵康節體、陳簡齋體（陳去非與義也。亦江西之派而小異。）、楊誠齋體（其初學半山後山，最後亦學絕句于唐人。已而盡棄諸家之體，而別出機杼，蓋其自序如此也）。

嚴羽所說的「體」，在這裡即是指風格。他所說的某個人的體，即是指某個人的風格，而幾個人合在一起的體即是指某個流派的風格。在這裡嚴羽所列舉的各種個人風格中，唐人所占比重最大，這也是符合事實的。從詩歌創作實際來看，唐人風格特色最爲明顯。宋代詩人雖然很不少，但是能形成自己獨特風格的並不多。嚴羽是南宋人，不能了解宋以後詩人。但是，到了明清，在詩歌創作上能形成自己獨特風格的就更少了。

我國古代文藝理論批評中論風格的很多，涉及到作家創作個性和作品風格的也不少，但從理論上說，基本上沒有超出劉勰所論述的範圍。明清時期強調文學創作中要充份表現作家的個性，並進而主張文學風格多樣化，這種思想非常集中地反映在公安派和性靈派的文學理論中。袁宏道提出「獨抒性靈，不拘格套」的主張，認爲詩歌都是詩人獨特的「性靈」之表現。因此，他堅決主張文學創作應當有各自不相同的風格特徵。他強調每個作家都應有自己「新奇」的風格，在《答李元善》中說：「文章新奇，無定格式。只要發人所不能發；句法、字法、調法，一一從自己胸中流出，此眞新奇也。」這種提倡作家有自己獨創性風格的思想，也是針對前後七子復古模擬思潮而發的。清代中葉繼公安派餘緒的袁枚也十分注重文學要反映作家獨特的個性。《隨園詩話》卷七云：

為人不可以有我，有我，則自恃佷用之病多，孔子所以「無固」、「無我」也。作詩，不可以無我，無我，則剿襲敷衍之弊大，韓昌黎所以「惟古於詞必己出」也。北魏祖瑩云：「文章當自出機杼，成一家風骨，不可寄人籬下。」

創作中做到「有我」，即是能突出作者的個性，這樣就可以形成自己的風格，「自出機杼，成一家風骨。」他在《隨園詩話》卷四中又說：

> 凡作詩者，各有身份，亦各有心胸。畢秋帆中丞家漪香夫人有《青門柳枝詞》云：「留得六宮眉黛好，高樓付與曉妝人。」是閨閣語。中丞和云：「莫向離亭爭折取，濃陰留覆往來人。」是大臣語。嚴冬友侍讀和云：「五里東風三里雪，一齊排著等離人。」是詞客語。夫人又有句云：「天涯半是傷春客，飄泊煩他青眼看。」亦有慈雲護物之意。張少儀觀察和云：「不須看到婆娑日，已覺傷心似漢南。」則的是名場耆舊語矣。

五個人都是就一個主題寫的，但各有自己的「身分」、「心胸」，從他們不同的風格中可以清楚地表現出他們各自的個性特徵。因此，袁枚認爲藝術風格的關鍵是看它有沒有獨創性，如果有獨創性，那麼不管是什麼樣的風格，都可以具有美的特徵。他說：「詩如天生花卉，春蘭秋菊，各有一時之秀，不容人爲軒輊。」不管是公安派也好，袁枝也好，都從風格是表現作家個性角度出發，對風格的多樣化和獨創性作了比較深入的闡述，這一點是比劉勰講得更爲充分的。

二　世情與體式

我國古代認爲作家的創作個性是形成作家風格的主觀因素，而世情與體式亦即時代和文體形式則是形成藝術風格的客觀因素。文學創作過程是主體與客體相統一的過程。文學作品要反映客觀現實生活，而這種現實生活內容必然是帶有深刻的時代色彩的，作家的思想感情也不能不受時代的影響。文學作品的形式雖然可以隨著不同的作家而有不同的創造，但是它總是要繼承前人已經達到的成果的，不同的文體形式對風格往往有不同的要求。同時這些不同的文體形式在反映社會生活內容上也各有所長，各有所短，並不是完全一致的。這些都必然要直接或間接地影響到文學的風格。不過文學風格的這些客觀因素在創作過程中又往往是要通過作家的主觀因素來起作用的。我國古代對文藝創作中的時代風格和不同文體形式所具有的不同風格特點，都有過相當深入的研究。

風格和時代的關係，我國古代很早就注意到了。孟子說讀書誦詩除了「知人」之外，還要「論世」，即是說要懂得文學作品和時代有密切的聯繫。對文藝影響最深的儒家文藝思想中，十分重視文藝和現實的關係，認爲文學藝術都是要反映時代面貌的。《禮記・樂記》中說：「治世之音安，以樂其政和；亂世之音怨，以怒其政乖；亡國之音哀，以思其民困。」漢代的《毛詩大序》又引用此段話來說明詩歌和時代的關係，著重強調從文學藝術中可以看出時代的盛衰，這就爲論述藝術風格的時代特色奠定了理論基礎。《毛詩大序》中所講的正風、變風、正雅、變雅問題，實質上也是說的《詩經》中風雅部份的兩類不同時代風格的作品。後來，劉勰在《文心雕龍》中繼承和發展了這種思想，專門寫了《時序》一篇討論了文學發展和時代變化的關係，同時也對風格的時代特色作了系統的歷史分析。從劉勰具體地總結了每個歷史時期文學創作的風格特徵，指出了形成這種特徵的具體的時代原因。

勰對這種原因的具體分析看來，他已經認識到了政治、經濟、思想、文化各個方面的狀況都可能對文學風格產生明顯的影響。從政治方面看來，盛世和衰世的文學風格是不相同的。他說：

昔在陶唐，德盛化鈞，野老吐「何力」之談，郊童含「不識」之歌。有虞繼作，政阜民暇，「薰風」詩于元後，「爛雲」歌于列臣。盡其美者，何乃心樂而聲泰也。至大禹敷土，九序咏功，成湯聖敬，「猗歟」作頌。逮姬文之德盛，《周南》勤而不怨；大王之化淳，《邠風》樂而不淫。幽厲昏而《板》《蕩》怒，平王微而《黍離》哀。

政治清明的盛世，文學作品大半有「心樂而聲泰」的風格特色，也即是像《詩經》中正風正雅的風貌。而政治昏暗的亂世，文學作品大半有怨怒哀傷的風格特色，也即是像《詩經》中變風變雅的風貌。從經濟方面來看，社會安定，生產發展，經濟繁榮，人民安居樂業，則需要文學來「潤色鴻業」，在藝術風格上就有「辭藻競鶩」、華艷豐碩之特色，如漢賦即是反映了這種特點的。反之，如果經濟凋弊，民不聊生，反映在文學上就有悲涼情調。如劉勰分析建安文學風格與時代的關係道：

觀其時文，雅好慷慨，良由世積亂離，風衰俗怨，並志深而筆長，故梗概而多氣也。

當然，經濟和政治狀況是不能分的。不過，建安時期，北方曹操掌權，政治上情況還是比較開明的，然而，由於長期軍閥混戰，國家分裂，生產遭到嚴重破壞，經濟發展受到很大影響，因此對文學風格特色的影響，和太平盛世就很不同了。從思想方面來說，劉勰也看到某一時期的占統治地位的哲學政治思想會對文藝發展產生十分深刻的影響，從而也影響到文學的風格特色。劉勰講到東漢時期讖緯之學盛行，對文學就有很大影響。「自哀、平陵替，光武中興，深懷圖讖，頗略文華。」在儒家章句之學繁榮時，「磊落鴻儒，才不時乏，而文章之選，存而不論。」魏晉時期盛行玄學思想，而儒教衰落，這時，詩歌創作的內容和風格都受到很深影響。劉勰說：

自中朝貴玄，江左稱盛，因談余氣，流成文體。是以世極迍邅，而辭意夷泰，詩必柱下之旨歸，賦乃漆園之義疏。

玄言詩這種玄奧難曉、平淡無味的特色，正是時代思想發展影響之結果。一般說來，儒家比較重視藻飾之美，而道家則比較講究自然之美。所以在南北朝時期就有以顏延之爲代表的「鏤金錯采」之美和以謝靈運爲代表的「出水芙蓉」之美的對立。從文化方面來說，不同時代所受的文化影響不同，因此也會反映到文藝創作的風格特色上來。例如漢代的辭賦創作受《楚辭》的深刻影響，因此在風格上也可以看出與《楚辭》之聯繫。劉勰說：

爰自漢室，迄至成哀，雖世漸百齡，辭人九變，而大抵所歸，祖述《楚辭》，靈均餘影，于是在。

不同作家的創作，盡管各有其與本人創作個性相一致的風格，而在同一時代又總有某些共同的時代風格特色的表現。當然，這種時代風格表現在具體作家風格上，也是有深有淺的，但是畢竟可以清楚地看出來，這是不可否認的。

我國古代關於文藝作品的時代風格，有過不少的歸納和總結。比如嚴羽在《滄浪詩話》中曾經說過：

以時而論，則有建安體（漢末年號。曹子建父子及鄴中七子之詩）、黃初體（魏年號，與建安相接。其體一也）、正始體（魏年號。嵇阮諸公之詩）、太康體（晉年號。左思潘岳三張二陸諸公之詩）、元嘉體（宋年號。顏鮑謝諸公之詩）、永明體（齊年號。齊諸公之詩）、齊梁體（通兩朝而言之）、南北朝體（通魏周而言之。與齊梁體一也）、唐初體（唐初猶襲陳隋之體）、盛唐體（景雲以後，開元天寶諸公之詩）、大曆體（大曆十才子之詩）、元和體（元白諸公）、晚唐體、本朝體（通前後而言之），元祐體（蘇黃陳諸公）、江西宗派體（山谷為之宗）。

嚴羽在這裡所歸納的，大部份是講的不同時代風格，但有些實際上講的是一個流派的風格，如永明體、元和體、元祐體等，當然這些流派的風格也是帶有比較鮮明的時代色彩的，在我國古代文藝發展史上，時代風格特徵最爲鮮明，最被後人推崇的是「建安風骨」與「盛唐氣象」。從我國古代詩歌發展來看，建安和盛唐無疑地是我國古典詩歌發展的黃金時代。「建安風骨」即是說的建安時代詩歌所表現的時代風貌特徵。「建安風骨」的提出，最早是梁代的鍾嶸。他在《詩品序》中所說的「建安風力」，即是指「建安風骨」。在此前後，裴子野在《雕蟲論》中說到「曹劉偉其風力」，亦即鍾嶸所說之意。沈約說建安文學是「以氣質爲體」（《宋書・謝靈運傳論》），劉勰對建安文學風格的具體描述，也都包含有「建安風骨」之意。唐初陳子昂提倡「漢魏風骨」，中心也是指建安文學，而後李白遂有「蓬萊文章建安骨」（《宣州謝脁樓餞別校書叔云》）之說。「建安風骨」與一般意義上的「風骨」不同，它指的是建安文學所特有的風貌神態，其主要特徵是具有一種慷慨悲涼的強烈感情，在藝術形象塑造上有明朗昭晰之特點。當時許多有志之士面對殘破的現實，渴望統一和安定，然而壯志滿懷卻不能得到施展與實現，爲此感到有無限的悲哀傷痛。與表達這種內容相適應的，是他們在藝術上重在自然神到，不過於追求雕琢辭藻。這種風格特色比較典型地體現在曹操、曹植、劉楨、王粲等人的作品中，而在其他詩人作品中也都不同程度地存在著。曹操有感於「白骨露於野，千里無鷄鳴。生民百遺一，念之斷人腸」的現實狀況，在《短歌行》中寫道：

對酒當歌，人生幾何？譬如朝露，去日苦多。慨當以慷，幽思難忘。何以解憂？唯有杜康。

……

月明星稀，烏鵲南飛，繞樹三匝，何枝可依？山不厭高，海不厭深，周公吐哺，天下歸心。

曹操這首詩比較突出地反映了「建安風骨」的特徵，雖然有「人生幾何」之嘆，卻並不使人感到消極，反而更深地體現了曹操完成統一大業的理想抱負和因歲月流逝而擔心理想不能實現的慷慨悲壯感情。在藝術上這首詩很少用典，直抒胸臆，不求纖密之巧，唯取昭晰之能。曹植是建安時期最負盛名的作家，他在藝術上的成就也確比當時其他作家要高出一頭。他早年隨曹操南征北戰，「生乎亂，長乎軍」，是很有理想抱負，期望要幹一番大事業的。他在《與楊德祖書》中說自己的人生目的，便是要「戮力上國，流惠下民，建永世之業，流金石之功」。但是，曹操死後，他受到曹丕的猜忌，受盡了迫害，壯志不遂，心情壓抑。因此，充滿了慷慨悲壯之情，發爲詩歌，成爲「建安風骨」之最有代表性的作家。例如他的《雜詩》之五云：

仆夫早嚴駕，吾行將遠遊。遠遊欲何之？吳國為我仇。將騁萬里途，東路安足由？江介多悲風，淮泗馳急流。願欲一輕濟，惜哉無方舟！閑居非吾志，甘心赴國憂。

爲了解除深重的「國憂」，濟蒼生於水火之中，詩人滿懷壯志豪情，然而現實的地位和處境使他面對「急流」，無「方舟」可濟，只有悲慨慟哭而已！劉楨是七子中最能體現「建安風骨」特色的詩人。他的《贈從弟》三首之二寫道：

亭亭山上松，瑟瑟谷中風。風聲一何盛，松枝一何勁。冰霜正慘凄，終年常端正；豈不罹凝寒，松柏有本性。

劉楨描繪了不畏嚴寒的松柏形象，歌頌和贊美了堅持思想、矢志不移的品格和情操，這也是一首比較典型地體現了「建安風骨」特色的優秀詩作。

與「建安風骨」可以相提並論的時代風格的另一個突出表現是「盛唐氣象」。「盛唐氣象」是後人對盛唐時代詩歌風格特徵的一種稱呼。首先突出地推崇「盛唐氣象」的要推嚴羽。嚴羽在《滄浪詩話》中說：「唐人與本朝人詩，未論工拙，直是氣象不同。」又說：「盛唐諸公之詩，如顏魯公書，既筆力雄壯，又氣象渾厚。」所謂「氣象」，實際上即是指時代風貌。「盛唐」這個概念，從社會發展，從政治經濟狀況的角度來看，應當是指唐代安史之亂前一個時期。但是文學上講的「盛唐氣象」是指詩歌發展而言的，是以李白、杜甫爲代表人物的，而李白杜甫創作上的成就則有很大一部份是在安史之亂以後，尤其是杜甫，他的名作絕大部份都在安史之亂以後。在唐玄宗開元天寶年間，我國封建經濟高度繁榮發展，社會政治局面比較安定，思想文化領域相對地說比較自由解放。特別是科舉取士的制度，給廣大中下層知識份子帶來了仕進的希望，展示了理想的美好前景。當然，儘管是在蓬勃上升時期，也免不了仍然隱藏著極爲深刻的矛盾。然而，到了安史之亂後，封建經濟的發展由盛而衰，開始逐漸走下坡路，而社會矛盾則十分尖銳，人民處於水深火熱的深重災難之中。不過，剛剛由盛而衰的時期，人們還沒有絕望，總是在嚮往著恢復「開天盛世」。因此，我國古代所說的反映了「盛唐氣象」的文學作品，從思想內容方面來說，都有著一些共同的特點。它們一方面表現爲對蓬勃發展的封建社會上升時期的歌頌，反映了一種開朗、樂觀、追求理想的英雄豪邁情調；另一方面又表現爲期望這種盛世能持久下去，或迫切地要求能恢復這種盛世，而對現實的黑暗腐敗所作的尖銳批判與深刻揭露。例如王維的《少年行》寫道：

新豐美酒斗十千，咸陽遊俠多少年。相逢意氣為君飲，繫馬高樓垂柳邊。

意氣昂揚，青春煥發，充滿了希望與活力，表現了一派欣欣向榮的時代氣息。又比如王昌齡那首被推爲盛唐七絕壓卷之作的《出塞》：

秦時明月漢時關，萬里長征人未還。但使龍城飛將在，不教胡馬度陰山。

歷史與現實相結合，氣勢磅礴。其中雖然包含著對連年征戰、士兵不得生還的無限感慨，但是仍然反映著將士們誓死保衞邊疆，保衞百姓和平生活的英勇氣概。又比如李白的《行路難》三首之一云：

金樽美酒斗十千，玉盤珍羞值萬錢。停杯投箸不能食，拔劍四顧心茫然。欲渡黃河冰塞川，將登太行雪滿山。閑來垂鈎碧溪上，忽復乘舟夢日邊。行路難！行路難！多歧路，今安在。長風破浪會有時，直掛雲帆濟滄海！

詩人雖然看到社會的深刻矛盾，感到前途的坎坷，充滿了痛苦與憂傷，但是仍舊激情滿懷，抱有強烈的希望，絕不放棄對理想的追求，相信總有一天能夠「長風破浪」，歷盡艱險，而達到光明的彼岸，實現自己濟世安民之壯志。杜甫的名作大都寫於安史亂後，像《望嶽》中那種「會當凌絕頂，一覽衆山小」的氣概早已沒有了，主要是對現實矛盾的深刻揭露。但是，處處又流露出希望重新恢復「開天盛世」，使唐王朝得到中興的強烈願望。其《北征》詩云：「昊天積霜露，正氣有肅殺。禍轉亡胡歲，勢成擒胡月。胡命其能久，皇綱未宜絕！」「凄涼大同殿，寂寞白獸闥。都人望翠華，佳氣向金闕。園陵固有神，掃灑數不缺。煌煌太宗業，樹立基宏達！」我們不能簡單地把杜甫熱切的希望看成是單純對帝王的忠誠，其實它主要是反映了杜甫心靈深處對封建王朝全盛時代的嚮往與懷念。這種情緒是貫穿於他後期詩作的基本線索。他在成都時還追念往事：「憶昔開元全盛日，小邑猶藏萬家室。稻米流脂粟米白，公私倉廩俱豐實。九州道路無豺虎，遠行不勞吉日出。齊紈魯縞車班班，男耕女桑不相失。」（《憶昔》）杜甫用他的筆，描繪了人民所遭受的災難，表達了他們的願望和要求，正是希望能重新回到開元天寶年間經濟繁榮發展、人民安居樂業的極盛時代。他在著名的《秋興》八首中說：「彩筆昔曾干氣象，白頭吟望苦低垂。」他是多麼惋惜他不能再重新用「彩筆」來描繪開天的盛況啊！

可見，盛唐詩歌不管是寫前期的蒸蒸日上盛況，還是寫後期的由盛世轉向亂世而出現的種種矛盾，總還是離不開對「開天盛世」的贊美與嚮往，這就是盛唐詩歌時代風格在內容方面的重要特點。

「盛唐氣象」不僅有內容方面的特點，而且還有藝術方面的共同特點。嚴羽在《滄浪詩話》中說：「盛唐諸人惟在興趣，羚羊掛角，無迹可求。故其妙處透徹玲瓏，不可湊泊，如空中之音，相中之色，水中之月，鏡中之象，言有盡而意無窮。」嚴羽這種說法從表面上看，似乎有點玄妙，但是實際上正是對唐詩意境的一種描繪。盛唐詩歌特別重在意境刻劃，這是它在藝術上的基本特徵。盛唐詩歌在藝術上一般都具有含蓄蘊藉，情韻連綿，自然天成，渾然一體的特色，故而詩歌意境最爲豐富而深遠。翁方綱在《石洲詩話》中說：「盛唐諸公，全在境象超妙。」這就是說的「盛唐氣象」在藝術上的特徵。嚴羽說：「李杜數公，如金鳷擘海，香象過河。」這都是借用佛教的典故所作的比喻。金翅鳥能以清淨之眼觀察大海龍王宮殿，奮勇猛力以左右翅搏開海水，撮龍宮中命盡者而食之。這正是比喻盛唐詩歌那種「筆力雄壯」的特徵。佛經中又以兔馬象三獸過河來比喻對佛法的領悟程度，兔渡河則浮於河面，馬渡河則半身在水中，像渡河則及底截河，表示象之渡河最爲徹底，比喻對佛法領悟最深刻、最透徹。這正是借以說明盛唐詩歌「氣象渾厚」之特點，亦即是「透徹玲瓏，不可湊泊」之意。由於「盛唐氣象」鮮明的時代風格特徵，有時我們即使不知道它的時代和作者，也可以從風格上來判別它是否盛唐之作。推而廣之，我們可以知道，凡是我國古代一些優秀的詩歌，我們都可以從它所表現的時代風貌來判斷它大體上是那一個時代的作品。

藝術風格的客觀因素，除了時代特點的影響之外，另一個很重要的方面，即是不同的文體形式有很不同的風格特徵。曹丕在《典論・論文》中說：「奏議宜雅，書論宜理，銘誄尚實，詩賦欲麗。」這是一個大體的區分，主要是根據不同的文體形式因其所表達的內容不同，而說明其風格亦各有異。後來，陸機在《文賦》中對此作了更加具體而細緻的發揮。他說：

詩緣情而綺靡，賦體物而瀏亮，碑披文以相質，誄纏綿而凄愴，銘博約而溫潤，箴頓挫而清壯，頌優遊以彬蔚，論精微而朗暢，奏平徹以閑雅，說煒燁而譎誑。

從文體形式來說，陸機分得更加細密了，而更重要的是陸機指出了每一種文體都有與其相適應的不同風格特色。這種風格是與每一種文體所適宜的內容特點分不開的。由於不同的文體形式有不同的內容和風格特點，因此，每一個作家都可以選擇與自己的才能、氣質、興趣、愛好相近的那種文體去寫作，只有這樣才能更好地發揮自己的才能與特長。所以，我國古代對文體的類型及其風格特徵研究得很細。劉勰在《文心雕龍》中對文體形式區分得比陸機更爲細緻。他的《文心雕龍》的上編中，除前面五篇是總論「文之樞紐」之外，全部都是講的文體論，對每一種文體的產生、歷史演變，都作了深入的研究和分析，然後指出這種文體的創作特徵和與這種文體形式相適應的風格。雖然，劉勰所說的「文」的概念是廣義的，即是指一切用語言文字寫的作品都稱爲「文」，而不是嚴格意義上的文學，但他所論述的基本原理，也是符合於文學創作實際的，是與文學創作可以相通的。更爲重要的是劉勰對每種文體所持有的風格之分析，都是經過對創作實踐經驗的總結而提出來的，是比較科學的、確切的。例如他說詩歌的風格特徵是：

若夫四言正體，則雅潤為本；五言流調，則清麗居宗；華實異用，惟才所安。（《明詩》）

這裡所強調的四言以「雅潤」爲本，五言以「清麗」居宗，正是對他以前的詩歌創作實際狀況的概括。

劉勰又說頌這種文體的風格特徵道：

原夫頌惟典雅，辭必清鑠，敷寫似賦，而不入華侈之區；敬慎如銘，而異乎規戒之域；揄揚以發藻，汪洋以樹義，唯纖曲巧致，與情而變，其大體所底，如斯而已。（《頌讚》）

劉勰分析了頌的特點是介乎賦與銘之間，和賦、銘這兩種文體有一致之處，而又有不同之處。這也是從它所寫的內容特點而產生的風格特徵。對於「銘」和「箴」這兩種文體的風格特徵，劉勰說道：

夫箴誦於官，銘題於器，名目雖異，而警戒實同。箴全御過，故文資確切；銘兼褒讚，故體貴弘潤；其取事也必覈以辨，其摛文也必簡而深，此其大要也。（《銘箴》）

僅舉以上三例，即可看出劉勰對每一類文體的風格特點，都從內容和形式兩方面作了十分精要的概括。而在《定勢》一篇中，他又把這些多種多樣的文體形式，分爲幾個大類，總結了每一大類的基本風格特色。他說：

是以括囊雜體，功在銓別，宮商朱紫，隨勢各配。章表奏議，則準的乎典雅；賦頌歌詩，則羽儀乎清麗；符檄書移，則楷式於明斷；史論序注，則師範於覈要；箴銘碑誄，則體制於弘深；連珠七辭，則從事於巧艶，此循體而成勢，隨變而立功者也。

劉勰這種分析和概括都是以當時的創作實際所達到的情況來說的，並不是說每一種文體就只有一個風格了，更不是說文體形式所具有的風格特點是固定死的，沒有發展變化的。每一種文體形式雖有自己特點，但是對不同作家的創作來說，雖然都是寫一種文體，由於他們創作個性的不同，也會有各種不同的風格特徵。文體形式的風格特徵也是在歷史發展過程中產生的，它也是有革新、有創造的，而不是死板的、固定不變的。即以詩歌來說，四言的風格特色和五言、七言不同，而四言本身在《詩經》時代和在曹操、陶淵明的時代也是很不一致的，在風格上有明顯的差別。但是，一般說來，某種文體形式由於歷史發展過程中有許多實際創作經驗的積累，仍有一個大體上的風格特徵，這對後代的創作影響是比較深遠的。

三 八體屢遷，會通合數

在我國古代文學風格理論中，很重要的一個問題是研究風格的基本類型及其特點，研究風格的基本類型和風格多樣化的關係。文學作品的藝術風格因人而異，各有不同，這是我國古代文藝家早就看到了的。那麼，在這多種多樣的藝術風格中，是否可以歸納和總結出一些基本的類型來呢？我國古代文藝家的回答是肯定的。總結和歸納出一些基本的藝術風格類型，並不排斥藝術風格的多樣化，相反地正是爲了探討藝術風格的多樣化的規律，對它作進一步的深入研究。

劉勰在《文心雕龍·體性》篇中，在肯定藝術風格「各師成心，其異如面」的前提下，提出從藝術風格的基本類型來看，大致可以歸納爲八大類。這「八類」就是：

若總其歸塗，則數窮八體。一曰典雅，二曰遠奧，三曰精約，四曰顯附，五曰繁縟，六曰壯麗，七曰新奇，八曰輕靡。

而這八大類中，劉勰又認爲可以分爲兩兩相對的四組：

故雅與奇反，奥與顯殊，繁與約舛，壯與輕乖，文辭根葉，苑囿其中矣。

劉勰提出藝術風格的八種基本類型的目的，決不是說文學作品的風格只有這八種，更不是說任何作品都可以隨便納入這八種風格之內，歸之於某一類，而是認爲這八種是最基本的風格類型，而由這八種基本風格類型的不同組合，就會形成多種多樣的不同風格，也就是說，文學作品雖然風格的樣式千奇百怪，但都是由這八種基本類型演變出來的。就某一個作家的風格來說，可以是這八種類型風格中的某一種，也可以同時兼有兩種或兩種以上基本風格類型的特色。試以劉勰本人所舉十二位作家的例子來看，有些是基本上可以歸入八類之中的一類的，比如賈誼是基本上屬於「精約」類的，揚雄是基本上屬於「遠奧」類的，陸機是基本上屬於「繁縟」類的，潘岳基本上是屬於「新奇」類的，等等。也有一些作家則同時兼有兩類或兩類以上的基本風格特色，比如司馬相如既有「壯麗」類特徵，也有「顯附」類特徵。劉楨是以「壯麗」爲主的，又有「精約」特徵，等等。可見，劉勰本人在總結作家藝術風格時，就並非簡單地把他們分別歸入八類之中的某一類，他之所以要總結出八種基本類型，其目的是爲了更有利於去正確地把握和總結各個作家作品的風格特徵。

劉勰對風格類型問題的論述，顯然是仿照《周易》的格式來分析的。《周易》以八卦來代表八種類型的基本事物，認爲宇宙萬物正是由這八種類型的基本事物演變而來的。八卦演化爲六十四卦三百八十四爻，是適應於象徵宇宙萬物之需要的。八卦又是兩兩相對而分爲四組，這和劉勰對八種基本風格之分析，也是非常相似的。劉勰的《文心雕龍》五十篇，四十九篇是論文章各方面問題的，一篇是序。這就是按《周易・繫辭》所說的：「大衍之數五十，其用四十有九。」而借此來安排全書結構的。故《序志》篇中說：「位理定名，彰乎大易之數，其爲文用，四十九篇而已。」此亦可作爲劉勰研究風格問題的方法論參考《周易》之旁證。當然，這種方法論是不夠科學的，因爲風格的基本類型並不一定就是八種，也許更多一些，也許還要少一些，而且就是這八種之中，也不能說他們都是兩兩相對的。但是，劉勰所論也有合理的因素在內。首先，他看到了風格雖然是變化無窮，而沒有一定規格的，然而畢竟有一些基本的類型在內，而風格的多樣化也正是這些基本類型的融合變化，亦即劉勰所說的「會通合數」而產生的。其次，在不同的風格中往往有對立的類型存在，這也確是客觀事實。找出這些對立的風格類型，可以使對風格的研究更加深入一步。第三，更爲重要的是劉勰認識到風格的多樣化歸根到底是因爲文學作品所表現的客觀現實生活本身是多種多樣的。這一點陸機在《文賦》中就已經指出過，他說：「體有萬殊，物無一量，紛紜揮霍，形難爲狀。」又說：「其爲物也多姿，其爲體也屢遷。」正是「物」的「無一量」和「多姿」，決定了「體」的「屢遷」和「萬殊」。劉勰提出風格的「八體屢遷」，「會通合數」也正是基於這樣一種觀點出發的。旣然文學創作是「隨物宛轉」、「與心徘徊」的結果，那麼，「物」的多姿和「心」的多變，也必然要使作品的風格有豐富多采的形態。

劉勰不僅歸納了八種基本風格類型，而且對「八體」的每一體特點都作了具體的分析。他說道：

典雅者，熔式經誥，方軌儒門者也；遠奧者，馥采典文，經理玄宗者也；精約者，覈字省句，剖析毫釐者也；顯附者，辭直義暢，切理厭心者也；繁縟者，博喩醲采，煒燁枝派者也；壯麗者，高論宏裁，卓爍異采者也；新奇者，擯古競今，危側趣詭者也；輕靡者，浮文弱植，縹緲附俗者也。

從劉勰論述八體特點的語義褒貶來看，他對「輕靡」和「新奇」兩類風格顯然是不贊成的，是有所批評的。這當然是和當時反對形式主義文風有關係的。但是，劉勰也並不排斥它們，仍然列爲兩種基本風格。在對這八體的具體特徵分析中，我們可以看出劉勰所說的風格，比較多地還是側重在語言風格方面，是指的語言表達上的特徵，而不是講的藝術形象的風格特徵。這是因爲劉勰所說的「文」是廣義的，其中許多文體不是藝術文學，而是指一般的文章，包括理論文章和應用文章，甚至包括了「諸子」、「史傳」等哲學、歷史著作在內。因此，劉勰所說的風格還是比較廣義的文章的風格。當然，藝術文學是以語言爲工具的，是語言的藝術，也有語言風格問題。劉勰所說的廣義的文章風格的基本原理，對於藝術文學也是適用的。但是，由於他說的是廣義的「文」的風格，所以從研究藝術文學風格的角度說，是有一定的局限性的。這一點是我們研究劉勰風格理論時，必須清醒地認識到。

唐代的皎然和司空圖有關風格的論述，正好是吸收了劉勰有關風格問題的研究成果，按照文藝的特點，作了進一步的發揮。皎然在《詩式》中把詩歌的風格歸納爲十九種，各用一個字來概括、分析其特徵。他說：

> 高　風韻朗暢曰高。　逸　體格閑放曰逸。　貞　放詞正直曰貞。　忠　臨危不變曰忠。　節　持操不改曰節。　志　立性不改曰志。　氣　風情耿介曰氣。　情　緣境不盡曰情。　思　氣多含蓄曰思。　德　詞溫而正曰德。　誡　檢束防閑曰誡。　閑　情性疏野曰閑。　達　心迹曠誕曰達。　悲　傷甚曰悲。　怨　詞調凄切曰怨。　意　立言盤泊曰意。　力　體裁勁健曰力。　靜　非如松風不動，林狖未鳴，乃謂意中之靜。　遠　非如渺渺望水，杳杳看山，乃謂意中之遠。

皎然由於主要是講的詩歌的風格，而不包括非藝術的文章在內，因此在分析各種風格特徵時，很注意從藝術形象的風貌神態出發，而不是僅僅從語言文辭風格方面去講的。例如講「高」、「氣」、「思」、「情」、「靜」、「遠」等等，都很明顯地體現了這個特點。但是，他在分析十九體的特徵時，角度和標準也並不完全一致。如講「貞」偏重文辭風格，講「忠」、講「志」，主要是指內容特點。唐末的司空圖在《二十四詩品》中所論風格，則不像皎然那麼混亂不統一，而都是從藝術形象的風貌神態上來講的。司空圖講的是二十四種不同風格的詩歌境界。這二十四種是：雄渾、沖淡、纖濃、沈著、高古、典雅、洗煉、勁健、綺麗、自然、含蓄、豪放、精神、縝密、疏野、清奇、委曲、實境、悲慨、形容、超詣、飄逸、曠達、流動。從詩歌藝術境界上來研究風格特徵，這就比劉勰從語言角度講風格大大前進了一步。司空圖的二十四詩品與劉勰的八體都是講風格的，但顯然有很大的不同。其區別就在這裡。劉勰是講的一般文章的風格，故而實質上主要是講語言文辭表現上的風格特色。而司空圖講的是詩歌藝術形象塑造上的風格特色，表現爲各種不同的詩歌意境。他的二十四品是指二十四種不同風格的形象和意境，而不是僅僅指語言風格。當然，文學是語言藝術，形象和意境也要通過語言來落實，但是著重點畢竟是不同的。過去，人們對司空圖的《二十四詩品》有各種不同的解釋，我們認爲說二十四詩品是講的二十四種詩境，還是比較符合實際的。王士禛在《香祖筆記》中曾說：

「采采流水，蓬蓬遠春」，形容詩境亦妙，正與戴容州「藍田日暖，良玉生烟」八字同旨。

其實，司空圖並不只有這兩句形容詩境才妙，其他各品形容詩境也都很妙。故袁枚在《續詩品序》中說：

余愛司空表聖《詩品》，惜其只標妙境，未寫苦心。

其實，司空圖在「標妙境」中也是寫了創作之「苦心」的，不過，他還是以「標妙境」爲主的。司空圖注重詩歌意境創造，是他一貫的思想，在整個文藝主張中都很突出。無論是強調「思與境偕」也好，還是強調「象外之象」的「詩家之景」也好，都可以說明他這種論詩主旨所在。清人孫聯奎《詩品臆說》中寫道：「若司空《詩品》，意在摹神取象。」這個概括是很有道理的。他的二十四品的每一品，都是一種思想精神境界與特殊的藝術境界的統一體。例如他的《典雅》一品說道：

玉壺買春，賞雨茅屋。坐中佳士，左右修竹。白雲初晴，幽鳥相逐。眠琴綠陰，上有飛瀑。落花無言，人淡如菊。書之歲華，其曰可讀。

這種「典雅」的風格與劉勰所說的「熔式經誥，方軌儒門」的「典雅」是完全不同的。劉勰說的是類似於儒家六經的那種文章，是以表現儒家思想爲內容，語言文辭上也比較平實、莊重，學習六經的風格。而司空圖說的是詩歌所體現的一種幽雅、閑淡的風格，如《臯蘭課業本》所說的「高韻古色」，它是表現道家隱居樂趣，而與儒家思想毫不相干的。它寫的是深山「佳士」的幽閑淡泊、心無牽掛的出世情操，借白雲、幽鳥、綠陰、飛瀑所創造的一個典雅的藝術境界。從詩歌的藝術意境上來研究風格，毫無疑問是比研究語言風格更爲重要的。

宋代嚴羽在《滄浪詩話》中所論詩歌風格，也是由司空圖這條線上發展下來的，也側重於從詩歌的形象和意境上來區別不同的風格類型。他比司空圖要分得更爲概括一些，主要共列爲九種。他說：

詩之品有九：曰高，曰古，曰深，曰遠，曰長，曰雄渾，曰飄逸，曰悲壯，曰凄婉。

嚴羽分得比較簡要，不像司空圖那麼細密，但也有其長處，這九種都是較有代表性的風格特徵。司空圖分爲二十四品，但是有些品不像風格，似乎接近於創作方法的特徵，如「實境」、「形容」之類，有些接近於詩人的修養與處世態度，如「曠達」、「沈著」、「超詣」之類。因此，往往被人誤認爲不是二十四種風格之詩境，而是有的論風格，有的論修養，有的論創作等等。

皎然、司空圖、嚴羽等研究詩歌風格的基本類型，歸納出許多不同種類，這和劉勰之論八體一樣，和風格之多樣化是並不矛盾的。從理論上總結創作實踐中各種風格類型及其特點，對於作家創造自己獨特風格是有很重要的學習和參考價値的。一個作家要創造自己的風格，也必然要吸取前人經驗，學習各家之長，然後有所發揮和創造。這是符合於我國古代文藝家所主張的「摹體以定習，因性以練才」的需要的。

四　陽剛之美與陰柔之美

我國古代關於藝術風格的理論中，有很重要的一部份是探討風格的藝術美的。我國古代文藝家認爲文藝作品的藝術風格儘管千姿百態，然而，從美學的角度講，不外乎兩種類型：一類屬於陽剛之美，一類屬於陰柔之美。對於風格的藝術美的這種分類，大體上是和西方關於壯美和優美的區別一致的。陽剛之美即是壯美，而陰柔之美即是優美。從理論上明確提出陽剛之美和陰柔之美的，是清代桐城派的代表人物之一姚鼐。他在《復魯絜非書》中說：

鼐聞天地之道，陰陽剛柔而已。文者天地之精英，而陰陽剛柔之發也。惟聖人之言，統二氣之會而弗偏，然而《易》、《詩》、《書》、《論語》所載，亦間有可以剛柔分矣。值其時其人，告語之體各有宜也。自諸子而降，其為文無弗有偏者。其得于陽與剛之美者，則其文如霆，如電，如長風之出谷，如崇山峻崖，如決大川，如奔騏驥；其光也，如杲日，如火，如金鏐鐵；其于人也，如馮高視遠，如君而朝萬眾，如鼓萬勇士而戰之。其得于陰與柔之美者，則其文如升初日，如清風，如雲，如霞，如烟，如幽林曲澗，如淪，如漾，如珠玉之輝，如鴻鵠之鳴而入寥廓；其于人也。謬乎其如嘆，邈乎其如有思，暝乎其如喜，愀乎其如悲。觀其文，諷其音，則為文者之性情形狀舉以殊焉。

姚鼐在這裡對文章的陽剛之美與陰柔之美作了具體的分析，他以許多具體而形象的描寫來分別形容陽剛之美和陰柔之美的不同特點。大體來說，陽剛之美指的是一種雄偉壯闊、崇高莊嚴、洶湧澎湃、剛勁有力的美，而陰柔之美則是指一種柔和悠遠、溫婉幽深、細流涓涓、纖穠明麗之美。陽剛之美和陰柔之美的提出有它的哲學思想依據，這就是我國古代的陰陽說。宇宙萬物都是稟陰陽二氣而生的，人也是如此；人的個性和氣質有陰陽剛柔的不同，因此，作爲作家個性氣質之表現的藝術風格，也就有陽剛和陰柔之別。這一點姚鼐在一開始就說得很明確了。文章是「天地之精英」，是「陰陽剛柔之發也。從不同作家的文章中，可以看出「爲文者之性情形狀舉以殊焉」。

藝術風格上的陽剛之美和陰柔之美的明確提出雖然比較晚，但這種思想之萌芽則是很早的，以後逐步有更深入的認識，它在我國古代文藝思想史上有悠久的歷史。我國古代的陰陽說，原是一種解釋宇宙萬物起源的樸素天眞的哲學觀念，它認爲世界的本源是物質性的陰陽二氣，萬物由這二氣之交感而生。陰陽說究竟起源於什麼時候，尚有待於進一步研究，但是《周易》中的乾坤二卦實際上已經反映了這種觀念。陰陽說是《周易》的理論基礎。據《國語・周語》記載，周幽王三年陽伯父就曾以陰陽二氣不協調來解釋地震發生之緣由。陰陽說後來又被解釋爲在它之前還有一個玄妙的「太極」，陰陽二氣是由「太極」所生，這種學說又逐漸和五行說相結合，構成了一幅宇宙產生的模式圖：太極↓陰陽↓五行↓萬物。在先秦時期，據《國語》、《左傳》等書的記載，鄭國的史伯和秦國的醫和都曾用陰陽五行說來解釋音樂的起源。當時他們認爲五音、五色等都是五行所生，都是源於陰陽二氣的。最早用陰陽二氣來解釋文學風格的當推曹丕。他在《典論・論文》中說的「清氣」即是具有陽剛之美的氣，而「濁氣」即是具有陰柔之美的氣。曹丕實際上已經看到了文學風格有這兩種不同類型的藝術美，不過還沒有從理論上自覺地提出這個問題。劉勰在《文心雕龍・體性》篇中所說的人的「氣有剛柔」，也是說的陽剛之氣與陰柔之氣，不過劉勰只是把它作爲風格形成的一個因素，而不是唯一因素。但是，他也同樣看到了風格可分爲陽剛、陰柔兩大類。鍾嶸在《詩品序》中讚美劉琨有「清剛之氣」，亦即是指他的詩歌所表現的陽剛之美的特點。可見，藝術風格的美學特徵可以區別爲陽剛、陰柔兩大類，並非姚鼐之發明，而是古已有之的。這種思想早就比較流行了。但是，過去有不少文藝家在這兩者之中是有所偏好的，所以全面地論述這兩種藝術美的不太多。拿司空圖來說，他所列舉的二十四種不同的藝術風格，雖然也可以分陽剛和陰柔兩大類。如雄渾、勁健、豪放、綺麗等可歸入陽剛之美一類，而沖淡、纖穠、疎野、超詣等可歸入陰柔之美一類。但是，司空圖是偏向於陰柔之美的，即使是在表現陽剛之美的一些品目中，仍然具有柔和飄渺的色彩，而和一般的陽剛之美不同。從藝術美的角度，明確地分風格爲兩大類的，以嚴羽爲最有代表性。他在《滄浪詩話》中列舉詩的九品之後，又說：

其大概有二：曰優游不迫，曰沉著痛快。

嚴羽這裡說的「優遊不迫」即是陰柔之美，而他所說的「沉著痛快」即是指陽剛之美。他雖然沒有講到陽剛、陰柔，但和後來姚鼐之論，最爲接近。由此可知，姚鼐之提出陽剛之美和陰柔之美，正是對我國古代論藝術風格美的一個總結和發展。

陽剛之美和陰柔之美是風格藝術美的兩種基本類型，對於具體的作家作品來說，其表現程度是各不相同的。比如有的偏重陽剛之美，有的偏重陰柔之美。同是陽剛之美或陰柔之美，又有多少強弱之不同，其深淺濃淡也各異。而對於多數作家來說，陽剛之美和陰柔之美可以互相調劑，互相補充，故而，實際上所呈現出來的藝術風格美是千差萬別、紛紜複雜的。研究藝術風格的陽剛之美和陰柔之美，和藝術風格的多樣化是並不矛盾的，而且正是爲了探討藝術風格多樣化的規律，才作出這種概括與總結的。姚鼐認爲，對於具體的藝術作品風格美來說，事實上陽剛之美者亦多兼有陰柔之美色彩，而陰柔之美者亦多兼有陽剛之美成份，只不過是有所偏而已。客觀事物本身即是如此，他說：「且夫陰陽剛柔，其本二端，造物者糅而氣有多寡進絀，則品次億萬，以至於不可窮，萬物生焉。」文章是要描寫客觀事物，表現作者個性氣質的，因此，「文之多變，亦若是已。糅而偏勝可也，偏勝之極，一有一絕無，與夫剛不足爲剛，柔不足爲柔者，皆不可以言文」。姚鼐認爲絕對的剛和絕對的柔，是不能成爲好文章的，自然，剛不成剛，柔不成柔者，也是不能成文的。最理想的文章應當是剛柔並重而無所偏的，但是那只有聖人才可能做到，一般的人是無能爲力的。姚鼐指出，剛柔相濟，而偏於一面，這是正常的，都可以成爲美的文章。他在《海愚詩鈔序》中曾經進一步對這個觀點作了論述和發揮。他說：

吾嘗以謂文章之原，本乎天地。天地之道，陰陽剛柔而已。苟有得乎陰陽剛柔之精，皆可以為文章之美。陰陽剛柔並行而不容偏廢，有其一端而絕亡其一，剛者至于僨強而拂戾，柔者至于頹廢而暗幽，則必無與於文者矣。然古君子稱為文章之至，強兼具二者之用，亦不能無所偏優於其間，其故何哉？天地之道，協合以為體，而時發奇出以為用者，理固然也。其在天地之用也，尚陽而下陰，伸剛而絀柔，故人得之亦然。文之雄偉而勁直者，必貴於溫深而徐婉。溫深徐婉之才，不易得也；然其尤難得者，必在乎天下之雄才也。夫古今為詩人者多矣，為詩而善者亦多矣，而卓然足稱為雄才者，千餘年中數人焉耳。甚矣其得之難也。

從姚鼐的這一大段分析中，我們可以知道我國古代雖然對藝術風格的美學特徵有陽剛、陰柔之分，但實際上並不是把兩者絕對對立起來看的，不是把它們看作水火不相容的兩個對立方面，而是認爲它們都是建立在對立統一基礎上的，只是主導方面有所不同而已。而對於絕對的陽剛之美，即所謂流於「僨強而拂戾」者，以及對於絕對的陰柔之美，即所謂流於「頹廢而暗幽」者，都是不贊成的，認爲那樣不是眞正的藝術美，也不是眞正懂得藝術的作家所創作的好作品。必能體現剛柔相濟的特點，則不管偏向於陽剛，還是偏向於陰柔，都是好作品，是不應該對之有所偏廢的。「雄偉而勁直」之文，必須同時又有「溫深而徐婉」之色彩，方為難得之文，其作者亦為難得之才。

從我國古代文學發展的實際來看，姚鼐這樣論述是有道理的。無論是從時代風格、流派風格、作家個人風格，甚至是一篇作品風格來看，大都存在著這種以一方為主，兼有另一方藝術美的特徵。比如「建安風骨」總的說是偏向於陽剛之美的，是以慷慨悲壯，剛勁有力為其特點的。但是「建安風骨」也有情韻連綿、溫婉深長的色彩。無論是從曹操、曹丕、曹植，還是王粲、劉楨等七子的創作中都可以看出這一點。前面我們所引曹操《短歌行》第一、四節主要是反映了慷慨悲壯的陽剛之美的，但這首詩的第二、三節則比較明顯地具有優柔深婉的陰柔之美。如第二節云：「青青子衿，悠悠我心。但為君故，沈吟至今。呦呦鹿鳴，食野之苹，我有嘉賓，鼓瑟吹笙。」氣勢平穩，情調委婉，與第一節的憤激情狀，大不相同。由於全詩剛柔相濟，顯得波瀾起伏，錯落有致。曹丕的著名作品《燕歌行》也是如此。全詩既有悲涼憂傷之主調，又有柔和纏綿之意境，也是以「沉著痛快」為主，而兼有「優遊不迫」之色彩的。王粲的詩歌創作（如《七哀詩》等）頗似曹丕，同樣也是悲涼而纏綿的。故而鍾嶸在《詩品》中說他的創作是：「發愀愴之詞，文秀而質羸。」前一句說的是陽剛之美，後一句說的是陰柔之美。可見，「建安風骨」是以陽剛之美為主要特色，又兼有陰柔之美的。從一個流派的風格來說也是如此。比如唐代的邊塞詩派，其主要方面也是陽剛之美，然而其中亦有陰柔之美。例如岑參的《磧中作》寫道：

走馬西來欲到天，辭家見月兩回圓。今夜未知何處宿，平沙萬里絕人烟。

我們借用姚鼐的話說，這首絕句既有「如崇山峻崖，如決大川，如奔騏驥」之美，又有「如珠玉之輝，如鴻鵠之鳴而入寥廓」之美，既給人以英雄豪邁之感，又不乏情思纏綿之致。邊塞詩主要方面是寫在邊疆建功立業的壯志豪情，以及塞外的蒼茫景色，艱苦的征戰生活等，然而也不乏相思之苦，兒女情長之念。以陽剛之美爲主幹，而輔以陰柔之美，遂成爲邊塞詩的藝術風格美的重要特色。從一個作家來說，其藝術風格美也有以一種爲主，另一種爲輔的特徵。比如唐代著名的詩人王維，是以寫田園山水詩爲主的，而田園山水詩的風格美基本上都是屬於陰柔之美的。這從王維的代表作《輞川絕句》、《渭川田家》、《山居秋暝》、《新晴野望》等詩篇中，都可以看出藝術風格上陰柔之美的特點。然而在另一些詩中，如《少年行》、《從軍行》、《夷門歌》、《老將行》、《燕支行》等名作中，則和田園山水詩風格迥異，具有英氣充沛，豪邁激憤的陽剛之美特色。當然，王維詩歌創作中這種風格的不同，是和他整個生活、思想的變化分不開的。他早年頗有理想抱負，建功立業欲望比較強烈，所以詩歌創作中表現了明顯的陽剛之美特色。後期思想比較消沉，隱居學佛，故以陰柔之美爲主。從這裡我們也可以看到陽剛之美爲主還是陰柔之美爲主，對於一個作家來說，也不是絕對的。尤其是一些偉大作家往往兩方面都很突出，例如像李白、杜甫等即是如此。嚴羽說：「子美不能爲太白之飄逸，太白不能爲子美之沉鬱。」（《滄浪詩話》）以「飄逸」概括李白之風格，以「沉鬱」概括杜甫之風格，這是比較有見地的，故被何日愈贊美爲「眼光如炬」（《退庵詩話》）。這說明李白與杜甫在藝術風格上是有差別的，各自都有極爲鮮明獨特的風格特徵。然而這是就其主要方面來說的，當然不能概括他們各自全部的創作。一般地說來，「飄逸」似乎有較多的「優遊不迫」的陰柔之美；而「沉鬱」似乎有較多的「沉著痛快」的陽剛之美。然而，又決不僅僅有一個方面，李白的「飄逸」之中亦有「沉著痛快」之處。他的《行路難》、《答王十二寒夜獨酌有懷》、《夢遊天姥吟留別》、《蜀道難》等名作，既有一瀉千里、淋漓痛快之勢，又包含有飄逸灑脫、纏婉流離之情，陰陽合調，剛柔互濟，是很難以單一之美來衡量的。李白既有上述以陽剛之美爲主的作品，也有像《玉階怨》、《靜夜思》這樣以陰柔之美爲主的作品。杜甫的「沉鬱」之中也不乏「優遊不迫」之調。他的「三吏」、「三別」、《兵車行》、《麗人行》等名著，固然鮮明地體現了陽剛之美的風格特色，而他的《茅屋爲秋風所破歌》、《秋興》八首、《咏懷古迹》五首、《又呈吳郎》等，則不僅有「沉著痛快」的陽剛之美，也明顯地反映了「優遊不迫」的陰柔之美。至於他的《春望》、《月夜》、《春夜喜雨》、《江村》、《江畔獨步尋花》等作品，則陰柔之美的特色更爲明顯了。主張把陽剛之美和陰柔之美結合起來，反對「一有一絕無」，這是我國古代論風格的藝術美的一個非常重要的思想。

後記

這本《中國古代文學創作論》，是根據我給北大中文系一九七九級同學講授的專題課講稿改寫而成的。在教學過程中，不少同學和外校來旁聽的教師都希望我把講課內容整理成書，同時也提出了一些很好的修改意見。在大家的鼓勵和幫助下，我對講稿作了一次比較大的修改，補充了若干材料。在這裡，謹向這些學界與同行致以衷心的謝意。北京大學出版社江溶先生在審閱中提出了許多寶貴意見，爲本書出版付出了辛勤的勞動。本書所述，有許多地方還不成熟，希望專家和讀者給予批評指正。

作者　一九八二年十二月改定於北京大學燕東園

一九九〇年四月修訂於日本福岡九州大學